DEIN COACH ZUM ERFOLG!

Dein ActiveBook auf My**STARK**:

Du kannst auf alle digitalen Inhalte (Prüfung 2022, interaktive Aufgaben, Flashcards, Glossar) online zugreifen. Registriere dich dazu unter **www.stark-verlag.de/mystark** mit deinem **persönlichen Zugangscode:**

C06340-000212

Die Inhalte dieser Auflage stehen bis 31.7.2024 zur Verfügung.

MySTARK

Das ActiveBook *bietet dir:*

- Viele interaktive Übungsaufgaben zu prüfungsrelevanten Kompetenzen
- Tipps zur Bearbeitung der Aufgaben
- Sofortige Ergebnisauswertung und Feedback
- Flashcards und digitales Glossar zum gezielten Üben und Wiederholen zentraler Inhalte

DEIN COACH ZUM ERFOLG!

So kannst du interaktiv lernen:

Interaktive Aufgaben

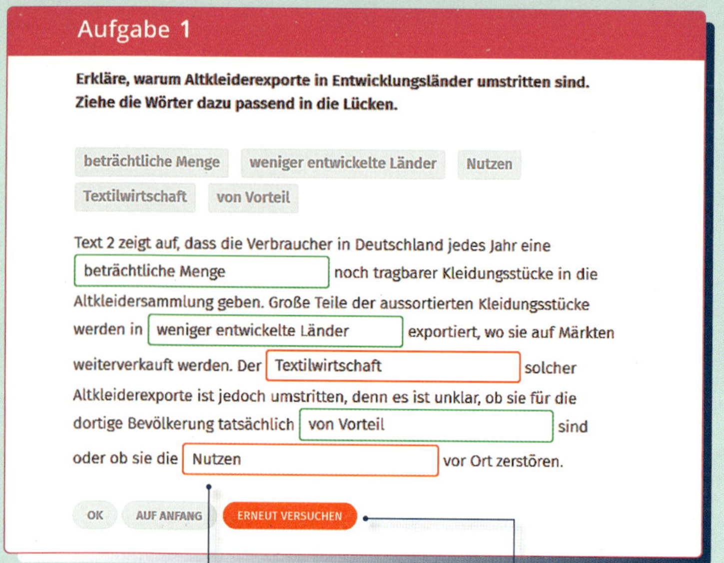

Sofortige Ergebnisauswertung

Zwei Versuche pro Aufgabe

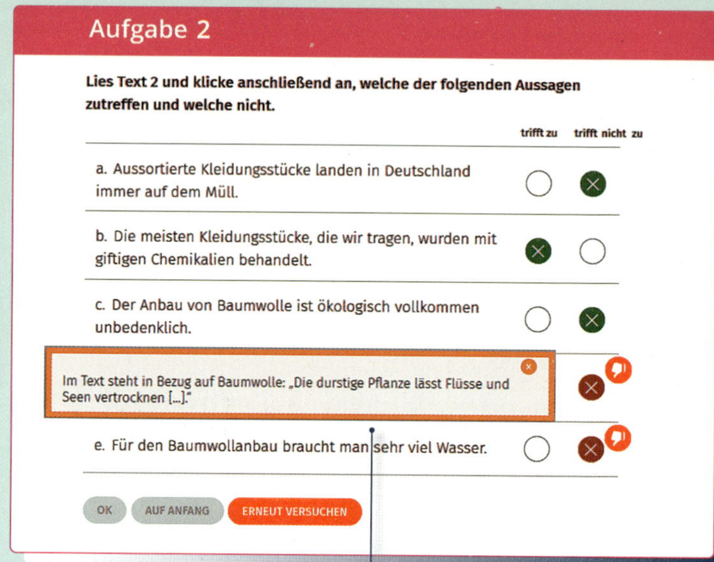

Hilfreiche Tipps zum Lösen der Aufgaben

Digitales Glossar

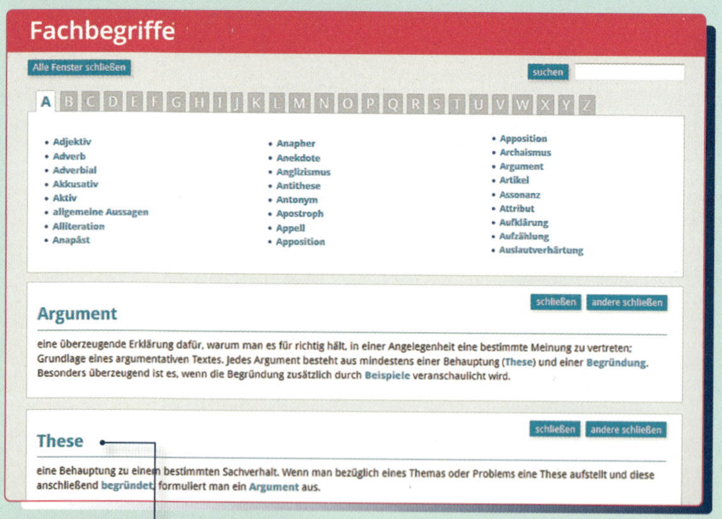

Schnelles Nachschlagen von Fachbegriffen

Flashcards

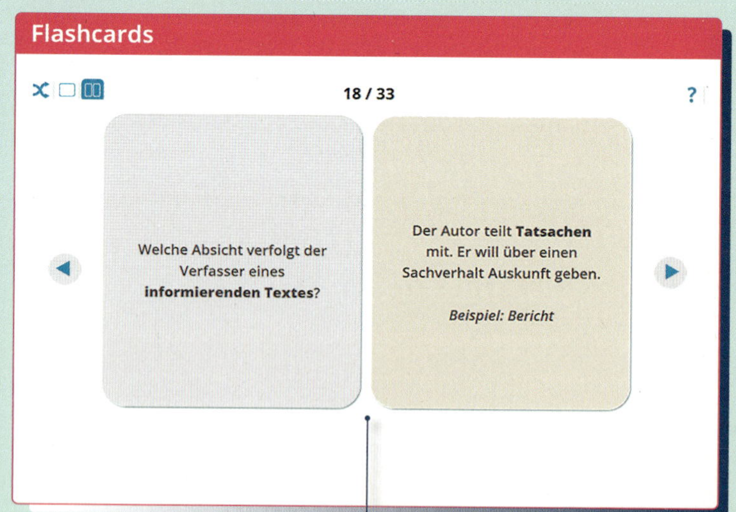

Wiederholung wichtiger Inhalte

Systemvoraussetzungen:
- Mindestens 1024×768 Pixel Bildschirmauflösung
- Chrome, Firefox oder ähnlicher Webbrowser
- Internetzugang
- Adobe Reader oder kompatibler anderer PDF-Reader

2023

Hauptschule

Original-Prüfungsaufgaben
und Training

Hessen

Deutsch

STARK

Deckblätter
© pojoslaw/Fotolia.com
© Monkey Business Images/Dreamstime.com
© Yuri Arcurs/Fotolia.com

Bild- und Textnachweis ActiveBook

Lesen

Sachtext: Marc Engelhardt: Bargeld für alle. Berliner Zeitung, 02.12.2008; Bild: Namibianerin: © Peeter Viisimaa/iStockphoto.com

Literarischer Text: Günter Kunert: Mann über Bord. In: Ders.: Tagträume in Berlin und andernorts. Hanser Verlag: München 1972, S. 11; Bilder: Rettungsring: © Ruth Rudolph/pixelio.de, Schiffswrack: © Educardo/sxc.hu

Textproduktion

Erzählen: Josef Reding: Neben dem blauen Seepferdchen. In: Deutsche Kurzgeschichten II. Stuttgart: Reclam 1988; Bilder: Seepferdchen: © bluehand/Shutterstock.com, Junge im Becken: © John Wollwerth/Shutterstock.com

Berichten: Bilder: Alex: © Ph0neutria/Shutterstock.com, Reichtagskuppel: © Typhoonski/dreams-time.com

Beschreiben: Bild: © wavebreakmedia/Shutterstock.com

Argumentieren: Greenpeace Berlin: Ökologischer Fußabdruck, 15.02.2015; https://greenpeace.berlin/2015/08/oekologischer-fussabdruck/ Bilder: Fußspuren: © Mopic/Shutterstock.com, Erdkugel: © Tyler Olson/Fotolia.com

© 2022 Stark Verlag GmbH
20. ergänzte Auflage
www.stark-verlag.de

Inhalt

Über den QR-Code kannst du **Lernvideos** zu wichtigen Rechtschreibregeln abrufen.

Teil II.B: Sprachliche Richtigkeit

Übungsaufgaben im Stil der Abschlussprüfung

Literarische Texte

Sachtexte

Original-Prüfungsaufgaben

Um dir die **Prüfung 2022** schnellstmöglich zur Verfügung stellen zu können, bringen wir sie in digitaler Form heraus. Sobald die Original-Prüfungsaufgaben 2022 zur Veröffentlichung freigegeben sind, können sie als PDF auf der Plattform ***MyStark*** heruntergeladen werden (Zugangscode vgl. Farbseiten vorne im Buch).

Lernvideos

Wenn du den QR-Code mit deinem Smartphone oder Tablet scannst, kannst du Lernvideos abrufen, die dir wichtige Rechtschreibregeln erläutern.
Im Hinblick auf eine eventuelle Begrenzung deines Datenvolumens empfehlen wir, dass du dich beim Ansehen der Videos im WLAN befindest. Hast du keine Möglichkeit, den QR-Code zu scannen, findest du die Lernvideos auch unter:

http://qrcode.stark-verlag.de/rechtschreibung-deutsch

Themen der Videos:
- Großschreibung
- Nominalisierung
- Kommaregeln bei Haupt- und Nebensätzen
- Kommasetzung bei Infinitivgruppen
- Rechtschreibstrategien

Autorinnen: Marion von der Kammer, Karin Marré-Harrak

Die Original-Prüfungsaufgaben wurden vom hessischen Kultusministerium erstellt. Jeweils im Herbst erscheinen die neuen Ausgaben der Original-Prüfungsaufgaben an Hauptschulen.

Interaktives Prüfungstraining

ActiveBook
Interaktives Training

Hinweis: Auf den Farbseiten vorne in diesem Buch findest du den **Link** zur Onlineplattform *MyStark* und deinen persönlichen **Zugangscode**, mit dem du zum ActiveBook gelangst.

Im Folgenden siehst du das Inhaltsverzeichnis zum ActiveBook. Die abgebildeten **Symbole** findest du auch auf anderen Seiten im Buch wieder. Sie zeigen dir, zu welchen Kompetenzbereichen es im ActiveBook **zusätzliche interaktive Aufgaben** gibt.

Inhalt ActiveBook

Interaktive Aufgaben
Aufgaben mit Tipps, Feedback und sofortiger Auswertung zu allen Bereichen der Prüfung:

Lesen

1 *Sachtext:* Bargeld für alle

2 *Literarischer Text:* Günter Kunert: Mann über Bord

Textproduktion

3 *Erzählen*
Josef Reding: Neben dem blauen Seepferdchen

4 *Berichten*
Thema: Klassenfahrt nach Berlin

5 *Beschreiben*
Thema: Das Betriebspraktikum

6 *Argumentieren*
Thema: Der ökologische Fußabdruck

Sprachliche Richtigkeit

7 Rechtschreibung und Zeichensetzung

8 Grammatik

Flashcards
Interaktive Lernkarten zu wichtigen Fragen und Fehlerschwerpunkten

Digitales Glossar
Einfaches und schnelles Nachschlagen von Fachbegriffen, wie z. B. Textsorten, Stilmittel, Grammatikwissen

Lernvideos
Fünf Lernvideos zu wichtigen Regeln der Rechtschreibung

Vorwort

Liebe Schülerin, lieber Schüler,

mit diesem Buch kannst du dich selbstständig auf die **zentrale Abschlussprüfung an Hauptschulen im Fach Deutsch** vorbereiten. Wenn du frühzeitig mit deinem Training beginnst und die einzelnen Kapitel gewissenhaft durcharbeitest, bist du für alle Anforderungen der Prüfung gut gerüstet.

- Das erste Kapitel gibt dir einen **Überblick** über den **Aufbau der zentralen Prüfung**. Hier kannst du außerdem nachlesen, wie du deine Zeit während der Prüfung am besten einteilst und wie die einzelnen Teilbereiche der Prüfung bewertet werden.

- Im Kapitel **Die Abschlussprüfung – Hinweise und Tipps** erfährst du, welche Kenntnisse und Fähigkeiten von dir in der Abschlussprüfung verlangt werden. Du siehst, wie die einzelnen Aufgaben in den Prüfungsteilen **Lesen** (Teil I) und **Schreiben** (Teil II) aussehen können und wie sie **Schritt für Schritt** zu bearbeiten sind. Hier kannst du nachschlagen, worauf du beim Verfassen eines Textes achten musst, damit du im Prüfungsteil **Textproduktion** (Teil II.A) gut abschneidest. Außerdem findest du hier eine ausführliche Darstellung der wichtigsten Regeln zur deutschen Rechtschreibung und Zeichensetzung. Sieh dir dazu auch unsere Lernvideos an. So kannst du dich optimal auf den Prüfungsteil **Sprachliche Richtigkeit** (Teil II.B) vorbereiten.

- Mit den anschließenden **Übungsaufgaben im Stil der Abschlussprüfung** trainierst du selbstständig die zielsichere und erfolgreiche Bearbeitung der Prüfungsaufgaben. Am besten führst du zu Hause schon einmal eine „eigene" Prüfung durch. Das hilft dir auch bei der Zeiteinteilung während der Prüfung.

- Am Ende des Buchs findest du die **Original-Prüfungsaufgaben 2015 bis 2021**. Die **Abschlussprüfung 2022** steht dir auf der Internetplattform *MyStark* zum Download zur Verfügung. Die Original-Aufgaben zeigen dir noch einmal genau, was dich in der Abschlussprüfung erwartet.

- Auf der Onlineplattform *MyStark* stehen dir außerdem viele zusätzliche **interaktive Aufgaben** zur Verfügung. So kannst du dich auch am PC oder Tablet ideal auf die Prüfung vorbereiten.

Den Link zu *MyStark* sowie deinen persönlichen Zugangscode findest du auf den Farbseiten vorne im Buch.

Zu diesem Buch gibt es ein **Lösungsbuch** (Best.-Nr. C06340L). Es enthält ausführliche, von unseren Autorinnen ausgearbeitete Lösungen zu allen Aufgaben und wertvolle **Hinweise** zu den einzelnen Aufgabenstellungen.

Sollten nach Erscheinen dieses Bandes noch **wichtige Änderungen** für die Abschlussprüfung 2023 vom Kultusministerium bekannt gegeben werden, findest du aktuelle Informationen dazu ebenfalls unter *MyStark*.

Viel Erfolg wünschen dir der Verlag und die Autorinnen dieses Buches!

Die Abschlussprüfung im Überblick

1 Aufbau der Prüfung

In der Prüfung werden dir **zwei verschiedene Texte zur Auswahl** vorgelegt, ein literarischer Text und ein Sachtext.

Zu dem von dir gewählten Text werden dir verschiedene Aufgaben gestellt, diese sind in zwei Blöcke gegliedert: **Lesen** (Teil I) und **Schreiben** (Teil II). Dabei ist der zweite Block noch einmal unterteilt in eine Wahlaufgabe zur **Textproduktion** (Teil II.A) sowie in Aufgaben zur **Sprachlichen Richtigkeit** (Teil II.B).
Es ergibt sich für die Prüfung also folgender Aufbau:

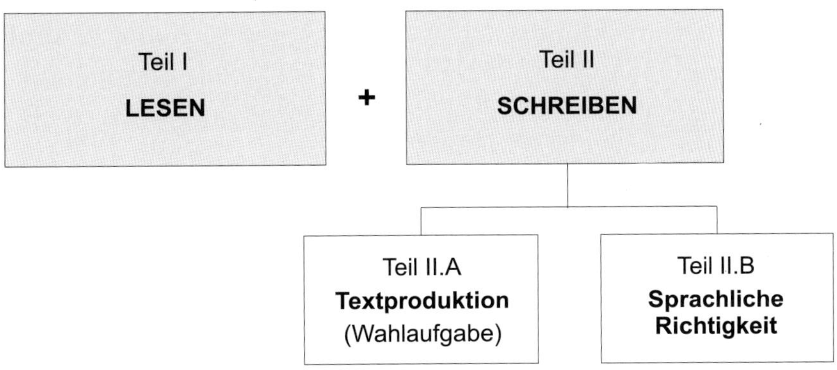

Teil I – Lesen

- Die Aufgaben in diesem ersten Block beziehen sich alle unmittelbar auf den von dir ausgewählten Text.
- Du bekommst für diesen Bereich ein extra Arbeitsblatt, auf dem du alle Aufgaben bearbeitest.
- Es werden verschiedene **Aufgabentypen** gestellt: **geschlossene** Aufgaben (z. B. Multiple-Choice-Aufgaben zum Ankreuzen), **halboffene** Aufgaben (z. B. Fragen, die in Stichworten oder kurzen Sätzen zu beantworten sind) und **offene** Aufgaben (Fragen, die mit einem ausführlichen und zusammenhängenden Kurztext zu beantworten sind).
- Anhand der Aufgaben wird geprüft, ob du den **Inhalt des Textes** verstanden hast, bestimmte **Textstellen erklären** oder **Aussagen** zum Text **belegen** kannst.

Teil II.A – Schreiben (Textproduktion)

- Du erhältst **zwei Wahlaufgaben**, zwischen denen du dich entscheiden kannst. Eine der Wahlaufgaben ist direkt auf den Lesetext bezogen. Bei der anderen Aufgabe besteht nur mehr ein thematischer Zusammenhang zum Text, und sie kann einen zusätzlichen Schreibimpuls enthalten wie z. B. ein Zitat oder ein Bild.

- **Berichten**, **Beschreiben**, **Argumentieren** oder **Erzählen:** In der Wahlaufgabe wird von dir verlangt, deinen Aufsatz in Form einer dieser vier **Textarten** zu verfassen. Darüber hinaus kann dir auch eine bestimmte **Textsorte**, z. B. ein Brief oder Tagebucheintrag, vorgegeben werden.
- Achte darauf, deinen Aufsatz auf das Reinschriftpapier zu schreiben, das dir in der Prüfung zur Verfügung gestellt wird.

Teil II.B – Sprachliche Richtigkeit

- Die Aufgaben im Bereich „Sprachliche Richtigkeit" sind vollständig vom Lesetext **abgekoppelt**.
- Wie im Prüfungsblock „Lesen" bekommst du auch hier ein **gesondertes Aufgabenblatt**, in das du deine Lösungen einträgst.
- In diesem Prüfungsteil werden dir **geschlossene Aufgabenarten** gestellt, das heißt z. B. Multiple-Choice-Aufgaben, Zuordnungsaufgaben, Korrekturaufgaben zu falschen Schreibweisen oder Einsetzaufgaben wie Lückentexte.
- Es geht hier darum, zu zeigen, dass du die deutsche **Rechtschreibung** und **Zeichensetzung** beherrschst, die entsprechenden **Regeln** kennst und in der Rechtschreibung sicher genug bist, um in einem Text **Korrekturen** vorzunehmen. Es können auch Aufgaben zur **Grammatik** vorkommen.

Tipp

Welche Prüfungsaufgabe (Sachtext oder literarischer Text) wählst du aus?

Achte bei der Auswahl der Aufgabe darauf, dass du …

- den gesamten **Text** gut verstehst,
- die einzelnen **Arbeitsaufträge** gründlich durchliest und verstehst, was von dir im Einzelnen verlangt wird,
- die Prüfungsaufgabe auswählst, bei der dich auch die **Wahlaufgaben** im Bereich Textproduktion ansprechen und du glaubst, eine davon gut bearbeiten zu können.

2 Zeiteinteilung

Nachdem die Prüfungsaufgaben verteilt worden sind, hast du **15 Minuten** Zeit, dir die Texte und die Arbeitsaufträge anzusehen und dir einen ersten Eindruck zu verschaffen. Anschließend können allgemeine Fragen gestellt werden.

Tipp

Scheue dich nicht **nachzufragen**, wenn dir bestimmte Begriffe in den Aufgabenstellungen nicht bekannt sind. Eventuell habt ihr sie im Unterricht nicht besprochen. In diesem Fall ist die Lehrkraft verpflichtet, dir zu erklären, was mit dem Begriff gemeint ist.

Erst wenn alle Fragen geklärt sind, darfst du mit der Bearbeitung der Aufgaben beginnen. Die gesamte **Bearbeitungszeit** beträgt **180 Minuten**.
Für die **Auswahl der Texte** hast du nun **maximal 30 Minuten** Zeit. Das heißt, du kannst dir jeden Text sowie die zugehörigen Arbeitsaufträge in Ruhe durchlesen und dich dann für einen der Texte entscheiden. Spätestens nach diesen 30 Minuten gibst du den Text ab, den du nicht bearbeiten möchtest. Für die Beantwortung der Aufgaben bleiben dir insgesamt **150 Minuten**.

Besonders **viel Zeit** musst du für die **Wahlaufgabe** reservieren, weil du hier einen eigenen **Aufsatz** schreiben sollst. Das bedeutet zunächst einmal, dass du einen **Arbeitsplan** (Gliederung) anfertigen solltest, bevor du mit dem Schreiben beginnst. Denn dadurch erreichst du, dass dein Aufsatz in sich stimmig und schlüssig aufgebaut ist. Mache dir bewusst, dass du schon für die vorbereitenden Überlegungen einiges an Zeit benötigen wirst.
Ganz wichtig: Plane für die anschließende Überarbeitung deines Textes genug Zeit ein! Achte dabei besonders auf **Stil** sowie auf **Grammatik**, **Rechtschreibung** und **Zeichensetzung**. Am besten versuchst du, deinen Text innerlich laut zu lesen; dann merkst du, wo dir eine Formulierung noch nicht so gut gelungen ist.

Wenn die Bearbeitungszeit um ist, hast du noch kurz Zeit, die Wörter deines Aufsatzes zur Wahlaufgabe zu zählen und die **Wörterzahl** unten auf dem Reinschriftpapier zu vermerken. Vergiss nicht, alle Blätter abzugeben.

3 Bewertung

Du kannst in der Abschlussprüfung **maximal 75 Punkte** erreichen. Die einzelnen Aufgabenbereiche werden dabei folgendermaßen **gewichtet:**

- **30 Punkte** erhältst du, wenn du in **Teil I – Lesen** alles richtig gelöst hast. (Die Sprachrichtigkeit deiner Antworten wird hier nicht bewertet.)
- Ebenfalls **30 Punkte** kannst du in **Teil II.A – Textproduktion** erreichen. Dabei werden Inhalt, Aufbau und Form deines Textes bewertet (60 %), die Sprachangemessenheit, das heißt Ausdruck und Stil des Aufsatzes (30 %), sowie die Sprachrichtigkeit, also wie fehlerfrei dein Text geschrieben ist (10 %).
- **15 Punkte** entfallen auf den **Teil II.B – Sprachliche Richtigkeit**.

Tipp

> Achte bei jeder **Teilaufgabe** darauf, mit wie vielen Punkten sie im Einzelfall bewertet wird. Daran kannst du erkennen, welche Bedeutung die Teilaufgabe für dein Prüfungsergebnis hat und wie stark du sie bei deiner Antwort berücksichtigen musst.

Die Abschlussprüfung
Tipps und Hinweise

Prüfungsteil I – Lesen

1 Den Leseprozess steuern

Flashcards: Wichtiges wiederholen

Gewöhne dir an, einen Text mindestens **dreimal** zu lesen, ehe du anfängst, die Aufgaben zu bearbeiten. Keine Angst: Was dir wie Zeitverschwendung erscheinen mag, ist in Wirklichkeit **Zeitersparnis!** Denn die Zeit, die du bei den ersten drei Lesedurchgängen investierst, sparst du später beim Lösen der Aufgaben. Hinzu kommt, dass du einen Text besonders gut verstehen kannst, wenn du so vorgehst. Im Übrigen sind die Texte (oder Textauszüge), die dir in der Prüfung vorgelegt werden, ohnehin von begrenztem Umfang.

Schritt für Schritt

Texte richtig lesen

1. **Überfliege** den Text. Lies ihn zügig durch und verschaffe dir einen ersten Eindruck vom Inhalt. Es macht nichts, wenn du nicht alles verstehst. Versuche nur, Antworten auf die folgenden Fragen zu finden:
   - Um was für eine Art von Text handelt es sich? Bestimme die **Textsorte**. (Eine Übersicht über die wichtigsten Textsorten findest du auf S. 15/16 und 19/20). Wenn du unsicher bist, verwendest du einfach die Bezeichnung „Text“.
   - Worum geht es in dem Text? Bestimme das **Thema** und, soweit möglich, Ort, Zeit, beteiligte Personen und das dargestellte Geschehen.

   Am besten hältst du die Antworten auf diese Fragen gleich stichwortartig fest.
2. **Lies** den Text ganz **genau**.
   - Markiere Textstellen, die dir bedeutsam erscheinen. Dabei kann es sich um Textstellen handeln, die eine wichtige Information zum Thema enthalten, oder solche, die du nicht verstehst und über die du später noch einmal nachdenken möchtest.
   - Notiere am Rand, warum du diese Textstellen markiert hast: Halte **stichwortartig** fest, worum es dort geht. So findest du bestimmte Inhalte schnell wieder.
3. Lies dir die **Aufgaben** zum Text genau durch.
4. **Lies** den Text mit **Blick auf die Aufgaben**. Achte gezielt auf die gesuchten Informationen und markiere sie entsprechend.

Der erste Lesedurchgang fällt in der Prüfung in die **Phase der Textauswahl**. Lies beide Prüfungstexte zügig durch und mache dir wie beschrieben Stichworte (Schritt 1). Auf diese Weise wird es dir nicht schwerfallen, dich rasch für einen der Prüfungstexte zu entscheiden. Gründlich (Schritt 2) und mit Blick auf die Aufgaben (Schritt 4) liest du im Anschluss nur den Text, den du ausgewählt hast.

Tipp

Stellst du beim genauen Lesen fest, dass du die eine oder andere **Textstelle nicht verstanden** hast, markierst du sie mit **?**. Nach dem zweiten Lesedurchgang nimmst du solche Textstellen noch einmal gründlich in den Blick, um deine Verständnisprobleme zu lösen. Meist gelingt dir das dann doch!

2 Leseaufgaben lösen

In der Prüfung werden dir **verschiedene Arten von Aufgaben** zum Leseverstehen vorgelegt: geschlossene, halboffene und offene Aufgaben. Damit soll festgestellt werden, ob du die **Sinnzusammenhänge** in einem Text verstanden hast.

- **Geschlossene** Aufgaben sind so gestellt, dass es für die richtigen Antworten praktisch keinen Spielraum gibt. Das Prinzip ist immer gleich: Auf eine Frage ist jeweils nur **eine einzige Antwort** möglich und richtig.
- Bei **halboffenen** Aufgaben sollst du die Antwort auf eine Frage mit **eigenen Worten** ausdrücken. Du hast beim Lösen dieser Aufgaben also einen gewissen Spielraum: Bestimmte festgelegte Formulierungen werden nicht erwartet.
- Bei **offenen** Aufgaben musst du einen kurzen **zusammenhängenden Antworttext** formulieren. Wichtig ist, dass du hier eine eigene sprachliche und gedankliche Leistung erbringst. Das heißt, du solltest hier möglichst **selbstständig formulieren** und **eigene Gedanken** zum Ausdruck bringen.

Schritt für Schritt

Aufgaben zum Leseverstehen lösen

1. Zur **Vorbereitung:**
   - **Lies** den Text wie unter Punkt 1 „Den Leseprozess steuern“ beschrieben einmal überfliegend und ein- bis zweimal gründlich durch.
   - Lies dir **alle Aufgaben** zum Leseverstehen am Stück durch, damit du weißt, worauf du beim erneuten Lesen achten musst. Lies den Text dann mit Blick auf die Aufgaben.
2. Bearbeite die **Aufgaben:**
   - Lies nun **jede einzelne Aufgabe ganz genau**. Erst wenn du hundertprozentig verstanden hast, wonach gefragt wird, kannst du die passende Antwort finden.
   - **Beantworte** die Aufgabe nun mit Blick auf den Text und deine Markierungen. Deine Antwort muss sowohl zur Aufgabenstellung als auch zum Text passen.
   - Halte dich beim Lösen der Aufgaben an die gegebene **Reihenfolge**. Die ersten Fragen – meist geschlossene Aufgaben – bereiten dich normalerweise schon auf die schwierigeren halboffenen und offenen Aufgaben vor.
3. Arbeite **mit dem Text:**
   - Suche die richtige **Lösung** immer **im Text**. Verlasse dich nicht auf bloße Vermutungen!
   - Bedenke aber: Nicht jede Antwort steht wortwörtlich im Text. Suche dann nach einer Aussage, die **sinngemäß** zur Frage passt.
   - Manchmal musst du für die Lösung auch **mehrere Informationen** aus dem Text miteinander **kombinieren**.

2.1 Geschlossene Aufgaben lösen

Bei geschlossenen Aufgaben steht die Antwort **immer** im Text. Hüte dich hier also in besonderem Maße vor Vermutungen! Stelle dir bei jeder Aussage, die du ankreuzt, die Frage: *Wo steht das im Text?*

Tipp

> Sollte **am Schluss** noch eine ungelöste Aufgabe übrig bleiben, dann **sei mutig:** Kreuze die Aussage an, die dir am wahrscheinlichsten vorkommt. Vielleicht kommt dir der Zufall zu Hilfe und du landest einen Treffer. (Für eine falsch gelöste Aufgabe gibt es zwar null Punkte – für eine ungelöste Aufgabe aber auch!)

Es gibt verschiedene Arten von geschlossenen Aufgaben:

Multiple-Choice-Aufgaben

Es wird **eine Frage** gestellt; dazu gibt es **mehrere Auswahlantworten** (meist vier), von denen die **richtige angekreuzt** werden muss. Die Multiple-Choice-Aufgaben (auch: Mehrfachwahlaufgaben) beziehen sich ausschließlich auf den Text.

Beispiel

Warum solltest du mutig sein, wenn eine Aufgabe am Schluss noch ungelöst geblieben ist? Kreuze die passende Aussage an.

- [ ] Man darf keine Aufgabe ungelöst lassen.
- [ ] Es ist egal, ob die Lösung stimmt oder nicht.
- [x] Vielleicht kreuzt man zufällig die richtige Aussage an.
- [ ] Ungelöste Aufgaben machen einen schlechten Eindruck.

Es kann auch vorkommen, dass mit einer Multiple-Choice-Aufgabe gezielt nach einer **Falschaussage** gefragt wird. In der Regel ist das Wort, das eine Verneinung ausdrückt, in der Aufgabe fett gedruckt.

Beispiel

Was ist das Besondere an Multiple-Choice-Aufgaben?
Kreuze die Aussage an, die **nicht** zutrifft.

- [ ] Nur eine einzige Antwort kommt für die Lösung infrage.
- [ ] Man muss die richtige Lösung ankreuzen.
- [x] Es gibt für die Lösung mehrere Möglichkeiten.
- [ ] Es werden mehrere Auswahlantworten vorgegeben.

Tipp

> Gehe nach dem **Ausschlussverfahren** vor, wenn du beim Lösen einer Multiple-Choice-Aufgabe unsicher bist: Überlege, welche Antworten auf keinen Fall infrage kommen, und sondere sie aus. Von den verbliebenen Auswahlantworten wählst du die aus, die dir am wahrscheinlichsten erscheint.

Eine **andere Form** von Multiple-Choice-Aufgaben sieht so aus: Es werden dir drei Aussagen gegeben und du musst entscheiden, welche Aussagen richtig sind. Aber auch hier ist wieder nur ein Kreuz zu setzen.

Beispiel Welche der folgenden Aussagen sind richtig?

Bei Multiple-Choice-Aufgaben …

A muss man die richtige Lösung ankreuzen.

B werden mehrere Auswahlantworten vorgegeben.

C ist es egal, ob die Lösung stimmt oder nicht.

Kreuze die richtige Antwort an.

☐ Nur C ist richtig.

☒ Nur A und B sind richtig.

☐ A, B und C sind richtig.

☐ Nur B und C sind richtig.

Richtig/Falsch-Aufgaben

Zu einem Text werden **mehrere Aussagen** präsentiert. **Jede Aussage** ist auf ihre Richtigkeit hin zu **überprüfen:** Passt sie zum Text – oder nicht? Entsprechend muss jeweils angekreuzt werden.

Beispiel Wie sollte man beim Lösen von geschlossenen Aufgaben vorgehen? Kreuze an.

Man sollte …	trifft zu	trifft nicht zu
jede Aufgabe ganz genau lesen.	☒	☐
im Text nach der passenden Information suchen.	☒	☐
sich vor allem an seinem Erfahrungswissen orientieren.	☐	☒
nur Aussagen ankreuzen, die wortwörtlich im Text stehen.	☐	☒
sich möglichst an die gegebene Reihenfolge halten.	☒	☐

Tipp Sorge dafür, dass deine **Lösungen eindeutig** sind. Falls du versehentlich eine falsche Aussage angekreuzt hast, streichst du das Kreuz durch. Die richtige Lösung kannst du zusätzlich mit einem entsprechenden Vermerk versehen, z. B. so: *richtige Lösung* → ☒

Geschlossene Fragen

Dir wird eine Frage zum Text gesellt, auf die es nur **eine passende** Antwort gibt; diese musst du aufschreiben. Manchmal ist sie auch in eine Lücke einzutragen. In der Regel genügen dabei **Stichworte**.

Beispiel Nenne den deutschen Begriff, den man anstelle des Begriffs *Multiple-Choice-Aufgaben* verwenden könnte.

Mehrfachwahlaufgaben

Zuordnungsaufgaben

Häufig ist es so, dass du mehrere Aussagen zum Text bekommst und du jeweils einen Satz im Text finden sollst, der **Ähnliches** ausdrückt.
Es kann aber auch sein, dass dir bestimmte Aussagen vorgegeben werden und zugleich einige Bezugsgrößen genannt werden, z. B. Namen von Personen. Bei jeder Aussage ist zu **prüfen, auf was oder wen sie sich bezieht**.
Suche nach Textstellen, in denen die Bezugsgrößen (z. B. Namen) genannt werden. Im Umfeld dieser Textstellen findest du meist die passende Aussage. Bedenke aber, dass der Wortlaut der gesuchten Aussagen in der Aufgabe anders ausfallen kann als im Text.

Beispiel

Worauf beziehen sich die folgenden Aussagen?
Trage den passenden Buchstaben in die Tabelle ein.

A Multiple-Choice-Aufgaben

B Richtig/Falsch-Aufgaben

C Umordnungsaufgaben

D Zuordnungsaufgaben

E Geschlossene Fragen

Aussage	**Buchstabe**
Man muss bei jeder Aussage prüfen, ob sie zum Text passt oder nicht.	B
Man bekommt eine Frage, die man kurz und knapp beantworten muss.	E
Man muss ungeordnet vorliegende Aussagen zum Text ordnen.	C
Man muss von mehreren Auswahlantworten die passende ankreuzen.	A
Man erhält verschiedene Aussagen zum Text und trägt ein, worauf sie sich beziehen.	D

Tipp

Oft erhältst du Aussagen zum Text, zu denen du passende Textstellen finden sollst, die **Ähnliches** ausdrücken. Achte dann darauf, dass du jeweils nur **einen Satz** als Lösung angibst. Du sollst auf keinen Fall große Textabschnitte anführen.

Umordnungsaufgaben

Du erhältst einige **ungeordnete Aussagen** zum Text. Deine Aufgabe ist es, sie in die **richtige Reihenfolge** zu bringen. In der Regel sollst du die Aussagen nummerieren. An dieser Stelle hast du den Text bereits dreimal gelesen und auch schon Aufgaben bearbeitet. Es wird dir also nicht schwerfallen, die einzelnen Aussagen in die richtige Reihenfolge zu bringen. Falls du unsicher bist, überfliegst du den Text noch einmal und machst dir Notizen am Rand.

Beispiel

Die Erläuterungen zu den Aufgaben, mit denen die Lesekompetenz geprüft wird (S. 6–10), geben Antworten auf verschiedene Fragen. In welcher Reihenfolge werden diese Fragen im Text beantwortet? Nummeriere sie entsprechend.

Frage	Nummer
Welche Arten von Aufgaben gibt es, um die Lesekompetenz zu testen?	1
Wie können Beispiele für geschlossene Aufgaben aussehen?	4
Was soll anhand von Leseaufgaben geprüft werden?	2
Wie solltest du beim Lösen von geschlossenen Aufgaben vorgehen?	3

2.2 Halboffene und offene Aufgaben lösen

Bei halboffenen und offenen Aufgaben werden keine Auswahlantworten vorgegeben. Du sollst hier **Antworten mit eigenen Worten** zum Ausdruck bringen. Beim Lösen von halboffenen und offenen Aufgaben hast du deshalb eine gewisse **Freiheit**. Ebenso wie bei den geschlossenen Aufgaben gilt aber auch hier: Arbeite mit dem **Text**. Beziehe dich bei deinen Antworten auf passende Textstellen, um nachzuweisen, dass deine Lösungen richtig sind.

Während beim Lösen von **halboffenen Aufgaben** Stichpunkte, Teilsätze oder einzelne Sätze ausreichend sein können, verlangen **offene Fragen** nach einer ausführlicheren Antwort. Bei diesen Aufgaben wird erwartet, dass du einen kleinen, aber vollständigen und zusammenhängenden Text schreibst.

Tipp

Achte besonders auf die **Form** deiner Antworten:

- Antworte immer in **vollständigen Sätzen** – selbst wenn du nicht dazu aufgefordert wirst. So vermeidest du Unklarheiten und Missverständnisse. Stichwortartige Antworten schreibst du nur, wenn das ausdrücklich verlangt wird.
- Bezüglich der **Länge** der Antworten orientierst du dich an der Anzahl der vorgegebenen Linien. Gehe davon aus, dass du die Linien möglichst füllen sollst. Wenn nur eine Linie vorgegeben ist, genügen acht bis zehn Wörter. Bei fünf Linien schreibst du 40 bis 50 Wörter.

Schritt für Schritt

Halboffene und offene Aufgaben lösen

1. Lies jede Aufgabe sehr **genau** durch. Es ist wichtig, dass du verstehst, wonach gefragt wird bzw. was du erklären sollst.
2. Überlege, welche Textstelle(n) dir die entscheidenden Auskünfte geben. Bedenke aber, dass du die richtigen Antworten **nicht** unbedingt **wortwörtlich** im Text findest.
3. Schreibe deine Antwort in **eigenen Worten** auf. Achte genau darauf, was in der Aufgabenstellung steht: Sollst du z. B. Stichpunkte nennen, ein Zitat herausschreiben, Informationen einander gegenüberstellen; oder sollst du z. B. etwas begründen, erklären, erläutern, dann solltest du eine ausführlichere Antwort in Form eines Kurztextes verfassen.
4. **Überprüfe** deine Antwortsätze. Kontrolliere Formulierungen, Rechtschreibung und Zeichensetzung.

Tipp

Vermeide es, deinen **Lösungssatz** bzw. Lösungstext mit einer unterordnenden Konjunktion (z. B. *wenn* oder *weil*) zu beginnen. Das könnte sonst dazu führen, dass du als Antwort **nur einen Nebensatz** schreibst, der als Lösung **unzureichend** ist (Nebensätze können nicht allein stehen!).

Es gibt verschiedene Arten von halboffenen und offenen Aufgaben:

Lückentexte vervollständigen

Lückentexte sind eine mögliche Aufgabenform, mit der dein Textverständnis überprüft werden kann. Es könnte dir z. B. eine kurze Inhaltsangabe des Textes vorgelegt werden, in der entscheidende Informationen fehlen. Diese Lücken musst du mithilfe deiner Textkenntnisse füllen.

Beispiel

Wie sollte man beim Lösen von Lückentexten vorgehen?
Man sollte jeden Satz *ganz genau* lesen und *im Text* nach der passenden Information suchen.

Tipp

In der Regel gibt dir die **Länge der Linien**, mit denen die Lücken kenntlich gemacht werden, einen Hinweis darauf, wie kurz oder lang die Information ist, die du ergänzen sollst.

W-Fragen zum Text beantworten

Auch W-Fragen sind eine mögliche Aufgabenform, mit der deine Lesekompetenz überprüft werden kann. In diesem Fall wird dir eine Frage zum Text gestellt, die du eigenständig beantworten sollst. Oft handelt es sich um **Wie-** oder **Warum-Fragen**. In deiner Antwort solltest du eigene Worte verwenden und dich auf den Text beziehen, um die Richtigkeit deiner Aussage nachzuweisen. Wenn in der Frage auf eine bestimmte Textstelle Bezug genommen wird, solltest du noch einmal den Abschnitt lesen, in dem diese Textstelle enthalten ist. In der Regel findest du kurz vor oder nach dieser

Textstelle Hinweise für deine Antwort. Die Frage kann offen oder halboffen gestellt sein, d. h., entweder genügen Stichpunkte oder Teilsätze als Antwort oder du musst eine ausführlichere Antwort in ganzen Sätzen verfassen.

Beispiel Warum ist es wichtig, dass du dir die Formulierung der einzelnen Aufgaben sehr genau durchliest? Erkläre.

Man kann eine Aufgabe nur dann richtig lösen, wenn man verstanden hat, wonach gefragt wird. Frage und Antwort müssen nämlich genau zusammenpassen.

Textstellen deuten

Hier sollst du erklären, was eine bestimmte Textstelle bedeutet. Es kann sich um ein einzelnes Wort, eine Wortgruppe oder eine komplette Aussage handeln. Verwende für deine Deutung wirklich eigene Worte! Benutze möglichst keine Wörter, die du in der Textstelle findest.
Ausnahme: Du kennzeichnest ein Wort als Zitat, um anschließend zu erklären, was es bedeutet.

Beispiel Es heißt, beim Lösen von halboffenen und offenen Aufgaben gebe es einen gewissen **Spielraum**. Erkläre, was das bedeutet.

Es wird nicht erwartet, dass man bestimmte Formulierungen verwendet. Die Antwort muss nur vom Sinn her stimmen.

Aussagen zum Text belegen

Unter Umständen wird in der Aufgabenstellung verlangt, eine bestimmte Aussage anhand von Textbeispielen zu belegen. Hier geht es darum, **geeignete Textpassagen** zu finden und diese mit der **korrekten Zeilenangabe** aufzuschreiben.
Wenn es in der Aufgabenstellung nicht gezielt verlangt wird, musst du die Textstellen nicht als Zitate wiedergeben. Wenn du allerdings zitierst, dann denke daran, deine Zitate in Anführungszeichen zu setzen.

Beispiel *Ohne geeignete Beispiele sind die Erläuterungen zu den Leseaufgaben nur schwer zu verstehen.*

Belege diese Aussage anhand von drei Textbeispielen.

2.3 Arbeitsanweisungen (Operatoren) im Überblick

In der Prüfung wirst du **in der Aufgabenstellung** mit verschiedenen Verben aufgefordert, dich in einer bestimmten Art und Weise (zu einem Text) zu äußern, z. B. Nenne …, Ordne zu …, Erkläre … Es ist wichtig, dass du die Bedeutungen der einzelnen Arbeitsanweisungen unterscheiden kannst, damit du immer genau weißt, **was von dir erwartet wird**.

Geschlossene Aufgaben

Bei Aufgaben mit diesen Anweisungen gibt es normalerweise nur genau eine richtige Antwort.

angeben: eine Zahl, einen Begriff, eine Seiten- oder Zeilennummer notieren
Beispiel: *Finde jeweils eine passende Textstelle und gib die Zeile an.*

ankreuzen: ein Kreuz setzen (vor allem bei Multiple-Choice-Aufgaben)
Beispiel: *Kreuze die richtige Antwort an.*

nummerieren: Inhalte nach einem vorgegebenen Kriterium (z. B. zeitliche Reihenfolge, Erzählverlauf) ordnen und entsprechend mit Zahlen versehen
Beispiel: *Nummeriere die Tätigkeiten des Mannes entsprechend dem Handlungsverlauf von 1 bis 7.*

zuordnen: Inhalte (z. B. Überschriften, vorgegebene Aussagen) einem passenden Gegenstück oder Beispiel zuweisen, meist mithilfe von Buchstaben oder Zahlen
Beispiel: *Ordne jedem Textabschnitt eine passende Überschrift zu.*

Halboffene Aufgaben

In Aufgaben mit diesen Anweisungen findest du meist einen Hinweis darauf, wie umfangreich deine Antwort sein soll, also wie viele richtige Angaben für die volle Punktzahl benötigt werden.

belegen: eine Angabe oder Aussage absichern bzw. beweisen, z. B. mithilfe von Textstellen (Zitat, Verweis auf Inhalte) oder Fundstellen (Zeilenangabe)
Beispiel: *Belege die Aussage anhand von drei Textbeispielen.*

gegenüberstellen: Textinhalte miteinander vergleichen; in der Regel genügen Stichpunkte oder Teilsätze, Zeilenangaben sind nicht erforderlich
Beispiel: *Stelle die Reaktionen der Hauptfigur einander gegenüber.*

nennen: einzelne Informationen knapp und ohne Erläuterung anführen; in der Regel genügen Stichpunkte, Zeilenangaben sind nicht erforderlich
Beispiel: *Nenne vier Aufgaben, die Segelfahrer erledigen müssen.*

zitieren: eine Aussage durch die exakte Wiedergabe einer Textstelle absichern bzw. beweisen, dabei den genauen Wortlaut in Anführungszeichen setzen und die Zeile angeben (sonst gibt es Punktabzug!)
Beispiel: *Zitiere einen Satz, der die Kritik ausdrückt.*

Offene Aufgaben

Bei Aufgaben mit diesen Anweisungen schreibst du einen kurzen Text. Dabei solltest du unbedingt darauf achten, nicht aus dem Text abzuschreiben, sondern deine Gedanken in eigenen Worten zu formulieren. Wenn Beispiele verlangt werden, findest du in der Aufgabe normalerweise einen Hinweis darauf, wie viele erforderlich sind.

darstellen: einen Sachverhalt erschließen und zusammenhängend wiedergeben
Beispiel: *Stelle die unterschiedlichen Einstellungen der Personen dar.*

begründen: Gründe für etwas anführen, also Zusammenhänge zwischen Ursachen und Auswirkungen herstellen
Beispiel: *Begründe, welche der Aussagen deiner Meinung nach besser passt.*

erklären: Zusammenhänge (Ursachen, Gründe usw.) erkennen und ausführlich darstellen
Beispiel: *Erkläre diese Behauptung mithilfe von zwei Textbeispielen*

erläutern: Inhalte oder Aussagen nachvollziehbar machen, Sachverhalte umfassend darstellen
Beispiel: *Erläutere, warum die Segelausbildung sehr zeitaufwendig ist.*

herausarbeiten: Sachverhalte aus dem Zusammenhang isolieren und auf den Punkt gebracht darstellen
Beispiel: *Arbeite heraus, wie die Hauptfigur ihre Ablehnung signalisiert.*

Interaktive Aufgaben: Sachtext

3 Sachtexte verstehen

Sachtexte befassen sich mit Dingen, die es tatsächlich gibt (oder gab oder geben wird). Sie teilen vor allem **Fakten** mit. Das heißt aber nicht automatisch, dass Sachtexte immer wahr sein müssen. Schließlich kann sich der Verfasser auch einmal irren, z. B. weil seine Kenntnisse oder Beobachtungen nicht ausreichen.

Bestimmte **Elemente** finden sich in praktisch jedem Sachtext wieder. Wenn du diese Elemente erkennst, hilft dir das, den Aufbau und den Inhalt des Textes besser zu verstehen.

Achte daher beim Lesen eines **Sachtextes** immer auf …

- **Schlüsselwörter:** Sie fallen besonders auf – entweder weil sie mehrmals wiederholt werden oder weil sie einem anderen Sprachgebrauch angehören als die übrigen Wörter im Text (z. B. ein Wort aus der Umgangssprache in einem Text, der sonst in der Standardsprache verfasst ist). Oft handelt es sich auch um Fremdwörter oder Fachbegriffe.
- **Sinnabschnitte:** So bezeichnet man eine Gruppe von Textaussagen, die sich mit einem bestimmten (Unter-)Thema befassen. Oft – aber nicht immer – entspricht ein Sinnabschnitt einem Absatz im Text. Es gibt bei einem Text keine festgelegte Anzahl von Sinnabschnitten. Deshalb hast du beim Untergliedern eines Textes in Sinnabschnitte gewisse Freiheiten.
- **allgemeine Aussagen:** Sie sind die entscheidenden Aussagen im Text und vermitteln die wesentlichen Informationen. Allgemeine Aussagen beziehen sich immer auf einen Sachverhalt, der grundsätzlich gilt – oder der als Verallgemeinerung zu verstehen ist. Sie stehen im Plural oder enthalten Wörter, die auf andere Weise eine Verallgemeinerung ausdrücken (z. B. das Pronomen *man*).
- **Beispiele:** Beispiele sind – im Gegensatz zu allgemeinen Aussagen – konkrete Einzelfälle. Sie dienen dazu, allgemeine Aussagen zu veranschaulichen, liefern aber keine neue Information.

3.1 Die Absicht des Verfassers erkennen

Es gibt verschiedene Arten von Sachtexten. Man unterscheidet sie vor allem danach, welche **Absicht** der Verfasser verfolgt: Beispielsweise kann er den Leser mit seinem Text beeinflussen wollen, weil er möchte, dass dieser sich seiner Meinung anschließt. Es ist deshalb wichtig, dass du bei einem Sachtext erkennst, ob die Darstellung **neutral oder subjektiv** ist. Stelle dir beim Lesen die Frage: *Was will der Verfasser von mir?* Seine Absichten kann der Verfasser auch „verstecken". Er kann seine Meinung z. B. **indirekt** zum Ausdruck bringen, etwa durch die Wortwahl. Orientiere dich deshalb auch an der **Ausdrucksweise**.

Man unterscheidet Sachtexte nach der Absicht des Verfassers:

- **Informierende Texte:** Der Verfasser will über einen Sachverhalt informieren. Er teilt dem Leser **Tatsachen** mit. Er formuliert seine Informationen **sachlich** und **neutral**.
  Beispiele: *ein Bericht über ein Ereignis, ein wissenschaftlicher Aufsatz*
- **Kommentierende Texte:** Der Verfasser will einen Sachverhalt kommentieren. Er sagt klar, was er über ein Thema denkt, und äußert seine **Meinung** dazu.
  Beispiele: *ein Kommentar zu einer Abstimmung im Bundestag, eine Glosse*
- **Appellierende Texte:** Der Verfasser will an den Leser appellieren. Er **fordert** den Leser dazu **auf**, etwas zu tun oder zu unterlassen.
  Beispiele: *ein Werbetext, eine Rede über politische Programme*
- **Instruierende Texte:** Der Verfasser will den Leser anleiten. Er erklärt **Schritt für Schritt**, wie man vorgehen muss, um etwas zu tun.
  Beispiele: *eine Bedienungsanleitung, ein Kochrezept*

Oft will der Verfasser den Leser mit seinem Text auch **unterhalten**. Dann will er erreichen, dass man beim Lesen **Vergnügen** empfindet. Allerdings ist die Unterhaltungsfunktion bei einem Sachtext immer zweitrangig.

Tipp

Manche Autoren verfolgen mit ihren Texten **mehrere Absichten**. Beispielsweise könnte der Verfasser eines Sachbuchs seine Leser nicht nur informieren, sondern gleichzeitig an ihn appellieren – vielleicht im täglichen Leben mehr auf die Umwelt zu achten. Frage dich in diesem Fall, **welche Absicht bedeutsamer** ist: die der Information oder die des Appells?

3.2 Textsorten unterscheiden

Digitales Glossar: Begriffe nachschlagen

Bei vielen Sachtexten, die uns im Alltag begegnen, handelt es sich um Zeitungstexte. Sie informieren über wichtige Ereignisse, die kurz zuvor passiert sind, und veranlassen den Leser, sich zu den Geschehnissen eine eigene Meinung zu bilden.
Es erleichtert dir das Verständnis, wenn du die **Merkmale** der einzelnen Textsorten kennst. Am häufigsten kommen diese Zeitungstexte vor:

- **Bericht:** Ein Bericht informiert **sachlich** und **neutral** über wichtige aktuelle Ereignisse. Berichte sind in der Regel so aufgebaut: Zuerst werden diese vier **W-Fragen** beantwortet: *Was* ist geschehen? *Wer* ist betroffen? *Wo* ist es geschehen? *Wann* ist es geschehen? Manchmal wird auch gleich am Anfang etwas über die Folgen gesagt. Erst danach wird der Ablauf genauer ausgeführt: *Wie* ist es geschehen? *Warum* ist es passiert? Berichte sind in der Regel im **Präteritum** (Vergangenheitsform) verfasst.

- **Reportage:** Die Reportage informiert **ausführlich**, **anschaulich** und **unterhaltsam** über ein Thema. Der Einstieg erfolgt oft über einer „Nahaufnahme“, d. h., zunächst wird nur ein kleines Detail in den Blick genommen; davon ausgehend wird dann Grundlegendes dargestellt (z. B. über eine bestimmte Situation). In einer Reportage gibt es sowohl konkrete Beispiele als auch allgemeine Informationen zu einem Sachverhalt. Reportagen sind in der Regel im **Präsens** (Gegenwartsform) verfasst, denn das wirkt anschaulich, so als sei der Verfasser direkt vor Ort. Typisch ist auch der häufige Einsatz von direkter und indirekter Rede.

- **Interview:** Ein Interview gibt den Ablauf eines Gesprächs in Form eines **Dialogs** wieder. Ein Vertreter der Zeitung stellt einer Person Fragen, und diese antwortet darauf. Sowohl die Fragen als auch die Antworten werden abgedruckt. Das Interview lebt davon, dass die Äußerungen des Befragten spontan und echt wirken, **umgangssprachliche Äußerungen** werden daher nicht „geglättet“.

- **Kommentar:** Der Kommentar ist eine Art Stellungnahme. Der Verfasser äußert darin seine **Meinung** zu einem aktuellen Thema. Seine Meinung kann positiv (befürwortend) oder negativ (kritisch) ausfallen. In der Regel beginnt der Verfasser damit, kurz auf das Ereignis Bezug zu nehmen, zu dem er sich kommentierend äußern will. Dann sagt er, was er davon hält. Kommentare sind meist im **Präsens** verfasst. Die Darstellung ist **sachlich**, aber **nicht neutral**. (Der Verfasser vertritt ja eine bestimmte Meinung!)

- **Glosse:** Mit einer Glosse äußert der Verfasser – ähnlich wie mit einem Kommentar – seine Meinung zu einem aktuellen Thema. Im Unterschied zum Kommentar ist die Glosse aber zugleich **kritisch** und **humorvoll**. Oft übertreibt der Verfasser in seiner Darstellung. Gegen Ende gibt es meist eine **überraschende Wende** (eine Pointe). Glossen können im **Präteritum** oder im **Präsens** stehen.

Interaktive Aufgaben: Literarischer Text

4 Literarische Texte verstehen

Literarische Texte sind Texte, deren Inhalt sich der Verfasser **ausgedacht** hat. Zwar bilden eigene Erfahrungen und Erlebnisse durchaus die Grundlage für seine **Geschichten**. Doch in ihrer Zusammenstellung sind die Werke das Ergebnis seiner Fantasie. Kein literarischer Text spiegelt die Wirklichkeit so wider, wie sie ist.

Man unterscheidet drei Arten von literarischen Texten:

- **Prosatexte:** Der Sprachstil des Textes entspricht im Wesentlichen der normalen Sprache. Das heißt, es gibt z. B. keine aufwendigen Reimschemata.
- **Gedichte:** Gedichte haben ein sehr kunstvoll gestaltetes Äußeres. Man erkennt sie sofort an den Versen. Das sind die kurzen Zeilen eines Gedichtes.
- **Dramen:** Dramen sind wie Filmdrehbücher in Dialogform verfasst. Das heißt, es ist immer der Sprecher angegeben und das, was er sagt, wird wortwörtlich wiedergegeben.

In der **Prüfung** werden dir nur **Prosatexte** vorgelegt. Die Aufgaben, die du dazu bearbeiten musst, unterscheiden sich nicht von den Aufgaben, die du zu einem Sachtext bekommst: Auch hier gibt es geschlossene und halboffene Aufgaben.

4.1 Prosatexte untersuchen

Prosatexte erzählen Geschichten. Meist sind sie im **Präteritum** verfasst, da der Leser sich vorstellen soll, dass das Geschehen einmal passiert ist.

Die äußere Handlung

Um einen Prosatext zu verstehen, musst du zunächst die **äußere Handlung** nachvollziehen. Am besten stellst du dir dazu die folgenden Fragen:

Die äußere Handlung	
Wer?	Finde heraus, wer die **Hauptperson** ist. Nenne ihre **äußeren Merkmale** wie Alter, Geschlecht oder Aussehen.
Wo?	Bestimme den **Ort** der Handlung. Falls kein genauer Ort angegeben ist, musst du ihn umschreiben, z. B. *auf dem Weg zur Schule.*
Wann/ Wie lange?	Untersuche **Zeitpunkt** und **Dauer** des Geschehens. Auch hier musst du umschreiben, wenn der Text keine genauen Angaben macht, z. B. *an einem Nachmittag im Herbst.*
Situation?	Untersuche die Situation und die **Umstände**, in denen sich die Figuren befinden.
Verhalten?	Analysiere das **Verhalten** der Hauptperson: Wird sie selbst aktiv oder reagiert sie nur auf das, was ihr widerfährt? Wie reagieren die anderen Personen?
Ausgang?	Welches **Ende** nimmt die Handlung? Welche **Folgen** gibt es?

Hinweis: Grundsätzlich verfährst du bei der Lektüre eines literarischen Textes genauso wie bei der Lektüre eines Sachtextes: Zunächst **überfliegst** du den Text, um einen Eindruck vom Inhalt zu bekommen, danach liest du den Text gründlich und achtest auf **Einzelheiten**, die für das Verständnis wichtig sind.
Eine Besonderheit, die literarische Texte auszeichnet, sind die „versteckten Botschaften". Vieles steht „**zwischen den Zeilen**", sodass du immer wieder auf Lücken stößt, die du **mithilfe deiner eigenen Gedanken schließen** musst. Erst wenn dir das gelingt, verstehst du den Text richtig.

Beispiel

Wenn es im Text heißt: *Susi hat mit Karim Schluss gemacht*, dann bedeutet das zugleich: *Die beiden waren vorher ein Paar.*

Tipp

Überlege bei literarischen Texten immer, ob sich hinter einer Formulierung noch eine **Zusatzbotschaft** verbirgt! Wenn es im Text heißt *auf dem Weg zur Schule* wird indirekt auch der Zeitpunkt des Geschehens, nämlich *kurz vor acht Uhr*, mitgeteilt.

Die innere Handlung

Es genügt allerdings nicht, dass du aus dem Text nur zusammenträgst, was die einzelnen Personen nach und nach tun, sondern du musst auch die **innere Handlung** verstehen. Das bedeutet: Du musst auch das Verhalten der Personen anhand der **Gedanken** und **Gefühle**, die sie haben, erklären können. Frage dich also auch immer nach den **Handlungsmotiven** der beteiligten Personen und überlege: Warum reagieren sie so?
In der Regel sagt der Erzähler nichts über die innere Handlung – zumindest nicht ausdrücklich. Doch oft findest du im Text Hinweise, die dir helfen, die Beweggründe für das Verhalten einer Person zu verstehen. Folgende Fragen können dir dabei helfen:

Die innere Handlung	
Hintergrund?	Welche **Erfahrungen** hat die Person bisher gemacht?
Ziele?	Welche **Ziele** verfolgt sie? Welche **Wünsche** und Hoffnungen hat sie?
Sorgen?	Welche Sorgen und **Ängste** plagen sie?
Anlass?	Welcher **Anlass** ruft ein bestimmtes Verhalten hervor?
Wendepunkt?	Gibt es ein **Erlebnis**, das bei der Person ein **Umdenken** bewirkt?
Urteil über sich selbst und andere?	Wie **bewertet** die Person das **Verhalten anderer**? Wie **bewertet** sie **ihr eigenes Verhalten**?

Digitales Glossar: Begriffe nachschlagen

4.2 Arten von Prosatexten unterscheiden

Es gibt verschiedene Arten von Prosatexten. Sie unterscheiden sich nicht nur hinsichtlich ihres Umfangs, sondern auch in ihrem Aufbau und der Darstellung.

Die am häufigsten vorkommenden Prosatexte sind:

- **Erzählung:** „Erzählung“ ist der **Oberbegriff** für alle Prosatexte kurzer und mittlerer Länge.
- **Anekdote:** Anekdoten erzählen von einer **ungewöhnlichen Begebenheit** aus dem Leben einer Person. Diese kann tatsächlich leben oder gelebt haben. Meist enden Anekdoten mit einer Pointe, einer **überraschenden Wende**. Die Darstellung erweckt den Eindruck, als würde der Erzähler seine Geschichte in geselliger Runde zum Besten geben.
- **Fabel:** Fabeln sind kurze Geschichten, in denen eine **Lehre** erteilt wird. Meist sind **sprechende Tiere** die **Hauptfiguren**. Sie stehen jedoch für Menschen, denn sie zeigen typisch menschliche Eigenschaften und Verhaltensweisen. In der Regel wird von einem Konflikt zwischen einem Stärkeren und einem Schwächeren erzählt.
- **Kalendergeschichte:** Kalendergeschichten sind kurze, **lehrreiche** Texte, die im 17. und 18. Jahrhundert auf Kalenderblättern abgedruckt waren. Sie handeln von **merkwürdigen und lustigen Erlebnissen** aus dem Alltagsleben **einfacher Leute**. Im 20. Jahrhundert wurde die Kalendergeschichte in moderner Form wiederbelebt.
- **Kurzgeschichte:** Kurzgeschichten sind Erzählungen von geringem Umfang. Auffällig ist vor allem ihr Aufbau: Es gibt meist **keine Einleitung**. Auch das **Ende** ist **offen**. Die Hauptpersonen sind keine strahlenden Helden, sondern ganz **normale Menschen**, aus deren **Alltag** eine kurze Episode erzählt wird. Die Handlung strebt auf einen **Höhepunkt** zu, der zugleich ein Wendepunkt ist, da es sich oft um den Moment handelt, in dem die Hauptperson eine neue Einsicht gewinnt. Typisch für Kurzgeschichten ist die **einfache, moderne Sprache**.
- **Parabel:** Parabeln sind Geschichten, bei denen die **Handlung stark vereinfacht** ist. Oft werden indirekt **Missstände** in der Gesellschaft **kritisiert**. Der Leser muss die Geschichte auf das Leben in der normalen Gesellschaft übertragen.
- **Novelle:** Novellen sind Erzählungen von mittlerer Länge, in deren Zentrum ein **außergewöhnliches Ereignis** steht. Die Handlung wird der Reihe nach, ohne Vor- und Rückblenden, erzählt. In der Einleitung wird der Leser in das Geschehen eingeführt. Der Hauptteil strebt dann auf einen **Höhepunkt** zu, der oft auch einen Wendepunkt darstellt. Ein Schluss rundet die Novelle ab.

- **Schwank:** Schwänke sind **lustige**, kurze Erzählungen. Die Hauptperson ist meist ein **pfiffiger Mensch**, der sich einen Spaß daraus macht, **andere hereinzulegen**. Oft sind diejenigen, die hereingelegt werden, einfältig und bemerken nicht, dass ihnen ein Streich gespielt wird. Manchmal wird den Hereingelegten auch eine **Lehre** erteilt, weil sie sich vorher falsch verhalten haben.

- **Roman:** Romane sind **längere** Erzählungen, die in der Regel **in Buchform** veröffentlicht werden. Die Handlung erstreckt sich meist über einen **längeren Zeitraum**. So kann der Leser verfolgen, welche **Entwicklung** die Hauptperson durchmacht.

Hinweis: In der **Prüfung** wird dir meist eine **Kurzgeschichte** vorgelegt – oder ein Auszug aus einem **Roman**.

Tipp

Wenn du die entscheidenden Merkmale der verschiedenen Textsorten kennst, kannst du von Anfang an gezielt auf sie achten. Das erleichtert dir das Verständnis. Du solltest aber wissen, dass **nicht** jeder Text **immer alle Merkmale** der entsprechenden Textsorte aufweist. Es kann auch ein Merkmal fehlen.
Wenn dir nicht klar ist, was für eine Art Prosatext du vor dir hast, verwendest du sicherheitshalber den Begriff „**Erzählung**". Der ist niemals falsch!

Flashcards: Wichtiges wiederholen

4.3 Die Darstellung berücksichtigen

Literarische Texte sind vom Autor bewusst kunstvoll gestaltet. Aufbau und Sprache verleihen jedem Werk einen besonderen Reiz, denn die **Darstellung** und der **Inhalt** sind **eng miteinander verbunden**.
Du solltest deshalb die wesentlichen **sprachlichen Mittel** kennen, die ein Autor benutzen kann. Sie üben nämlich eine entscheidende **Wirkung** auf den Sinn aus. Um einen literarischen Text gut zu verstehen, musst du deshalb auch die **Gestaltung** in den Blick nehmen.

Diese **Merkmale der Darstellung** solltest du berücksichtigen:

- **Erzähler:** Die Darstellung durch den Erzähler wirkt sich maßgeblich auf die **Stimmung** aus, die ein Text ausstrahlt. Ist der Erzähler ein **Ich-Erzähler**, stellt er die Handlung aus Sicht der Hauptperson dar und bringt auch deren **Gedanken** und **Gefühle** zum Ausdruck.
  Handelt es sich um einen **Er-Erzähler**, kann er das Geschehen einerseits wie ein außenstehender Beobachter **kühl** und **distanziert** erzählen, oder aber er ist **mitfühlend**, dann äußert er sich auch über Gedanken und Gefühle der Figuren.

- **Sinnabschnitte:** Ein neuer Sinnabschnitt beginnt immer dort, wo der Erzähler etwas Neues zur Sprache bringt – entweder den **nächsten Handlungsschritt** oder einen **neuen Gedanken**. Mit der Abfolge der Sinnabschnitte lenkt der Erzähler nicht nur seinen eigenen Blick auf das Geschehen, sondern auch den des Lesers. Oft, aber nicht immer, entsprechen die Absätze den Sinnabschnitten im Text.

- **Satzbau:** Durch den Satzbau kann der Erzähler eine bestimmte Atmosphäre erzeugen. Hauptsätze, die unverbunden aufeinander folgen, wirken in der Regel sehr **sachlich** und **kühl**. Sind sie dagegen durch Konjunktionen wie *und* oder *denn* verbunden, wirken sie auch sachlich, aber **nicht so kühl**.
  Satzgefüge, bestehend aus Haupt- und Nebensätzen, klingen **meist harmonisch**; sie können aber auch **gedrängt** wirken – so als würde sich der Erzähler ein wenig gehetzt fühlen.

- **Wortwahl:** Mit den Wörtern, die ein Erzähler verwendet, vermittelt er eine bestimmte **Stimmung**. Es gibt Wörter, mit denen man **positive Vorstellungen** verbindet (z. B. mit *Held*), und Wörter, mit denen man **negative Vorstellungen** verbindet (z. B. mit *dunkel*). Je nachdem, welche Wörter überwiegen, wirkt die Botschaft eines Textes eher positiv oder negativ.

- **Sprachliche Bilder:** Durch ein sprachliches Bild wird die Darstellung für den Leser **anschaulich**. Er kann sich in Gedanken „ausmalen", was im Text dargestellt ist. Mit einem **Sprachbild** werden zwei Bereiche miteinander verbunden, die eigentlich nicht zusammengehören. Man kann z. B. sagen, dass es *Bindfäden regnet*, obwohl Regen mit Bindfäden eigentlich nichts zu tun hat. Wenn es stark regnet, kann es aber fast so aussehen, als hätten sich die einzelnen Regentropfen zu langen Fäden verbunden.
  Die wichtigsten Sprachbilder sind **bildhafter Vergleich**, **Metapher** und **Personifikation**.

- **Wiederholungen:** Wiederholungen von Wörtern, Wortgruppen oder sogar ganzen Sätzen weisen darauf hin, dass ihr Inhalt dem Verfasser **besonders wichtig** ist. Wenn es bei den Wiederholungen **leichte Veränderungen** gibt, sollten diese besonders beachtet werden, denn es gibt immer einen Grund dafür.

- **Überschrift:** Der Autor hat die Überschrift für seinen Text ganz bewusst ausgewählt. Er zeigt mit ihr indirekt, **worauf es** ihm besonders **ankommt**. Wenn es also Wörter aus dem Text gibt, die in der Überschrift vorkommen, dann zielen diese auf den Kern des Textes ab.

Prüfungsteil II – Schreiben

Teil II.A: Textproduktion (Wahlaufgabe)

Flashcards: Wichtiges wiederholen

5 Den Schreibprozess steuern

Wenn du einen Text erstellst, solltest du vermeiden, einfach drauflos zu schreiben! Vor dem Schreiben kommt das **Planen:** Durchdenke die Schreibaufgabe gründlich und bereite dich sorgfältig vor. Was du in die Vorbereitung investierst, sparst du anschließend beim Schreiben. Außerdem verhilft dir eine gute Planung dazu, deinen Text auch ansprechend zu gestalten. Du wirst dann nur selten etwas durchstreichen müssen.

5.1 Vorbereiten

Überlege dir zunächst, ob du nahe am Text arbeiten möchtest oder lieber etwas freier schreibst: Von den beiden Schreibaufgaben, die dir in der Prüfung zur Auswahl vorgelegt werden, bezieht sich nur eine direkt auf den **Prüfungstext**. Die zweite Wahlaufgabe greift zwar in der Regel das Thema des Textes auf, zur Bearbeitung der Aufgabe brauchst du den Text jedoch nicht. Hier sollst du in erster Linie auf dein **Erfahrungswissen** zurückgreifen.

Zu der Aufgabe, für die du dich entschieden hast, erstellst du als Erstes einen **Schreibplan**. Gehe dabei so vor:

Schritt für Schritt

Das Schreiben vorbereiten

1. Lies die Aufgabe genau durch und überlege, was von dir verlangt wird. Stelle dir folgende Fragen und **notiere** dazu **in Stichworten** die Antworten:
   - Wie lautet das **Thema**?
   - Welche **Art von Text** sollst du schreiben? Berichten, Beschreiben, Erzählen oder Argumentieren?
   - Wird eine bestimmte Textsorte verlangt? Ein Brief, ein Tagebucheintrag …?
   - Wer soll der **Schreiber** sein? Welches **Ziel** verfolgt er?
   - Wer soll der **Leser** sein? Welche **Erwartungen** hat er an den Text?
2. **Sammle Ideen** zum Thema. Halte alles, was dir in den Sinn kommt, stichwortartig fest. Am besten notierst du es in Form einer Tabelle, eines Clusters oder einer Mindmap.
3. Ordne deine Ideen. Bringe sie in eine **sinnvolle Reihenfolge**. Du kannst deine Stichworte z. B. nummerieren. Das ist dein **Schreibplan**.
4. Überlege, wie dein Text **anfangen** soll. Versuche, den Leser geschickt zum eigentlichen Thema hinzuführen. Halte deine Ideen wieder stichwortartig fest.
5. Überlege, wie dein Text **enden** soll. Du kannst nicht einfach nach dem letzten Stichpunkt aufhören. Frage dich, wie du deine Ausführungen überzeugend abrundest.

5.2 Schreiben

Orientiere dich beim Schreiben deines Textes an dem Schreibplan, den du erstellt hast. Beginne mit der Einleitung, schreibe danach den Hauptteil und runde deinen Text durch einen geeigneten Schluss ab. Am besten verfährst du so:

Schritt für Schritt

Eine Schreibaufgabe bearbeiten

1. Am schwierigsten ist der Einstieg, also die **Einleitung**. Nimm Konzeptpapier und schreibe probeweise deine Einleitung auf. Eventuell brauchst du mehrere Entwürfe.
2. Beginne nun den **Hauptteil**. Nimm dir nach und nach alle notierten Stichworte vor und formuliere deine Gedanken sorgfältig aus. Gehe so vor:
   - Beginne jeweils einen **neuen Absatz**, wenn du dich dem nächsten Stichwort aus deinem Schreibplan zuwendest. Das ist leserfreundlich, und es zeigt auch, dass du als Verfasser ein klares Konzept für deinen Text hast.
   - Zähle deine Gedanken nicht nur auf. Finde **geschickte Überleitungen** zwischen den einzelnen Sätzen und Absätzen. Verwende passende Konjunktionen (z. B. *wenn, aber*), Adverbien (z. B. *deshalb, trotzdem*) und Pronomen (z. B. *er, dieser*), um Verbindungen zwischen deinen Aussagen herzustellen (vgl. S. 38 u. 51/52).
   - Lies jeden Satz, den du fertiggestellt hast, durch, bevor du den nächsten Satz beginnst. Das kostet nicht viel Zeit, hilft dir aber, **ungeschickte Formulierungen** sofort zu erkennen und zu korrigieren. So kannst du anschließend deinen Aufsatz zügig auf das Reinschriftpapier übertragen.
3. Nachdem du dein letztes Stichwort ausgeführt hast, schreibst du den **Schluss**. Es ist nicht leicht, ein überzeugendes Ende zu finden. Probiere wieder mehrere Entwürfe auf Konzeptpapier aus. Es genügen zwei bis drei Sätze.

Beispiel

In dem folgenden Auszug aus einem Brief an die Schulleiterin sind die Sätze geschickt durch Konjunktionen oder Adverbien miteinander verbunden:

Immer mehr Schüler kommen ohne Frühstück zur Schule. Das führt dazu, dass sich viele von ihnen spätestens ab der dritten Stunde nicht mehr richtig auf den Unterricht konzentrieren können, weil ihnen der Magen knurrt. Deshalb haben sich bereits an einigen Schulen Frühstücksinitiativen gebildet, die dafür sorgen, dass alle Schüler noch vor Unterrichtsbeginn ein gesundes Frühstück zu sich nehmen können.

Tipp

Achte darauf, dass dein Text eine **angemessene Länge** hat. Ausuferndes „Geschwafel" ist genauso falsch wie die Kürze einer SMS.

5.3 Überarbeiten

Lies deinen Text noch einmal sorgfältig durch. Korrigiere dabei ungeschickte Formulierungen und Fehler. Gehe so vor:

Schritt für Schritt

Den ausformulierten Text überarbeiten

1. Versuche, deinen Text **innerlich laut zu lesen**; dann bemerkst du mögliche Schwachstellen am ehesten.
2. Suche nach Fehlern und ungeschickten Formulierungen:
   - **Vermeide** unschöne **Wiederholungen**. Wenn z. B. in aufeinanderfolgenden Sätzen (oder im selben Satz) zweimal derselbe Ausdruck fällt, klingt das unbeholfen. Ersetze das wiederholte Wort besser durch ein anderes passendes Wort.
   - Wenn du im Text **Pronomen** verwendet hast (z. B. Demonstrativpronomen wie *dieses* oder *das*), frage dich immer, ob dem Leser klar ist, **worauf sie sich beziehen**. Du selbst weißt natürlich, wofür diese „Platzhalter" stehen. Aber dem Leser ist vielleicht nicht klar, wer *er* oder was *das* sein soll.
3. **Korrigiere** die Fehler und Schwachstellen, die dir aufgefallen sind. Gehe so vor:
   - Kleinere Korrekturen nimmst du direkt im Text vor: Streiche z. B. ein falsch geschriebenes Wort durch und füge die richtige Schreibweise darüber ein.
   - Bei größeren Korrekturen streichst du die ganze Textstelle durch. Versieh sie mit einem Zeichen, z. B. mit * oder a) oder 1. Schreibe die korrigierte Version unter Wiederholung dieses Zeichens auf ein Extrablatt.
   - Solltest du einmal vergessen haben, einen neuen Absatz zu beginnen, kennzeichnest du die Stelle mit ⌈. So wird klar, dass hier ein neuer Gedanke beginnt.
4. **Übertrage** deine korrigierte Fassung auf Reinschriftpapier.

Beispiel

Verantwortung
Betreiben die Schüler selbst eine Cafeteria, lernen sie ~~Verandwortung~~ zu tragen.
Sie müssen ~~dann einkaufen und verkaufen.~~)*
**) sich dann um die Einkäufe kümmern und auch den Verkauf übernehmen.*

Tipp

Achte darauf, dass deine **Korrekturen eindeutig** sind. Wenn du mehr als einmal eine größere Textstelle korrigieren musst, nimm jedes Mal ein anderes Zeichen, z. B. *, **, *** oder a), b), c) oder 1, 2, 3. Dem Leser muss klar sein, welche Korrektur für welche Textstelle gelten soll. Schreibe die Korrekturen auch nicht durcheinander auf dein Korrekturblatt, sondern richte dich bezüglich der Reihenfolge nach ihrem Vorkommen im Text.

6 Schreibaufgaben lösen

Es gibt vier übergeordnete **Textarten**, die in der Prüfung die Grundlage für die Schreibaufgaben bilden können: **Erzählen**, **Berichten**, **Beschreiben** oder **Argumentieren**. Im Rahmen einer dieser vier Textarten kann dir dann eine bestimmte **Textsorte**, z. B. ein Leserbrief oder ein Tagebucheintrag, vorgegeben werden. In der Prüfungsaufgabe wird die Textart immer direkt genannt, achte also genau darauf, ob von dir erwartet wird, etwas zu erzählen, zu berichten, zu beschreiben oder zu argumentieren.

Einige Textsorten, wie beispielsweise der Brief, können **verschiedenen Textarten** zugeordnet werden. Es kann z. B. von dir verlangt werden, einen persönlichen Brief zu verfassen, in dem du von einem Ferienerlebnis erzählst. In diesem Fall ist die zugrunde liegende Textart das „Erzählen".
Die Aufgabe könnte aber auch so gestellt sein, dass du einen Brief an die Schulleitung verfassen sollst, in dem du zu einem bestimmten Sachverhalt Stellung nimmst. In diesem Fall ist die zugrunde liegende Textart das „Argumentieren".
Es kann auch vorkommen, dass keine bestimmte Textsorte von dir verlangt wird. Die Aufgabenstellung könnte dann einfach lauten: *Nimm Stellung zu …* In diesem Fall musst du keine zusätzlichen Formmerkmale für deine Stellungnahme beachten. Wenn es hingegen heißt: *Schreibe einen Leserbrief,* dann weißt du, dass du die Stellungnahme in Form eines Leserbriefs verfassen sollst.

Tipp

Lies dir die **Aufgabenstellung** immer ganz genau durch. Bei Textsorten, die nicht eindeutig einer bestimmten Textart zugeordnet werden können, wird dir in der Aufgabenstellung genau erklärt, ob du deinen Text erzählend, berichtend, beschreibend oder argumentativ schreiben sollst. Zusätzlich werden über dem Kasten mit den **Bewertungskriterien** die geforderten Textarten noch einmal genannt. Dort heißt es z. B.: *Dein Text (Erzählung oder Argumentation) wird wie folgt bewertet.*

Interaktive Aufgaben: Erzählen

6.1 Erzählende Texte schreiben

Wahlaufgaben, die auf die Produktion eines erzählenden Textes zielen, beziehen sich häufig auf einen **literarischen** Text. Eine solche Schreibaufgabe verlangt von dir, dass du auf der Grundlage des Originaltextes einen neuen Text schreibst. Entweder sollst du …

- eine **Fortsetzung** zu einem Text schreiben oder
- die **Perspektive einer der beteiligten Figuren** einnehmen und dich aus ihrer Sicht schriftlich äußern oder
- die **Perspektive eines unbeteiligten Beobachters** einnehmen und einer Figur aus dem Text schriftlich deine Meinung mitteilen bzw. ihr einen Rat geben o. Ä.

Die **Informationen**, die du dem **Originaltext** entnehmen kannst, bilden die Grundlage für dein Schreiben. In Form und Sprache musst du dich an der **Textsorte** orientieren, die dir laut Aufgabenstellung vorgegeben wird.

- Wenn du eine **Fortsetzung zu einem Text** schreiben sollst (z. B. zu einer Kurzgeschichte), muss dein Text im gleichen Stil wie der Originaltext geschrieben sein. Auch der Inhalt, den du dir überlegst, muss dazu passen.
- Wenn dir aufgetragen wird, aus der **Sicht einer Figur** einen persönlichen Brief oder Tagebucheintrag zu schreiben, musst du die Merkmale dieser Textsorten berücksichtigen. Wichtig ist, dass du dich in die Situation der betreffenden Figur aus dem Text hineinversetzt, denn es geht immer darum, dass du Gefühle, Gedanken und Eindrücke so schilderst, als ob du die betreffende Figur wärst. Greife auch hierfür die Informationen auf, die der Text dazu enthält. Verwende die Ich-Form und eine Sprachebene, die der Figur entspricht (z. B. Umgangssprache, Fachsprache).

Vor dem Schreiben eines erzählenden Textes musst du als Erstes die Aufgabenstellung genau durchdenken. Am besten hältst du die wesentlichen Aspekte der Aufgabe **stichwortartig** auf einem Extrablatt fest.

Schritt für Schritt

Vor dem Schreiben eines erzählenden Textes

1. **Die Art des Textes bestimmen:**
   - Welche Art von Text (Textsorte) sollst du schreiben?
   - Welche besonderen Merkmale zeichnen einen solchen Text aus?
   - Welche Form und welche Sprache sind passend für diese Textsorte?
2. **Den Schreiber verstehen:**
   - Aus wessen Sicht sollst du den Text schreiben? Was für ein Mensch ist das?
   - Wie würde der Schreiber sich normalerweise ausdrücken? Welche Interessen hat er?
3. **Den Leser verstehen:**
   - Was für ein Mensch ist der Leser?
   - Was weiß er über das Thema? Was sollte er wissen?
   - Wie denkt er über das Thema? Wie kannst du ihn für dich gewinnen?
4. **Den Anlass des Schreibens verstehen:**
   Welches Ziel verfolgt der Schreiber mit seinem Text? Was bewegt ihn?
5. **Ideen sammeln:**
   Was könnte der Schreiber dem Leser sagen, um sein Ziel zu erreichen?
6. **Ideen bewerten:**
   Kennzeichne deine wesentlichen Einfälle mit **!** und solche, die dir eher unwichtig erscheinen, mit **?**
7. **Ideen ordnen:**
   Ordne deine Einfälle nach dem **Prinzip der ansteigenden Wichtigkeit:** Zuerst kommt etwas, das eher unwichtig ist. Dann steigerst du dich, um gegen Schluss zu deinem eigentlichen Anliegen zu gelangen. Nummeriere deine Einfälle entsprechend. So hast du schon deinen **Schreibplan** erstellt.

Tipp

> Bei textgebundenen Schreibaufgaben solltest du dich unbedingt **am Text** orientieren, denn deine Darstellung muss stimmig sein und genau dazu passen. Schreibe nichts, was dem Text widerspricht! Erfinde z. B. kein Happy End, wenn der Originaltext das nicht nahelegt.
> Trotzdem musst du auch deine **Fantasie** spielen lassen, d. h., du solltest die Darstellung in deinem Text durch dein **Erfahrungswissen** anreichern. Überlege also, was sich über den Schreiber oder den Leser glaubhaft hinzuerfinden lässt. Denke dir passende Einzelheiten aus.

Die zweite, **nicht textgebundene** Wahlaufgabe kann entweder frei gestellt sein (z. B. *Erzähle, wie ein unvorhergesehenes Wetterchaos deine Stimmung beeinflusst hat.*) oder ebenso wie die textgebundene Wahlaufgabe eine bestimmte Textsorte fordern. Im Gegensatz zur textgebundenen Wahlaufgabe kannst du hier deinen Text inhaltlich frei gestalten, allerdings musst du dir auch alles selbst ausdenken. Sammle deine Ideen, bevor du zu schreiben beginnst. Verwende dazu ein Extrablatt und ordne deine Ideen anschließend in Form einer Mindmap oder Tabelle.

6.2 Berichtende Texte schreiben

Interaktive Aufgaben: Berichten

Mit einem berichtenden Text **vermittelt** der Verfasser dem Leser **Informationen** zu einem bestimmten Thema. Wenn du also solch einen Text schreiben willst, solltest du über genügend Wissen zu diesem Thema verfügen. Wenn du eine textbezogene Wahlaufgabe bearbeitest, kannst du dieses **Wissen dem Text entnehmen**. Für deinen Aufsatz musst du dann die entscheidenden Informationen sinnvoll auswählen, sie geschickt anordnen und verständlich darstellen. Wählst du die nicht textbezogene Wahlaufgabe, musst du auf dein **Allgemeinwissen** zurückgreifen.

Folgendes solltest du beim Verfassen eines berichtenden Textes beachten:

- Ein berichtender Text muss immer Antwort auf die **sieben W-Fragen** geben: *Was? Wer? Wo? Wann? Wie? Warum? Welche Folgen?*
- Schreibe **neutral**. Persönliche Wertungen und Kommentare äußerst du nicht. (Ausnahme: Im Schlussteil deines Textes kannst du unter Umständen kurz auf deine eigene Meinung zum Thema eingehen.)
- Sprache und Stil sind klar, **sachlich** und genau auf den Punkt. Der Satzbau sollte einfach und knapp sein, die Zeitform ist das **Präteritum** (Vergangenheitsform).
- Achte darauf, eigene Worte zu verwenden. Umgangssprachliche Ausdrücke solltest du aber vermeiden. Schreibe möglichst immer in der **Standardsprache**.
- Verwende die **indirekte Rede**, um Meinungsäußerungen oder Zeugenaussagen wiederzugeben. Wörtliche Rede kommt in einem Bericht nicht vor.

Schritt für Schritt

Einen berichtenden Text schreiben

1. **Informationen sammeln:**
   - Textgebundene Wahlaufgabe: Lies den Prüfungstext noch einmal gründlich und suche dabei nach Informationen, mit denen sich die W-Fragen beantworten lassen. Markiere die entsprechenden Textstellen oder schreibe sie heraus. Informationen, die inhaltlich zusammengehören, kennzeichnest du mit gleichen Zeichen.
   - Nicht textgebundene Wahlaufgabe: Erstelle auf einem Extrablatt eine Liste mit den sieben W-Fragen. Notiere dir zu jeder einzelnen Frage die Informationen, die du benötigst, um anschließend deinen Bericht zu schreiben.
2. **Informationen auswählen:**
   Überlege dir, welche Informationen wirklich wichtig sind, um den Sachverhalt darzustellen. Streiche überflüssige Punkte.
3. **Reihenfolge bestimmen:**
   Lege für deine Stichpunkte zu den W-Fragen eine sinnvolle Reihenfolge fest. Nummeriere sie.
4. **Schreibplan erstellen:**
   Trage die W-Fragen und die zugehörigen Informationen in Stichworten in deinen Schreibplan ein.
5. **Einleitung schreiben:**
   Stelle das Thema vor: Um was geht es? Worüber willst du berichten? Beantworte die folgenden W-Fragen:
   - Was ist geschehen?
   - Wer war daran beteiligt?
   - Wo ist es geschehen?
   - Wann ist es geschehen?
6. **Hauptteil schreiben:**
   Im Hauptteil beantwortest du die Frage nach dem Wie und Warum: Erläutere das Geschehen ausführlich, indem du auf die Fragen eingehst:
   - Wie ist es geschehen?
   - Warum ist es geschehen?

   Beschränke dich dabei auf das **Wesentliche** und halte dich genau an die **zeitliche Reihenfolge** des Geschehens. Nimm dir nacheinander die einzelnen Stichpunkte vor, die du in deinem Schreibplan notiert hast, und formuliere sie aus. Zähle die Informationen aber nicht bloß auf, sondern stelle Zusammenhänge her, z. B. mithilfe von Konjunktionen und Adverbien.
7. **Schluss schreiben:**
   Der Schlussteil gibt in der Regel die Antwort auf die Frage: Welche Folgen hatte das Geschehen?

Tipp

Wenn du zu einem Thema über keine geeigneten Kenntnisse verfügst, kannst du auch Belege **erfinden**. In der Prüfung geht es ja nicht darum, dein tatsächliches Allgemeinwissen zu überprüfen. Du sollst vielmehr unter Beweis stellen, dass du die Formmerkmale eines Berichts kennst und anwenden kannst. Achte aber darauf, dass deine erfundenen Belege **überzeugend** und **wirklichkeitsnah** sind.

Interaktive Aufgaben: Beschreiben

6.3 Beschreibende Texte schreiben

Wenn etwas genau beschrieben wird, dann kann man sich besonders gut vorstellen, **wie etwas vor sich geht** oder **wie etwas aussieht**. Du kannst z. B. anhand einer Wegbeschreibung auch in einer fremden Stadt dein Ziel finden. Oder wenn du eine Person als vermisst meldest, gibst du der Polizei eine möglichst exakte Personenbeschreibung (Steckbrief).

Ziel einer Beschreibung ist, dass derjenige, dem du etwas erklärst,

- sich das Beschriebene möglichst **bildhaft vorstellen** kann und
- es – vor allem bei einem Vorgang – genauso **nachvollziehen** kann.

Für den **Inhalt** einer Beschreibung kommt es also darauf an, dass du

- alles **möglichst genau** und **mit vielen Einzelheiten** beschreibst,
- dich aber auch nicht in zu vielen Details verlierst. Beschränke dich also auf die **Merkmale**, die **auffällig** und **typisch** sind.

Bei einer Beschreibung hältst du dich an eine **sinnvolle Reihenfolge:**

- Bei einem **Vorgang** führst du die einzelnen **Arbeitsschritte** so an, wie man sie **der Reihe nach** ausführen muss.
- Bei einem **Gegenstand** oder einer **Person** gehst du entweder nach dem Prinzip **vom Wichtigen zum Unwichtigen** oder nach dem Prinzip **vom Ganzen zum Teil** vor. Das heißt, du beginnst entweder mit den Merkmalen, die am meisten hervorstechen, und führst danach weniger wichtige Merkmale an. Oder du beschreibst zuerst das gesamte Erscheinungsbild und danach die Einzelheiten.

Für die sprachliche Gestaltung einer Beschreibung gilt Folgendes:

- Die **Sprache** ist in der Regel **sachlich** und ohne persönliche Wertungen oder Kommentare.
- Achte auf eine präzise und **anschauliche** Wortwahl, insbesondere auf treffenden Nomen, Verben und Adjektive.
- Verwende, wenn möglich, **Fachausdrücke** und erkläre sie.
- Veranschauliche, wo es sinnvoll ist, mithilfe von **Vergleichen**.

Verfasse deine Beschreibung immer im **Präsens**.

Tipp

Bei einer einmal gewählten **Reihenfolge** (z. B. von außen nach innen, von oben nach unten) solltest du auf jeden Fall bleiben, damit der Leser dir gut folgen kann.

Eine spezielle Form des Beschreibens, die **literarische Charakteristik**, wird im Folgenden ausführlicher dargestellt:

Eine literarische Figur charakterisieren

Es kann sein, dass du den Auftrag bekommst, die Persönlichkeit einer literarischen Figur zu beschreiben. Dann musst du **aus den Verhaltensweisen**, die sie zeigt, ihre **Charaktereigenschaften ableiten**. Einen Text, der die Persönlichkeitsmerkmale einer Person in diesem Sinne zusammenhängend darstellt, nennt man eine **Charakteristik**.

Persönliche Situation: Zunächst einmal musst du dir bewusst machen, in was für einer Situation sich die Figur befindet. Deshalb solltest du deine Charakteristik damit beginnen, die **wesentlichen Informationen** zur Person und zu ihrer Situation wie in einem **Steckbrief** zusammenzutragen, z. B.:

- Name
- Geschlecht
- Alter
- Aussehen, z. B.: *dick/dünn*
- familiäre Situation, z. B.: *alleinstehend/verheiratet, Geschwister*
- Wohnsituation, z. B.: *Stadt/Land, Mietwohnung/eigenes Haus*
- Beruf/Tätigkeit, z. B.: *Bäcker/Schüler/Azubi/Praktikant*

Tipp

Wenn im Text **Angaben fehlen**, z. B. über das Alter einer Person, kannst du sie manchmal anhand bestimmter Hinweise erschließen. Dann **umschreibst** du die entsprechende Angabe, indem du beispielsweise sagst, es handelt sich um einen *jungen* Mann oder um eine *ältere* Frau.

Charaktereigenschaften: Im nächsten Schritt beschreibst du die **Persönlichkeitsmerkmale** der Figur. Der Erzähler gibt aber nur selten direkt an, dass eine Figur z. B. hilfsbereit oder habgierig ist, sondern er beschreibt vielmehr ihre **Verhaltensweisen**. Aus diesen musst du selbst **Rückschlüsse** über die entsprechenden **Eigenschaften** ziehen.

Schritt für Schritt

Eine Charakteristik schreiben

1. Lies den Text genau durch. **Markiere** Textstellen, die Informationen über die **persönliche Situation** der Figur enthalten, bzw. aus denen du Rückschlüsse über die persönliche Situation der Figur ziehen kannst. Markiere außerdem Textstellen, in denen die **Verhaltensweisen** beschrieben werden. Formuliere dann am Rand **Kommentare** zu jeder markierten Textstelle, z. B. *ehrgeizig* oder *mutig*.
2. **Einleitung schreiben: Stelle die Figur**, um die es geht, **vor**. Mache Angaben zu ihrer persönlichen Situation: Nenne ihren Namen, ihr Geschlecht, ihr Alter, ihren Familienstand, ihren Beruf, ihre Wohnverhältnisse u. Ä., soweit der Text diese Informationen gibt. Auch das Aussehen gehört dazu.
3. **Hauptteil schreiben:** Im Hauptteil beschreibst du ihren **Charakter**. Formuliere Aussagen zu ihren Charaktereigenschaften und stelle dar, woran du sie erkennst. Belege deine Aussagen anhand von Textstellen, aus denen sich diese Eigenschaften ablesen lassen.
4. **Schluss schreiben:** Am Schluss rundest du deine Charakteristik ab, z. B. indem du die Figur **bewertest**. Wenn deine Bewertung negativ ausfallen sollte, kannst du auch versuchen, eine Erklärung dafür zu finden: Befindet sich die Figur in einer misslichen Situation? Wird sie von anderen unterdrückt oder ausgenutzt?

Tipp

Um aus den Verhaltensweisen einer Figur die entsprechenden Charaktereigenschaften abzuleiten, musst du dein **Erfahrungswissen** zurate ziehen. Frage dich jeweils: *Wann verhält man sich so? Was sagt das normalerweise über einen Menschen aus?* Danach orientierst du dich wieder am Text. Überlege, ob dein Erfahrungswissen zum Text passt. Gegebenenfalls musst du **mehrere Textstellen** berücksichtigen, um das Verhalten einer Figur eindeutig beurteilen zu können.

Interaktive Aufgaben: Argumentieren

6.4 Argumentative Texte schreiben

Ziel eines argumentativen Textes ist es, den Leser von der Richtigkeit der eigenen Meinung zu einem Thema zu überzeugen. Man möchte erreichen, dass er sich dieser Meinung anschließt. Oft möchte man ihn auch zu einer Handlung bewegen. Um dieses Ziel zu erreichen, muss man **überzeugende Argumente** anführen. Es gibt Pro- und Kontra-Argumente: Mit einem Pro-Argument äußert man seine Zustimmung, ein Kontra-Argument drückt Ablehnung aus.

Einige Schreibaufgaben verlangen von dir, dass du dich auf **dein Erfahrungswissen** beziehst, um einen argumentativen Text zu verfassen. Es gibt aber auch Schreibaufgaben auf der **Basis eines Textes**. Dann musst du die Textinformationen berücksichtigen, um eine Argumentation zu entwickeln.

Die Struktur von Argumenten kennen

Ein überzeugendes Argument besteht aus zwei Teilen: einer **These/Behauptung** (Dabei gilt: Jeder Aussagesatz ist zunächst eine Behauptung.) und einer ausführlichen **Begründung**. Oft bietet es sich an, die Begründung durch ein passendes **Beispiel** anzureichern. So wirkt die Darstellung anschaulicher, lebendiger und interessanter.

Die Reihenfolge der einzelnen Bestandteile eines Arguments ist nicht festgelegt. Man kann mit einer These beginnen und die Begründung (evtl. mit Beispiel) folgen lassen. Es ist auch möglich, als Erstes ein Beispiel anzuführen, das man anschließend erläutert *(Was zeigt dieses Beispiel?)*. Danach folgt eine Schlussfolgerung; das ist in diesem Fall die These.

Beispiel

Ist es richtig, wenn Schüler am Nachmittag einen Nebenjob annehmen?
Zu dieser Frage könnte ein **Pro-Argument** so aussehen:

These/Behauptung	Es ist eine gute Idee, wenn Schüler nachmittags einen Nebenjob annehmen.
Begründung	Denn so verdienen sie eigenes Geld.
Veranschaulichung durch **Beispiele**	Wenn sie sich davon hin und wieder etwas Neues kaufen, z. B. ein Kleidungsstück oder eine CD, dann können sie sich nicht nur über ihre Einkäufe freuen, sondern auch voller Stolz sagen: „Das habe ich mir erarbeitet!"
Weitere Erläuterungen zur Begründung	Jugendliche, die kein eigenes Geld verdienen, kennen dieses Gefühl nicht.

Tipp

Wenn dir kein **passendes Beispiel** einfällt, um die Begründung in einem Argument zu veranschaulichen, kannst du dir notfalls auch eines **ausdenken**. Vielleicht gehst du einfach von dir selbst aus, z. B.: *Ich würde mir gern durch einen Nebenjob ein wenig Geld verdienen. Das würde ich sparen, um mir davon später meinen Führerschein zu finanzieren.* Falls dir auch das nicht gelingt, musst du versuchen, deine Begründung ohne Beispiel möglichst ausführlich zu gestalten.

Arten von argumentativen Texten unterscheiden

Es gibt zwei Arten von argumentativen Texten: die **Stellungnahme** und die **Erörterung**. Sie unterscheiden sich wie folgt:

Stellungnahme

Mit einer Stellungnahme äußerst du ausführlich und begründet deine Meinung zu einem Thema. Du beziehst dabei von **vornherein** eine **bestimmte Position** und gibst diese gleich **zu Anfang bekannt**.

Schritt für Schritt

Eine Stellungnahme schreiben

1. **Thema durchdenken:** Als Erstes musst du überlegen, zu welchem Thema du Stellung nehmen sollst. Schließlich muss dir klar sein, worum es überhaupt geht, wenn du **überzeugend** argumentieren willst.
2. **Argumente sammeln:** Denke darüber nach, was für Argumente dir zum Thema in den Sinn kommen. Halte deine Einfälle stichwortartig auf einem Extrablatt fest. Deine Notizen können ganz **ungeordnet** sein.
3. **Argumente ordnen:** Lege eine **Pro- und Kontra-Tabelle** an und trage alle Argumente in die entsprechende Spalte ein.
4. **Argumente auswählen:** Sieh dir deine Argumente an und entscheide dich, welche du überzeugender findest, die Pro- oder die Kontra-Argumente. Bestimme daraufhin deine **Position**.
5. **Schreibplan erstellen:** Trage deine Argumente in der passenden **Reihenfolge** in deinen Schreibplan ein.
6. **Einleitung schreiben:** Mache deutlich, welche **Meinung** du zu dem Thema vertrittst.
7. **Hauptteil schreiben:** Führe drei oder vier **überzeugende Argumente** aus. Steigere dich dabei in der Reihenfolge. Bewahre dir dein überzeugendstes Argument für den letzten Abschnitt auf.
8. **Schluss schreiben:** Im Schlussteil **bekräftigst** du noch einmal deine Meinung.

Tipp

Eine **Mindmap** ist besonders gut geeignet, um **Ordnung in deine Argumente** zu bringen. Schreibe in die Mitte das Thema. Trage dann links deine Pro-Argumente und rechts deine Kontra-Argumente ein. Im nächsten Schritt vervollständigst du deine Notizen zu Argumenten, das heißt, du ergänzt jeweils eine These, eine Begründung oder ein Beispiel – je nach dem, was noch fehlt.

Erörterung

Anders als in einer Stellungnahme kannst du in einer Erörterung nicht sofort bekannt geben, welche Position du vertrittst, sondern du musst dem Leser deutlich **zeigen, wie du zu deiner Ansicht gelangt bist**.

Bei einer Erörterung musst du in deinem Inneren mit dir selbst diskutieren. Das heißt: Du musst zu einer Fragestellung **Pro- und Kontra-Argumente** gegeneinander abwägen, um am Ende zu einem überzeugenden **Ergebnis** zu kommen.

Schritt für Schritt

Eine Erörterung schreiben

1. **Thema verstehen:** Überlege dir Antworten zu folgenden Fragen:
   - Was genau ist das Thema deiner Erörterung?
   - Welche Meinungen könnte es dazu geben?
2. **Argumente sammeln:** Denke darüber nach, welche Argumente dir zum Thema in den Sinn kommen, und notiere sie, **wie sie dir einfallen**, auf einem Extrablatt.
3. **Argumente ordnen:** Markiere Pro-Argumente mit einem **+** und Kontra-Argumente mit einem **–**. Ordne dann deine Argumente, indem du eine Tabelle, ein Cluster oder eine Mindmap erstellst.
4. **Schreibplan erstellen:** Überlege, **welche Position** du einnehmen willst, und erstelle deinen Schreibplan entsprechend. Schreibe zuerst die Argumente der Gegenseite auf, dann die Argumente deiner eigenen Position.
5. **Einleitung schreiben:** Versuche, **geschickt zum Thema hinzuführen**, damit klar wird, warum es sich lohnt, sich mit dieser Frage zu befassen und deinen Text zu lesen.
6. **Hauptteil schreiben:** Im Hauptteil führst du deine Argumente aus. Am besten gestaltest du deinen Hauptteil zweiteilig nach dem Schema einer **Sanduhr:**
   - Im ersten Teil führst du zwei bis drei **Argumente der Gegenseite** aus, indem du als Erstes deren wichtigstes Argument anführst, dann ein unwichtigeres und schließlich das unwichtigste. Achte auf treffende Überleitungen zwischen den Argumenten, z. B.:
     Hinzu kommt, dass … Außerdem sollte man berücksichtigen, dass …
   - Im zweiten Teil bringst du zwei bis drei **Argumente deiner Seite**, also der Seite, die du vertreten willst. Beginne mit einem relativ unwichtigen Argument und steigere dich dann bis zum wichtigsten. Das erste Argument deiner Seite kannst du z. B. so einleiten:
     Aber … Allerdings … Andererseits …
7. **Schluss schreiben:** Am Schluss formulierst du dein **Ergebnis**. Es ist gut, wenn du an dieser Stelle noch einmal auf das entscheidende Argument verweist, das dich dazu gebracht hat, deinen Standpunkt einzunehmen, z. B. so:
   Ich bin vor allem deshalb zu dieser Auffassung gelangt, weil …
   Achte darauf, dass du wortwörtliche Wiederholungen vermeidest.

Tipp

Gegenargumente zu finden ist gar nicht so einfach, wenn du zu einem Thema schon eine **feste Meinung** hast. Frage dich dann einfach: *Was würde eine Person sagen, die eine andere Meinung hat, um mich zu überzeugen?*

Digitales Glossar: Begriffe nachschlagen

6.5 Textsorten unterscheiden

Es gibt Textsorten, die relativ eindeutig mit **einer bestimmten Textart** verknüpft sind: Bei Kommentar oder Leserbrief weißt du eigentlich immer, dass du eine Argumentation schreiben musst.

Einigen Textsorten, wie z. B. dem Brief, können aber **verschiedenen Textarten** zugeordnet werden. Es kann z. B. von dir verlangt werden, einen Brief zu verfassen, in dem du von einem Ferienerlebnis erzählst. In diesem Fall ist die zugrunde liegende Textart das „Erzählen". Die Aufgabe könnte aber auch so gestellt sein, dass du einen Brief an die Schulleitung verfassen sollst, in dem du zu einem Sachverhalt Stellung nimmst. In diesem Fall ist die zugrunde liegende Textart das „Argumentieren".

Tipp

> Lies dir die Aufgabenstellung immer ganz genau durch. Gerade bei Textsorten, die nicht eindeutig einer bestimmten Textart zugeordnet werden können, wird dir in der Regel in der Aufgabenstellung sehr genau erklärt, **welche Inhalte** dein Text haben sollte und **wie** du ihn verfassen sollst.

- **Bericht:** In einem Bericht **informierst** du den Leser über ein Geschehen. Anders als bei der Erzählung geht es hier nicht um Unterhaltung oder Spannung, sondern um eine **sachlich genaue Darstellung** eines Geschehens. Der Bericht informiert ausführlich und genau über **aktuelle** und außergewöhnliche **Ereignisse** und Tatsachen und weist auf Hintergründe und Zusammenhänge hin. Dadurch ist er eine Grundlage und Anregung zur Meinungsbildung des Lesers. Schreibe einen Bericht immer im **Präteritum**.
- **Kommentar:** Wenn in der Aufgabenstellung von dir verlangt wird, einen Kommentar aus deiner eigenen Perspektive zu schreiben, dann unterscheidet sich dieser Arbeitsauftrag im Prinzip nur wenig von dem Arbeitsauftrag „**Nimm Stellung**!" Schreibe in diesem Fall eine Stellungnahme wie auf S. 33 beschrieben. Du kannst jedoch versuchen, deinen Text etwas „journalistischer" zu gestalten als bei einer Stellungnahme ohne Bezug auf eine Textsorte. Ein Kommentar kann z. B. **ernsthaft** oder **angriffslustig** formuliert sein. Verwende Fach- und Fremdwörter, wertende Adjektive, Wortspiele, Gegensätze, Vergleiche oder Übertreibungen. Es kann auch von dir erwartet werden, den Kommentar aus einer Fremdperspektive zu verfassen. Hier musst du im Gegensatz zu einer einfachen Stellungnahme von deiner eigenen Position absehen und dich in die Rolle der Person versetzen, aus deren Sicht du den Kommentar verfassen sollst. Achte vor allem darauf, Sprache und Stil an die Stellung der betreffenden Person (Schüler, Politiker, Sänger, …) anzupassen. Verwende das **Präsens**.

- **Rede:** Ähnlich verhält es sich bei einer argumentativen Rede. Auch hier geht es in erster Linie darum, die **Zuhörer** von deiner (oder einer dir in der Aufgabenstellung vorgegebenen) Position zu **überzeugen**. Wie nahezu jeder Text gliedert sich auch die Rede in eine Einleitung, einen Hauptteil und einen Schluss. Zunächst begrüßt du die Zuhörer und nennst den Grund für deine Rede. Im Hauptteil beschreibst du die Problematik, stellst deine Meinung dar und begründest sie mit Argumenten, um die Zuhörer zu überzeugen. Zum Schluss formulierst du einen **Appell**, vielleicht mit der Wiederholung deines stärksten Arguments, und bedankst dich dafür, dass man dir zugehört hat. Wie alle argumentativen Texte schreibst du auch eine Rede im **Präsens**.

- **Leserbrief:** Der Leserbrief ist eine **Stellungnahme in Briefform**. Er enthält eine Meinungsäußerung, in der Regel als Reaktion auf einen Pressetext. Schreiber ist der Leser einer Zeitung oder Zeitschrift, Adressat zunächst die Redaktion, hauptsächlich sind es aber die anderen Leser der Zeitung/Zeitschrift. Achte darauf, den Leserbrief mit Orts- und Datumsangabe und einer entsprechenden Anrede zu beginnen sowie mit einer passenden Schlussformel *(Mit freundlichen Grüßen …)* zu beenden.
  Wie beim Kommentar solltest du für deinen Leserbrief eine **deutliche**, gelegentlich auch ein wenig **provozierende** Sprache verwenden, um die eigene Meinung klar zum Ausdruck zu bringen. Beim Leserbrief ist, anders als beim Kommentar, stellenweise auch Umgangssprache möglich.

- **Formaler Brief:** Ziel eines formalen, argumentativen Briefs ist es, ein **bestimmtes Anliegen** (z. B. eine Bitte, Beschwerde o. Ä.) vorzubringen. Die Adressaten sind meist Mitarbeiter einer Behörde, einer Institution oder eines Unternehmens.
  Beginne deinen Brief immer mit einem Briefkopf (Name und Anschrift des Schreibers, Name und Anschrift des Empfängers sowie Ort und Datum). Darunter nennst du in der Betreffzeile das Anliegen, darauf folgt die höfliche Anrede des Empfängers. Im eigentlichen Brieftext nimmst du zunächst Bezug auf den Anlass des Schreibens, trägst das Anliegen vor und begründest es ausführlich. Anschließend bringst du zum Ausdruck, was du von dem Empfänger deines Schreibens erwartest. Beende deinen Brief mit Grußformel und Unterschrift. Verfasse deinen Brief **höflich** und **sachlich** in **Standardsprache**. Scheue dich aber auch nicht davor, hin und wieder deutlich an den Empfänger zu **appellieren**, denn in der Regel ist es das Ziel eines Briefes, ihn zu einer bestimmten **Handlung aufzufordern**. Vorherrschende Zeitform ist das **Präsens**. Wenn du dich auf vergangene Sachverhalte beziehst, solltest du jedoch Präteritum oder Perfekt einsetzen. Wenn du auf Zukünftiges verweist (z. B. am Schluss einen Ausblick gibst), musst du natürlich das Futur verwenden.

- **Persönlicher Brief:** Bei einem persönlichen Brief geht es um den **schriftlichen Austausch** mit einer **vertrauten Person**. Die Darstellung sollte einfühlsam sein und sich in der Sprache an den Erwartungen des Empfängers orientieren, aber auch zum Schreiber passen. Die verwendeten Zeitformen sind in der Regel **Präsens** und **Perfekt**. Beachte beim persönlichen Brief die **äußere Form** mit Absender- und Empfängeradresse, Orts- und Datumsangabe, Anrede, Grußformel am Schluss und der Unterschrift. Handelt es sich um einen textgebundenen Brief, dann sind Schreiber und Adressat meist Figuren aus dem Text, in deren Lage du dich hineinversetzen sollst.

- **Tagebucheintrag:** Ein Tagebucheintrag ist **persönlich** gestaltet, da hier Probleme, Sorgen, Gedanken und Gefühle geschildert werden. Das Tagebuch ähnelt einem Brief an einen sehr guten Freund. Das Schreiben selbst ist aber, im Gegensatz zum Brief, an **keine bestimmte Person** gerichtet. Der Text wirkt **spontan**. Er ist so geschrieben, wie es dem Schreiber in den Sinn kommt. Das richtige Tempus ist das **Perfekt** oder **Präteritum** für die Darstellung des Erlebten sowie **Präsens** und **Futur** für die Gedanken über das Erlebte.

- **Dialog:** Ein Dialog kann z. B. in einer Schreibaufgabe verlangt werden, die sich auf einen literarischen Text bezieht. Bei einem Dialog besteht die Schwierigkeit darin, dass du dich in zwei verschiedene Figuren hineinversetzen musst. Achte darauf, dass sich die Aussagen der Redenden aufeinander beziehen und dass das Gespräch möglichst lebendig wirkt. Die Figuren können sich z. B. auch einmal ins Wort fallen oder für einen Moment schweigen (das markierst du dann mit Auslassungspunkten „…“). Versuche dem Dialog einen Spannungsverlauf zu geben, z. B. mit einem Höhepunkt in der Mitte oder am Schluss.
  Es kann auch von dir erwartet werden, einen Dialog in Form eines **Streitgesprächs** zu verfassen. In diesem Fall musst du eine Pro-Kontra-Argumentation schreiben, bei der die beiden Redenden konträre Positionen vertreten. Schreibe im **Präsens**.

7 Einen Text überzeugend gestalten

7.1 Geschickt formulieren

Um einen guten Text zu schreiben, genügt es nicht, dass du etwas Interessantes zu sagen hast; du musst deine Informationen auch so „verpacken", dass der **Leser** sich **durch die Darstellung angesprochen** fühlt.

Von einem guten Text erwartet man diese Darstellungsqualitäten:

- Verwende **treffende Wörter:** Schreibe z. B. nicht: *Sie machte das Fenster auf.* Besser ist: *Sie öffnete das Fenster.*

- Vermeide **unübersichtliche Satzkonstruktionen:** Am besten schreibst du Satzgefüge, die jeweils aus nur einem Hauptsatz und ein bis zwei Nebensätzen bestehen. Vermeide unübersichtliche „Schachtelsätze", in denen zwei nebensatzeinleitende Konjunktionen direkt aufeinanderfolgen wie z. B. in diesem Satz: *Viele Schüler denken, dass, wenn sie keine Markenkleidung tragen, sie gemobbt werden.* Besser ist es so: *Viele Schüler denken, dass sie gemobbt werden, wenn sie keine Markenkleidung tragen.*

- Platziere wichtige **Informationen richtig:** Stelle wesentliche Informationen an eine herausragende Position, z. B. an den Anfang oder das Ende eines Absatzes.

- Gestalte **Satzanfänge unterschiedlich:** Versuche, unterschiedliche Satzanfänge zu formulieren. Beginne z. B. nicht jeden Satz mit dem Subjekt. Schreibe nicht: *Tim kam in der Schule an. Er bemerkte, dass er seine Schultasche vergessen hatte. Er rannte schnell zurück, um sie zu holen.*
  Besser so: *Als er in der Schule ankam, bemerkte Tim, dass er seine Schultasche vergessen hatte. Schnell rannte er zurück, um sie zu holen.*

- Verbinde **Sätze sinnvoll:** Wähle zum Verknüpfen von Sätzen gezielt passende Konjunktionen und Adverbien aus, die die Zusammenhänge verdeutlichen (vgl. hierzu Kapitel 9, S. 50–54).
  Hier einige Beispiele:
  Begründung: *weil, da, denn, deshalb*
  Bedingung: *wenn, falls, ansonsten*
  Gegensatz: *aber, doch, obwohl, trotzdem*

- Wähle eine **angemessene Sprache:** Verwende keine umgangssprachlichen Ausdrücke in Textsorten, die man in der Standardsprache schreibt. Umgangssprachlich ist es auch, wenn du Wörter unangemessen verkürzt. Schreibe also z. B. nicht *reinkommen*, denn korrekt heißt es *hereinkommen*.

- Vermeide **Wiederholungen:** Achte darauf, einzelne Nomen nicht unnötig zu wiederholen. Ersetze sie durch passende Pronomen oder Synonyme (andere Wörter mit gleicher Bedeutung), z. B. so: *Große Männer sind erfolgreicher als kleinere. Sie verdienen mehr Geld.*

- Finde **gute Beispiele: Veranschauliche deine grundlegenden Aussagen** durch interessante Beispiele, z. B.: *Max ist ein Geldverschwender. Gestern hat er sich ein teures Segelboot gekauft, obwohl er Angst vor dem Meer hat.*

Tipp

Achte auf die **äußere Form:** Denke daran, ein guter Text macht auch **äußerlich** einen **ansprechenden Eindruck**. Achte darauf, dass deine **Schrift sauber** und gut zu lesen ist, dass du Aussagen, die inhaltlich zusammengehören, in **Absätzen** zusammenfasst und dass du rund um den Text einen ausreichenden **Rand** (zwei bis drei Zentimeter) lässt.

7.2 Sich auf Textstellen beziehen

Bei der Arbeit mit Texten musst du deine Aussagen immer wieder anhand von **besonders aussagekräftigen Textstellen** belegen. Dabei geht es weniger darum, dass du möglichst viele Zitate anführst. Entscheidend ist vielmehr, dass du deine Thesen gezielt mit solchen Belegen untermauerst.

So zitierst du richtig:

- Schreibe **wortwörtlich** auf, was im Text steht. Verfälsche nichts! Du musst nicht immer ganze Sätze zitieren. Manchmal genügen auch einzelne Wörter. Du kannst Sätze auch durch Auslassungspunkte verkürzen: *„Gestern […] war er auf der Halfpipe."*
- Setze wörtlich zitierte Textstellen immer in **Anführungszeichen**.
- Ergänze nach dem Zitat die **Zeilennummer**. Dann kann der Leser deines Aufsatzes schnell im Text nachschauen, in welchem Zusammenhang das Zitat steht. Setze die Zeilenangabe in Klammern: *(Z. …).*
- **Verknüpfe** die Zitate gut mit deinem eigenen Text.
  Füge nicht nur das Zitat ein: *„xxx …" (Z. …),* sondern führe **mit eigenen Worten** zu ihm hin, z. B. durch eine deutende Aussage zum Text: *Dass die junge Frau in Wirklichkeit gar nicht so selbstsicher ist, wie es den Anschein hat, wird an ihrem Verhalten deutlich. So heißt es: „xxx …" (Z. …).*
- **Erläutere** jeweils auch den **Sinn** der Zitate.
  Es genügt nicht, eine Textstelle nur zu zitieren oder womöglich nur eine Zeilenangabe zu machen. Mit der Erläuterung machst du deutlich,
  - warum die zitierte Textstelle eine Aussage, die du zum Inhalt oder zur Darstellung des Textes gemacht hast, unterstützt oder
  - was man an der Textstelle hinsichtlich der Handlung oder einer Figur erkennen kann.

  Die Erläuterung kann dem Zitat vorangestellt sein oder ihm nachfolgen.

*Über den QR-Code kannst du **Lernvideos** zu wichtigen Rechtschreibregeln abrufen*

Teil II.B: Sprachliche Richtigkeit

In dem gesonderten Aufgabenblock zur sprachlichen Richtigkeit geht es darum, deine Kenntnisse zu **Rechtschreibung** und **Zeichensetzung** zu prüfen. Es werden dir geschlossene Aufgabenarten gestellt wie z. B. Korrekturaufgaben, Multiple-Choice-Aufgaben, Einsetzaufgaben und Zuordnungsaufgaben (zu den Aufgabenarten vgl. S. 6–13).

8 Richtig schreiben

Interaktive Aufgaben: Rechtschreibung und Zeichensetzung

8.1 Prinzipien der Rechtschreibung

In Bezug auf die Schreibweise von Wörtern gelten im Deutschen verschiedene Prinzipien. Zwei davon solltest du kennen:

- Laut-Buchstaben-Prinzip
- Wortstammprinzip

Laut-Buchstaben-Prinzip

Es gilt die Regel: **ein Laut = ein Buchstabe.**
Das heißt, wenn du in einem Wort z. B. den Laut **b** hörst, dann schreibst du auch den Buchstaben **b**.

Beispiele
Der Laut **b** ist in den Wörtern *Rabe* und ***b**aden* zu hören.

Hinweis: Für einige Laute schreibt man mehrere Buchstaben, z. B. **ch** und **sch**.

Das Laut-Buchstaben-Prinzip hat allerdings einige **Ausnahmen:**

- **Lehnwörter**
  Bei Lehnwörtern, also Wörtern, die **aus einer anderen Sprache** übernommen wurden, richtet sich die Schreibweise oft noch nach der Herkunftssprache.
  Beispiele
  Man schreibt *Sympathie* (nicht *Sümpatie*) oder *Pommes Frites* (nicht *Pomm Fritz*).

- **Gleicher Buchstabe – unterschiedliche Laute**
  Im Deutschen gibt es mehr Laute als Buchstaben. Also muss mitunter ein einziger Buchstabe verwendet werden, um unterschiedliche Laute zu verschriftlichen.
  Beispiele
  Der Buchstabe **e** findet sich in *Meter* und *Messer*. Die Aussprache des **e** ist aber einmal lang und einmal kurz.

- **Gleicher Laut – unterschiedliche Schreibung**
  Es gibt auch den Fall, dass ein Laut unterschiedlich geschrieben werden kann.
  Beispiele
  In den Wörtern *He**x**e, Wa**chs**, lin**ks**, unterwe**gs*** und *Kle**cks*** klingen die Buchstaben **x**, **chs**, **ks**, **gs** und **cks** gleich.

In der Übersicht siehst du mögliche Schwierigkeiten beim Schreiben, die sich durch die Ausnahmen ergeben können:

	mögliche Schwierigkeit	Beispiele
Wortanfang	**f** oder **v**?	*Feder – Vogel*
	v oder **w**?	*Vase – Wagen*
	f oder **ph**?	*Faser – Phase*
	ch oder **k**?	*Charakter – Karriere*
	t oder **th**?	*Text – Thema*
Wortmitte	**e** oder **ä**?	*Werke – Stärke*
	eu oder **äu**?	*heute – läuten*
	i oder **ie**?	*Maschine – viel*
	x – **chs** – **ks** oder **cks**?	*Haxe – Achse – Keks – Knacks*
	mit oder **ohne h**?	*Rahm – Scham*
	mit oder **ohne Doppelvokal**?	*Saal – Schal*
	mit oder **ohne Doppelkonsonant**?	*stellen – helfen*
Wortende	**b** oder **p**?	*Lob – Typ*
	d oder **t**?	*rund – bunt*
	g oder **k**?	*Berg – Werk*
	ch oder **g**?	*friedlich – mutig*
	s – **ss** oder **ß**?	*Glas – Schloss – Schoß*

Wortstammprinzip

Es gilt die Regel: Der **Wortstamm** von Wörtern **der gleichen Wortfamilie** wird immer gleich geschrieben.
Wer also die Schreibweise eines Wortes aus einer Wortfamilie sicher kennt, kann sich die Schreibweise aller Wörter ableiten, die mit diesem Wort verwandt sind.

Beispiel Der Wortstamm des Wortes *fahren* ist ***fahr-***. Daher schreibt man auch: *Fahrer, Fahrzeug, Fahrrad, Gefährt, Fährte*

Hinweis: Um das Wortstammprinzip anwenden zu können, musst du natürlich wissen, welche Wörter miteinander verwandt sind. Du solltest dir also angewöhnen, auf solche Wortverwandtschaften zu achten.

Beispiel Du weißt, dass man *ste**h**len* mit Dehnungs-h schreibt.
Dadurch weißt du gleichzeitig auch, dass man *gesto**h**len* und *Diebsta**h**l* mit ***h*** schreibt.

Tipp Manchmal kann es sein, dass sich ein Vokal **innerhalb** einer **Wortfamilie** in einen **Umlaut** ändert, also **a** in **ä**, **o** in **ö** oder **u** in **ü**.
Faust – Fäuste, offen – öffnen, Luft – lüften

8.2 Rechtschreibregeln

Neben den grundsätzlichen Prinzipien gibt es auch einige Regeln zur Rechtschreibung. Sie betreffen vor allem die Kennzeichnung von kurzen oder langen betonten Vokalen. Hier sind die wichtigsten:

Kennzeichnung von kurzen betonten Vokalen

Kurze betonte Vokale musst du folgendermaßen kennzeichnen:

Kennzeichnung	Regel	Beispiele
Doppelkonsonant	Auf einen kurzen Vokal folgen **zwei Konsonanten**. Hörst du nach dem Vokal nur einen Konsonanten, dann muss er **verdoppelt** werden. Ausnahmen und Besonderheiten: • Ein Doppelkonsonant, der zum Wortstamm gehört, **bleibt** in allen Wortformen **erhalten**, auch dann, wenn ein weiterer Konsonant folgt. • Bei **manchen einsilbigen Wörtern** schreibt man keinen Doppelkonsonanten.	*k**alt**, H**elm**,s**ind**,* *K**inn**, s**oll**en, K**utt**e* *best**ell**en – best**ell**t* *k**enn**en – bek**annt*** *d**as**, m**it**, **ob**, z**um***
ck oder tz	Die Konsonanten **k** und **z** werden nicht verdoppelt. Man schreibt **ck** oder **tz**.	*M**ück**e, W**itz**e*

Kennzeichnung von langen betonten Vokalen

Zur Kennzeichnung von langen betonten Vokalen gibt es folgende Regeln:

Kennzeichnung	Regel	Beispiele
keine Kennzeichnung	Bei den meisten Wörtern wird der lange Vokal **nicht extra gekennzeichnet**.	*T**a**g, l**e**sen, B**o**te, fr**a**gen, M**u**t*
ie	Ein **langes i** wird in der Regel mit **ie** wiedergegeben. Ist es ein **Fremdwort**, steht oft ein einfaches **i**.	*T**ie**r, l**ie**ben, Kn**ie*** *Einfaches i:* *Not**i**z, K**i**no, V**i**rus*
Doppelvokal	Es gibt auch Wörter, in denen der **Vokal verdoppelt** wird. Diese Wörter musst du **auswendig lernen**.	***Aa**l, M**ee**r, M**oo**r*
Dehnungs-h	Wenn auf den langen betonten Vokal **l**, **m**, **n** oder **r** folgt, wird bei **einigen** Wörtern ein **Dehnungs-h** eingeschoben. Du musst **auswendig lernen**, welche Wörter ein Dehnungs-h haben und welche nicht.	*St**uh**l, R**ah**m, S**ah**ne, f**ah**ren* ***Ohne** Dehnungs-h:* *Schal, Dame, Person, Schere*
silbentrennendes h	In einigen Wörtern folgt auf einen **langen** Vokal ein **kurzer**. Dann musst du ein sogenanntes **silbentrennendes h** einfügen, um deutlich zu zeigen, dass eine neue Silbe anfängt.	*ge /**hen**, flie /**hen**, se /**hen***

Tipp Zu den **langen Vokalen** zählen nicht nur ein lang gesprochenes **a**, **e**, **i**, **o** oder **u**, sondern auch **Doppellaute** wie **au** und **ei**.

Hinweis: Es gibt nur sehr wenige Rechtschreibregeln, an denen man sich eindeutig orientieren kann. Meist geben sie dir nur Hinweise darauf, welche Schreibweisen möglich sind. In Zweifelsfällen gilt: Im **Wörterbuch** nachschlagen!

8.3 Rechtschreibstrategien

Wenn du unsicher bist, wie du ein Wort schreiben musst, kannst du bestimmte **Rechtschreibstrategien** anwenden, um die richtige Schreibweise herauszufinden. Sie helfen dir zu hören, welchen Buchstaben du in einem Wort schreiben musst.

Verlängerungsprobe

Wenn du am Ende eines Wortes unsicher bist, ob du **b** oder **p**, **d** oder **t**, **g** oder **k** schreiben musst, verlängerst du es zur Probe:

- Bei **Adjektiven** bildest du die **Steigerungsform**.

Beispiele *lieb – lieber, wild – wilder, laut – lauter, stark – stärker*

- Bei **Nomen** bildest du die **Mehrzahl**.

Beispiele *Grab – Gräber, Welt – Welten, Wald – Wälder, Zwerg – Zwerge*

- Bei **Verben** bildest du die **Grundform**.

Beispiele *Gib mir das! – geben, er mag – mögen, er rät – raten*

Grundformprobe

Wenn du unsicher bist, ob du in einem Wort **ä** oder **e**, **äu** oder **eu** schreiben musst, bildest du zur Probe die Grundform:

- Bei **Adjektiven** bildest du die **nicht gesteigerte Form**.

Beispiele *älter – alt, fester – fest, feuchter – feucht*

- Bei **Nomen** bildest du die **Einzahl**.

Beispiele *Äste – Ast, Felle – Fell, Mäuse – Maus, Freunde – Freund*

- Bei **Verben** bildest du die **Grundform**.

Beispiele *fährt – fahren, kehrt – kehren, lässt – lassen*

Verwandtschaftsprobe

Wenn du den gesuchten Buchstaben weder mit der Verlängerungsprobe noch mit der Grundformprobe hörbar machen kannst, suchst du nach einem anderen Wort aus derselben **Wortfamilie**, an dem du die richtige Schreibweise erkennen kannst.

Zweifelsfall	Beispiele	verwandt mit ...	richtige Schreibung
ä oder e?	*St___rkung* *ver___ngen*	*st**a**rk* ***e**ng*	*St**ä**rkung* *ver**e**ngen*
äu oder eu?	*absch___lich* *F___lnis*	*Absch**eu*** ***fau**len*	*absch**eu**lich* ***Fäu**lnis*
b oder p? **d oder t?** **g oder k?**	*Lo___* *Wu___* *Betru___*	*lo**b**en* *wü**t**end* *betrü**g**en*	*Lo**b*** *Wu**t*** *Betru**g***
Doppelkonsonant oder einfacher Konsonant?	*Sa___lung* *Beka___ter* *unfa___bar*	*sa**mm**eln* *ke**nn**en* *fa**ss**en*	*Sa**mm**lung* *Beka**nn**ter* *unfa**ss**bar*
Dehnungs-h oder nicht?	*Diebsta___l* *schä___len*	*ste**h**len* *Schale*	*Diebsta**h**l* *schälen*

Tipp

Rechtschreibstrategien lassen sich häufig nur bei Problemschreibungen im **Wortinnern** oder am **Wortende** anwenden. Wenn du also nicht weißt, mit welchem Buchstaben ein Wort am Anfang geschrieben wird, solltest du es im **Wörterbuch** nachschlagen. Wenn du es auf Anhieb nicht findest, schlägst du bei einem **anderen Anfangsbuchstaben** nach, der auch passen könnte.

8.4 Sonderfall s-Laute

S-Laute können stimmhaft oder stimmlos ausgesprochen werden. Wenn du einen s-Laut **stimmhaft** aussprichst, hört er sich **weich** an, so ähnlich wie das Summen einer Biene. Sprichst du ihn dagegen **stimmlos** aus, klingt er **scharf** wie das Zischen einer Schlange.

Tipp

Wenn du nicht sicher bist, ob ein s-Laut **stimmhaft oder stimmlos** gesprochen wird, kannst du die **Handprobe** machen: Lege die Hand vorn um deinen Hals und sprich das Wort **laut** aus. Ist der s-Laut stimmhaft, vibrieren deine Stimmbänder – das kannst du fühlen! Solltest du mit der Hand nichts fühlen, ist der s-Laut stimmlos.

Die Schreibweise von s-Lauten hängt von zweierlei ab: von der **Länge des vorangehenden Vokals** und von der **Aussprache des s-Lauts**.

s-Laute richtig schreiben	
s	**Einfaches s** schreibst du, wenn der s-Laut **stimmhaft** ist. *Hase, leise, lesen*
ß	**Scharfes ß** schreibst du, wenn der s-Laut **stimmlos** ist und nach **langem Vokal** steht. *Ruß, Füße, beißen, heiß*
ss	**Doppel-s** schreibst du, wenn der s-Laut **stimmlos** ist und nach **kurzem Vokal** steht. *wissen, Kissen, Masse, nass*

Hinweis: Führe bei s-Lauten **am Wortende** immer die **Verlängerungsprobe** durch! Im Deutschen wird das stimmhafte **s** am Wortende nämlich zu einem stimmlosen **s**. Indem du die Verlängerungsprobe durchführst, kannst du die richtige **Schreibweise** herausfinden: Wird der s-Laut durch die Verlängerung **stimmhaft**, musst du **s** schreiben. Bleibt der s-Laut auch nach der Verlängerung **stimmlos**, musst du **ß** oder **ss** schreiben.

Beispiel

Bei *Maus* hört man nach einem langen Vokal ein stimmloses **s** und müsste daher eigentlich **ß** schreiben. Die Verlängerungsprobe zeigt aber, dass das **s** eigentlich stimmhaft ist: *Maus* → *Mäuse*.

8.5 Groß- und Kleinschreibung

Ein besonderes Problem im Deutschen ist die Groß- und Kleinschreibung. Grundsätzlich schreibt man die **meisten Wörter klein**.

Groß schreibt man allerdings ...

- Nomen: *Schuh, Tierhandlung, Handy*
- als Nomen verwendete Wörter: *das Blau, dein Rufen*
- Satzanfänge: *Plötzlich musste er grinsen.*
- Eigennamen: *Sandra, Köln, England*
- das erste Wort einer Überschrift: *Grüne Marsmännchen entdeckt*
- höfliche Anredepronomen: *Sie, Ihnen, Ihr*

Es kommt übrigens nicht nur darauf an, ob ein Wort laut Wörterbuch ein Nomen ist. In einem Satz kann nämlich praktisch jedes Wort **als Nomen verwendet** werden. Ob ein Wort als Nomen gebraucht wird, erkennst du an den typischen **Begleitwörtern:**

Begleitwörter von Nomen	
Artikel	der, die, das, ein, eine *das Abladen, das Betreten, ein Niesen, ein Grinsen*
Demonstrativ-pronomen	dieser, diese, dieses, jener, jene, jenes *dieses Schimpfen, dieses Warten*
Possessiv-pronomen	mein, dein, sein, ihr ... *mein Husten, dein Singen, ihr Lächeln, unser Alter*
Mengenangaben	viel, wenig, etwas, alle, kein ... *viel Schönes, wenig Neues, alles Gute, kein Zurück*
beschreibende Adjektive	Das sind Adjektive, die sich auf ein Nomen beziehen und dieses genauer beschreiben. Die Adjektive sind dann gebeugt. *treues Begleiten, faires Spielen, lautes Weinen*
Präpositionen	bei, ohne, mit, auf, in, an, über ... *bei Rot, ohne Wenn und Aber, mit Ach und Krach*

Tipp

> Manchmal werden Nomen auch **ohne Begleitwörter** verwendet. Dann kannst du die **Begleitwort-Probe** machen: Stelle probeweise ein passendes Begleitwort vor das Nomen. Klingt der Satz dann noch sinnvoll, handelt es sich bei dem Wort um ein Nomen.

Beispiel *Er hatte Angst.* Begleitwort-Probe: *Er hatte etwas/große Angst.*
→ *Angst* ist ein Nomen und wird großgeschrieben.

Tipp

> Hat ein Wort eine **typische Nomenendung**, ist es ein Nomen und wird großschrieben. Diese Nomenendungen kommen am häufigsten vor: **-heit**, **-keit**, **-nis**, **-ung**, **-schaft**, **-tum**, **-ion**, **-ling**
> *Schönheit, Übelkeit, Hindernis, Wertung, Gesellschaft, Brauchtum, Stadion, Fremdling*

8.6 Getrennt- und Zusammenschreibung

Werden zwei Wörter, die in einem Satz nebeneinanderstehen, getrennt oder zusammengeschrieben? Das zu entscheiden, ist nicht immer leicht.

Zusammenschreibung

Am besten merkst du dir diese Grundregel: **ein Ding = ein Wort**.
Wenn zwei Wörter zusammen ein und dieselbe Sache bezeichnen, müssen sie zusammengeschrieben werden. Sie bilden dann gemeinsam ein **Kompositum**, also **ein zusammengesetztes Wort**.

Beispiel *Er besorgte sich vor der Reise Tickets.*
→ Hier bezeichnen die Wörter *Reise* und *Tickets* zwei verschiedene Dinge.
Weil er sie verlegt hatte, suchte er überall nach seinen Reisetickets.
→ Hier bezeichnen die Wörter *Reise* und *Tickets* nur ein Ding.

Das musst du in der Regel zusammenschreiben		
Komposita	Treffen diese Wortarten direkt aufeinander, musst du sie zusammenschreiben:	
	• **Nomen + Nomen**	*Geldbörse, Haustür, Sackgasse …*
	• **Nomen + Adjektiv**	*gewaltbereit, mausetot, herzensgut …*
	• **Nomen + Adverb**	*bergab, flussaufwärts, landeinwärts …*
	• **Verb + Nomen**	*Wanderstiefel, Hörspiel, Gefriertruhe …*
	• **Adverb + Verb**	*weglaufen, entlanggehen, weitermachen …*
	• **Präposition + Verb**	*aufessen, vorlesen, nachmachen …*

- **Betonungsprobe**
  Komposita kannst du auch an der **Aussprache** erkennen: Gibt es bei zwei benachbarten Wörtern nur **eine Hauptbetonung**, handelt es sich um ein Kompositum, das du **zusammenschreiben** musst. Sind dagegen **zwei Betonungen** erkennbar – eine in jedem Wort – musst du die Wörter **getrennt schreiben.**

Beispiel *Barbara hat bei ihrem Referat fréi gespróchen.*
→ Es gibt **zwei** Hauptbetonungen. → Getrenntschreibung
Der Richter hat den Angeklagten fréigesprochen.
→ Es gibt nur **eine** Hauptbetonung. → Zusammenschreibung

- **Bedeutungsprobe**
  Durch die Getrennt- oder Zusammenschreibung kann auch ein **Bedeutungsunterschied** entstehen. Das heißt, das Adjektiv verliert seine ursprüngliche Bedeutung und verschmilzt mit dem anderen Wort zu einem neuen Ausdruck.

Beispiel *Meine Oma ist auf der Treppe schwer gefallen.*
→ Sie ist schlimm gefallen. → Getrenntschreibung
Mathe ist mir schon immer schwergefallen.
→ Mathe hat mir Probleme bereitet. → Zusammenschreibung

Tipp Im Zweifelsfall orientierst du dich an der **Betonung**. Achte darauf, dass du die Wörter in ihrem **Satzzusammenhang** aussprichst.

Getrenntschreibung

Für die Getrenntschreibung kannst du dir folgende Regeln merken:

Das musst du in der Regel getrennt schreiben	
Verb + Verb	Stehen zwei Verben hintereinander, schreibst du die beiden Wörter getrennt. *Er überlegte, ob er ein bisschen spazieren gehen sollte.* Ausnahme: Wenn die beiden Verben zusammen **als Nomen verwendet** werden, musst du sie **zusammenschreiben:** *Beim Spazierengehen traf er Nadine.*
Nomen + Verb	Folgt auf ein Nomen ein Verb, schreibst du die Wörter getrennt. *Wir könnten heute Nachmittag Fußball spielen.* Ausnahme: Wenn Nomen und Verb zusammen **ein Nomen bilden**, musst du sie **zusammenschreiben:** *Das Fußballspielen macht ihm großen Spaß.*
Adjektiv + Verb	Steht nach einem Adjektiv ein Verb und lässt sich das **Adjektiv steigern**, musst du die beiden Wörter getrennt schreiben. *laut singen → lauter singen, schnell sprechen → schneller sprechen* Ausnahme: Wenn Adjektiv und Verb zusammen eine **besondere Bedeutung** haben, musst du sie **zusammenschreiben:** *schwarzarbeiten, krankschreiben*

8.7 Grundregeln der Zeichensetzung: Kommas richtig setzen

Interaktive Aufgaben: Rechtschreibung und Zeichensetzung

Viele Leute geben zu, dass sie Kommas meist nicht nach bestimmten Regeln setzen, sondern eher „nach Gefühl" – und das führt dann oft dazu, dass sie die Kommas falsch setzen. Deshalb erhältst du hier eine Übersicht über die wichtigsten Kommaregeln.

Komma bei Aufzählungen

Das Komma trennt die einzelnen **Glieder von Aufzählungen**. Die Wörter *und, oder* und *sowie* ersetzen das **Komma**, das dann **entfällt**. Aufzählungen können bestehen aus:

- **Einzelwörtern**

Beispiel *Vor ihrer Abreise packte Elisa Zahnpasta, Seife, Creme **und** Mascara ein.*

- **Wortgruppen**

Beispiel *Schon am Abend vorher hatte sie ihre Jeans, den neuen Minirock, drei T-Shirts **sowie** eine warme Strickjacke in den Koffer gepackt.*

- **ganzen Sätzen**

Beispiel *Elisa stieg in ein Taxi, der Fahrer gab Gas **und** sie erreichte noch den Zug.*

Komma als Markierung von Gegensätzen

Das Komma trennt Einzelwörter, Wortgruppen oder Sätze, mit denen ein **Gegensatz** zum Ausdruck gebracht wird. Gegensätze erkennst du an **Konjunktionen** wie *aber, doch* und *sondern.*

Beispiele *Der Zug war alt, **aber** gemütlich.*
*Elisa ging nicht in den Speisewagen, **sondern** in ihr Abteil.*
*Es roch zwar köstlich, **doch** sie hatte keinen Hunger.*

Hinweis: Aber und *doch* können auch **Füllwörter** sein, die keinen Gegensatz, sondern eher eine Art Erstaunen ausdrücken. Prüfe daher, ob du *aber/doch* weglassen kannst, bevor du ein Komma setzt.

Beispiele *Du bist (aber) groß geworden.*
Das kannst du (doch) nicht machen!

Komma als Kennzeichen von Satzgrenzen

- **Hauptsatz + Hauptsatz**
  Hauptsätze, die wie bei einer Aufzählung aufeinanderfolgen, werden durch **Punkt** getrennt. Wenn man die **Satzgrenze nicht** so stark **hervorheben** will, kann man auch ein Komma setzen.

Beispiele *Sie zog ihre Regenjacke an, dann griff sie nach ihrem Schirm.*
Die Vorstellung war vorbei, der Zuschauerraum leerte sich.

- **Hauptsatz + Nebensatz**
  Haupt- und Nebensätze, die zusammen ein Satzgefüge bilden, werden **grundsätzlich** durch Komma voneinander getrennt. Dabei spielt es keine Rolle, ob der Nebensatz dem Hauptsatz folgt oder umgekehrt. Ist der Nebensatz in den Hauptsatz **eingeschoben**, musst du ein Komma vor und nach dem Nebensatz setzen.

Beispiele *Niklas staunte nicht schlecht, als er von der Schule nach Hause kam.*
Obwohl er nichts bestellt hatte, lag ein Päckchen vor der Haustür.
Er öffnete das Paket, auf dem sein Name stand, mit einer Schere.

Tipp Haupt- und Nebensätze lassen sich am besten an der **Position des gebeugten Verbs** unterscheiden. Steht das gebeugte Verb am Satzanfang (als **erstes** oder **zweites** Satzglied), liegt ein **Hauptsatz** vor. Steht das gebeugte Verb **am Satzende**, handelt es sich um einen **Nebensatz**.

Beachte stets die folgende **Grundregel:**

Kommas dürfen keine Satzglieder vom Rest des Satzes trennen.

Beispiel *Jeden Morgen um sieben Uhr klingelt bei Max Müller der Wecker.*

Nach der Wortgruppe *Jeden Morgen um sieben Uhr* macht man eine kleine Sprechpause. Trotzdem darfst du kein Komma setzten! Denn bei der Wortgruppe handelt es sich um eine Zeitangabe (Temporaladverbial) und damit um ein Satzglied. Wenn du nicht sicher bist, ob es sich bei einer Textstelle um ein Satzglied handelt, prüfe, ob ein **Subjekt** und ein **Prädikat** enthalten sind. Ist das der Fall, dann handelt es sich um einen Satz und du darfst ein Komma setzen.

8.8 Zeichensetzung bei wörtlicher Rede

Wörtliche Rede wird durch **Anführungszeichen** gekennzeichnet. Die abschließenden Anführungszeichen stehen immer **nach** dem Satzschlusszeichen.

Beispiel *„Ich habe mir ein neues Buch gekauft."*

Der Redebegleitsatz kann **vor**, **nach** oder **mitten** in der wörtlichen Rede stehen. Er wird mit **Doppelpunkt** bzw. **Komma** abgetrennt.

Die wörtliche Rede endet mit einem **Satzschlusszeichen** (Ausrufezeichen, Fragezeichen, Punkt). Wenn der Begleitsatz **nach** der wörtlichen Rede steht, **entfällt der Punkt** in der wörtlichen Rede. Das gilt jedoch nur für den Punkt. Ausrufezeichen und Fragezeichen entfallen nicht.

Beispiele *Tabea erwiderte: „Ich gehe mit."*
„Ich gehe mit", erwiderte Tabea.
„Ich gehe mit", erwiderte Tabea „egal wie."
„Ich gehe mit!", erwiderte Tabea.
„Kann ich mitgehen?", fragte Tabea.

8.9 Die Wörter *das* und *dass* unterscheiden

Fällt es dir schwer, zwischen *das* und *dass* zu unterscheiden? Zum Glück gibt es klare Merkmale, an denen du den Unterschied erkennen kannst:

Zwischen *das* und *dass* unterscheiden	
dass	*Dass* ist immer eine **Konjunktion**, die einen **Nebensatz** einleitet. *Er weiß, dass es schon spät ist.*
das	*Das* kann dreierlei sein: • **Artikel** sind Begleiter von Nomen. *das Geld, das Essen, das Spiel* • **Relativpronomen** beziehen sich immer auf etwas zurück, das im zugehörigen Hauptsatz gerade erwähnt worden ist. *Kennst du das Mädchen, das dort drüben geht?* • **Demonstrativpronomen** (von demonstrieren = zeigen) zeigen auf Wörter, Wortgruppen oder sogar auf einen ganzen Satz. Das, worauf sich ein Demonstrativpronomen bezieht, wurde in der Regel kurz vorher genannt. *Du bist ja tatsächlich pünktlich. Das hätte ich nicht erwartet.*

Tipp

So kannst du ganz leicht herausfinden, ob du *das* oder *dass* schreiben musst:

- Kannst du *das/dass* durch das Relativpronomen *welches* ersetzen, schreibst du **das**.
- Kannst du *das/dass* durch das Demonstrativpronomen *dieses/dies* ersetzen, schreibst du auch **das**.
- Nur wenn kein Austausch möglich ist, handelt es sich um die Konjunktion **dass**.

9 Satzreihe und Satzgefüge

Interaktive Aufgaben: Grammatik

Sinnvoll wirkt ein Text nur dann, wenn jeweils der nachfolgende Satz Bezug auf den vorangehenden nimmt. Willst du in deinem Text Sätze zueinander in Bezug setzen, musst du zunächst zwischen zwei Satzarten unterscheiden:

Satzarten	
Hauptsatz	Ein Hauptsatz ist ein Satz, der für sich **allein stehen kann**. Das kann eine Aussage, eine Frage oder eine Aufforderung sein. **Daran erkennst du einen Hauptsatz:** In Hauptsätzen steht das **gebeugte Verb** am **Satzanfang** (nämlich als erstes oder zweites Satzglied). *Max überreicht Anne ein Geschenk.*
Nebensatz	Ein Nebensatz ist ein Satz, der **nicht allein stehen kann**. Er ist immer von einem Hauptsatz abhängig. **Daran erkennst du einen Nebensatz:** • Das **gebeugte Verb** steht in Nebensätzen am **Satzende**. • Nebensätze werden oft, aber nicht immer, durch eine **Konjunktion** oder ein **Relativpronomen** eingeleitet. *..., weil sie heute Geburtstag hat.*

9.1 Satzreihe

Eine Satzreihe besteht aus **zwei** oder **mehreren Hauptsätzen**, die durch Komma, Semikolon und/oder eine nebenordnende Konjunktion bzw. ein Adverb miteinander verbunden sind.

Beispiel *Das Wetter ist schlecht, die Menschen bleiben zu Hause.*
(zwei Hauptsätze durch Komma zu einer Satzreihe verbunden)

Statt des Kommas könnte auch ein Punkt die beiden Sätze trennen, da keiner dem anderen untergeordnet ist. Wenn man allerdings mehrere Hauptsätze zusammenhanglos aufeinander folgen lässt, wirkt das sehr **kühl** und **abgehackt**. Auch wird dem Leser so nicht recht klar, welchen **Zusammenhang** es zwischen diesen Sätzen gibt.
Um deinen Text verständlich zu gestalten, solltest du also versuchen, mithilfe von nebenordnenden **Konjunktionen** oder **Adverbien** Zusammenhänge aufzuzeigen.

Beispiel

Kühle und abgehackte Darstellung	Zusammenhängende Darstellung
Der Lärm in diesem Stadtviertel war unerträglich. Unzählige Flugzeuge brausten über die Häuser hinweg. Der laute Autoverkehr toste durch die Straßen. Die Tram ratterte über die Gleise.	*Der Lärm in diesem Stadtviertel war unerträglich, <u>denn</u> es brausten unzählige Flugzeuge über die Häuser hinweg. Der laute Autoverkehr toste durch die Straßen, <u>und ständig</u> ratterte eine Tram über die Gleise.*

In der Übersicht siehst du, wie du deine Hauptsätze mit **nebenordnenden Konjunktionen** und **Adverbien** sinnvoll zu einer Satzreihe verbinden kannst.

Zusammenhang	Konjunktionen	Adverbien
Aufzählung	*und, sowie, sowohl – als auch*	*auch, außerdem, ebenfalls, zudem, darüber hinaus, ferner, zusätzlich, weiter*
weitere Möglichkeit	*oder, entweder – oder*	
Gegensatz	*aber, doch, nicht – sondern*	*trotzdem, allerdings, jedoch, dagegen, hingegen, einerseits – andererseits*
Begründung	*denn*	*folglich, deswegen, deshalb, somit, meinetwegen, anstandshalber*
Ort		*hier, da, dort, hierher, dahin, draußen, drinnen, hinten, vorne*
Zeit		*jetzt, sofort, lange, häufig, oft, dann manchmal, inzwischen, bislang, zuerst, danach, mittlerweile*
Art und Weise		*so, anders, nebenbei, gern, beispielsweise, vermutlich, immerhin, vielleicht, sicherlich, leider*
Bedingung		*sonst, ansonsten, andernfalls*

Tipp

> Versuche die **Konjunktion** *und* nicht ständig zu wiederholen. Sorge stattdessen mit **Adverbien** für Abwechslung in deinem Satzbau.

Hinweis: Weiche beim Schreiben eines Textes hin und wieder von der **Standardreihenfolge** der **Satzglieder** (Subjekt – Prädikat – Objekt) ab. Dann klingt deine Darstellung abwechslungsreicher.

9.2 Satzgefüge

Ein Satzgefüge besteht aus mindestens **einem Hauptsatz** und **einem Nebensatz**. Da ein Nebensatz stets vom zugehörigen Hauptsatz abhängig ist, musst du ihn durch eine passende **unterordnende Konjunktion** an den Hauptsatz anschließen. Ein Relativsatz wird durch ein **Relativpronomen** angeschlossen. In der folgenden Übersicht siehst du, mit welchen Konjunktionen du Haupt- und Nebensätze zu einem Satzgefüge verbinden kannst.

Zusammenhang	Fachbegriff	Konjunktionen
unbestimmt	neutral	*dass, ob*
Zeit	temporal	*während, als, seit(dem), solange, sobald, sowie, sooft, nachdem, bis, bevor, ehe*
Bedingung	konditional	*(nur) wenn, falls, sofern*
Gegensatz	adversativ	*während (hingegen), wohingegen, (an)statt dass*
Art und Weise	modal	*indem, ohne dass*
Grund	kausal	*weil, zumal, da*
Folge	konsekutiv	*sodass, (so) ..., dass*
Zweck	final	*damit, um ... zu, auf dass*
Einräumung	konzessiv	*obwohl, obgleich*

Tipp

> Wenn du Haupt- und Nebensätze miteinander verbindest, wirkt dein Text nicht nur **verständlicher**, sondern auch in seinem Klang **lebendiger**. Denn da das gebeugte Verb im Hauptsatz immer vorn steht, im Nebensatz aber ganz am Ende, wird ein interessanter Rhythmus erzeugt.

Nebensätze können im Satzgefüge drei verschiedene Positionen einnehmen:

- Sie **folgen** dem Hauptsatz, von dem sie durch ein Komma abgetrennt sind.

  Beispiel: *Ich weiß nicht, ob ich morgen Zeit für dich habe.*

- Sie stehen **vor** dem Hauptsatz, von dem sie ein Komma abtrennt.

  Beispiel: *Wenn nichts dazwischenkommt, werde ich mit dir Mathe üben.*

- Sie sind in den Hauptsatz **eingefügt**. Dann musst du den Nebensatz vorne und hinten durch ein Komma vom Hauptsatz abtrennen.

  Beispiel: *Die Aufgaben, die wir lösen müssen, werden nicht schwierig sein.*

9.3 Relativsätze

Wenn man in zwei aufeinanderfolgenden Sätzen über ein und dieselbe Person oder Sache sprechen will, bietet es sich manchmal an, den zweiten Satz als Relativsatz zu gestalten. Man vermeidet damit **unschöne Wiederholungen**.

Beispiel *Ein Taschendieb öffnete unbemerkt die Handtasche einer jungen Frau. Er hatte sich der jungen Frau unauffällig von hinten genähert.*
→ unschöne Wiederholung von einer/der jungen Frau

Ein Taschendieb öffnete unbemerkt die Handtasche einer jungen Frau, der er sich unauffällig von hinten genähert hatte.
→ Wiederholung durch Relativpronomen vermieden

Relativsätze sind Nebensätze, die du an zwei Merkmalen erkennen kannst:

Merkmale von Relativsätzen	
Relativpronomen	Jeder Relativsatz wird durch ein **Relativpronomen** *(der, die, das, welcher, welche, welches, wer, was)* eingeleitet. Dieses Einleitungswort steht **stellvertretend** für ein Wort/eine Wortgruppe, von dem/der im **Satz zuvor** die Rede ist. *Das ist der Junge, der immer Fußball spielt.* *Es hat viel geregnet, was in einigen Gebieten zu Überschwemmungen geführt hat.* Dem Einleitungswort ist gelegentlich eine **Präposition** wie *mit, in* oder *für* **vorangestellt**. *Der Bach, in dem sich viele Fische tummeln, hat ganz klares Wasser.*
Position des Verbs	Da Relativsätze Nebensätze sind, steht das **gebeugte Verb** dort immer am **Satzende**.

Tipp Die **Pronomen** *der, die* und *das* können sowohl **Relativpronomen** als auch **Demonstrativpronomen** sein. Wenn sie einen Relativsatz einleiten, erkennst du das auch an der Position des gebeugten Verbs. Dieses muss bei Relativsätzen nämlich immer am Satzende stehen.

Beispiel *Gestern traf ich einen alten Freund, den ich jahrelang nicht gesehen **hatte**.*
→ Relativsatz, da gebeugtes Verb am **Satzende**

*Gestern traf ich einen alten Freund, den **hatte** ich jahrelang nicht gesehen.*
→ kein Relativsatz, sondern Hauptsatz, da gebeugtes Verb an **zweiter Stelle**

Der **Abstand** zwischen dem Relativsatz und den Wörtern, auf die er sich bezieht, sollte **nicht zu groß** sein. Sonst hat der Leser Mühe zu verstehen, wer oder was gemeint ist.

Es gibt zwei Möglichkeiten, einen Relativsatz an den Hauptsatz anzuschließen:

- Der Relativsatz **folgt** direkt auf den Hauptsatz.
  Wenn die Wörter, auf die sich ein Relativsatz bezieht, ziemlich weit am **Schluss des** voranstehenden **Hauptsatzes** stehen, kann man den Relativsatz direkt nach dem Hauptsatz folgen lassen.

Beispiel *In der Stadt trafen wir einen Jungen. Der Junge tanzte Breakdance.*
→ *In der Stadt trafen wir einen Jungen, der Breakdance tanzte.*

- Der Relativsatz wird in den Hauptsatz **eingeschoben**.
  Stehen die entsprechenden Wörter aber weiter vorn im Hauptsatz, dann sollte man den Relativsatz in den Hauptsatz einschieben, und zwar unmittelbar nach dem entscheidenden Wort, auf das er sich bezieht.

Beispiel *Die Frau stand an der Bushaltestelle. Sie wurde bestohlen.*
→ *Die Frau, die bestohlen wurde, stand an der Bushaltestelle.*
(Nicht: *Die Frau stand an der Bushaltestelle, die bestohlen wurde.*)

Übungsaufgaben im Stil der Abschlussprüfung

Charlotte Kerner: Geboren 1999

Der Roman „Geboren 1999“ von Charlotte Kerner handelt von der Suche eines Jungen nach seinen leiblichen Eltern. Der folgende Abschnitt erzählt vom Beginn dieser Suche.

Die Suche (Teil 1):
Geheimnisvolle Geburtstage

Karl Meibergs Suche nach seinen leiblichen Eltern begann am 8. Januar 2016. Dass er adoptiert war, hatten ihm seine Adoptiveltern, Anna und Dietrich, nie verschwiegen. Doch wie die meisten adoptierten Kinder setzte er alles daran, seine Herkunft zu erfahren. Karl Meiberg war sechzehn Jahre alt, als er sich mit der Auskunft seiner Eltern nicht mehr bescheiden wollte, seine leiblichen Eltern seien auf ausdrücklichen Wunsch anonym geblieben.

Als Anna und Dietrich Meiberg eines Abends im Kino waren, durchwühlten Karl und seine Freundin Sarah heimlich die Dokumentenmappe im Arbeitszimmer seines Vaters, eines Ingenieurs der Firma Solarstrom Herbeck. Doch die beiden konnten nichts finden, außer der Adoptionsurkunde. Weder seine Abstammungs- noch seine Geburtsurkunde war abgeheftet und auch mehrere Schreiben an das Herbecker Bürgerzentrum lieferten keine weitergehenden Hinweise.

Am Dienstag, dem 8. Januar, fuhr Karl Meiberg deshalb direkt nach der Schule mit seinem Elektromofa ins Bürgerzentrum, wo die Daten aller 235 000 Bewohner Herbecks gespeichert sind. Das große, gelb leuchtende H auf dem Hochhaus wachte wie gewöhnlich über der Stadt.

Die Hand Karl Meibergs zitterte, als er seine ID-Karte mit dem Bürger-Code in den Schlitz rechts neben der gläsernen Eingangstür schob und eine Lautsprecherstimme fragte: „Karl Meiberg, was wünschen Sie bitte?“
„Datenauskunft zur Adoption.“

In der Sekundenstille, die jetzt folgte, überprüfte ein Computer seine Code-Zahlen. Karl war sechzehn und aus Herbeck, er durfte also eintreten.

„Drücken Sie bitte die Tasten 3 A 9, ich wiederhole 3 A 9.“ Die Plastikkarte wurde mit einem Surren wieder ausgespuckt, die Glastür öffnete sich.

Karl schaute sich um und ging in den Fahrstuhl mit der blinkenden 3 über der Tür. Im 3. Stock erwartete ihn ein Beamter in der gelben Uniform. Karl mochte diese Stadtfarbe nicht. Er fand sie verlogen unter dem deutschen Staubhimmel, genauso verlogen wie dieses Himmelblau im Fahrstuhl, der ihn heraufgebracht hatte.

„Willkommen im Bürgerzentrum. Womit können wir Ihnen dienen?“, fragte der farblose Mann höflich.

„Ich hätte gern eine Datenauskunft, also meine Geburts- und Abstammungsurkunde und die Namen meiner leiblichen Eltern. Die Adoptionsurkunde habe ich mit.“

Der gelb gewandete Mann lächelte verbindlich. „Bitte folgen Sie mir.“

Der lange Gang war fensterlos. Karl hörte hinter Zimmertüren Stimmengemurmel und Maschinensurren. Die Lampen produzierten im Winter sonniges Frühlingslicht, um die Besucher aufzuheitern. Mit guter Wirkung, denn Karl Meiberg war am Ende des Ganges fast beschwingt und hatte das sichere Gefühl, dass er heute alles erfahren werde.

Schon bald wird er seine Mutter und seinen Vater besuchen, mit ihnen reden, sie kennenlernen und sie werden ihm alles erklären. Und danach ist alles gut.

Die Dame in Zimmer 360, deren Uniform in einem helleren Gelb gehalten war als die seines Begleiters, nickte mechanisch, als Karl ihr sein Anliegen erklärte. Er legte die Adoptionsurkunde auf den Tisch, die sie mit geübtem Blick überflog.

„Das sollte alles klargehen. Bitte, kommen Sie zu diesem Gerät. Legen Sie die Fingerspitzen Ihrer rechten Hand in diese fünf Mulden. Nur die Identifikation Ihrer Fingerabdrücke ermöglicht den Zugang zu Ihren Personaldaten. Aus Gründen des Datenschutzes.“ Die Beamtin nahm auf ihrem Arbeitsschemel Platz und drückte die Starttaste.

Grüne Buchstaben erschienen auf dem Bildschirm, die Personaldaten flimmerten ein wenig:

Karl Meiberg (BC 086750)
Geb. 5. Februar 1999
Eltern: Dietrich Meiberg, geb. 1. 7. 1958, Mannheim
Anna Meiberg (Netzer), geb. 25. 3. 1960, Köln
Adoption, siehe weitere Informationen: A 91, AST 245

Karl drückte seine Finger in die Mulden, während die Frau mit unbewegtem Gesicht die geforderten Buchstaben und Zahlen eintippte. Bei A 91 tauchte auf dem Bildschirm die Adoptionsurkunde auf, die er schon hatte, und bei AST 245 erschien die Abstammungsurkunde.

Die bekannten Namen und Daten huschten über den Bildschirm, zu Karl, Anna und Dietrich gab es nichts Neues. Und in dem Feld „leibliche Eltern“ standen noch immer keine Namen, sondern nur „anonym, SGR 1999“.

Die Beamtin stutzte, bevor sie mit monotoner Stimme erklärte: „Aufgrund einer Sondergenehmigung Klasse R sind weitergehende Daten hier nicht verfügbar. Ich weiß nicht, wie lange die Daten gesperrt sind. Auf jeden Fall brauchen Sie für weitere Auskünfte die Einwilligung Ihrer Adoptiveltern.“

Karl hörte zwar ihre Erklärung, doch die interessierte ihn im Augenblick weniger. Ihn fesselte vielmehr eine Zahlenfolge, die auf dem Bildschirm aufgetaucht war. Hinter seinem Namen stand jetzt: geboren 15. November 1999.

„Macht das Ding nie Fehler?“

„Nein, niemals.“ Die Frau strich stolz über die Revers ihres hellgelben Jacketts.

„Dann überprüfen Sie das aber besser noch mal.“ Karl tippte mit dem Zeigefinger der linken Hand auf das Geburtsdatum. „Ich bin am 5. Februar 1999 geboren und nicht am 15. November 1999. So steht es wenigstens in der Adoptionsurkunde.“

Die Beamtin hämmerte sichtlich verwirrt verschiedene Suchbefehle in die Maschine. Doch nichts änderte sich, Karls zweites Geburtsdatum blieb. Auch die jetzt in Leuchtschrift erschienene Geburtsurkunde führte den 15. November 1999.

„Das ist mir noch nie passiert“, murmelte sie, um dann aber schnell wieder gefasst zu reagieren, wie es einer Beamtin geziemt. „Geburts- und Abstammungsurkunde gehen vor, da müssen wir Ihre Adoptionsurkunde und die Personaldaten ändern. Es war wohl ein Eingabefehler.“

„Aber machen Sie mir bitte zuerst von jeder Urkunde noch zwei Ausdrucke. Danach können Sie ändern, was Sie wollen.“

Während der Laserdrucker die gewünschten Papiere lautlos ausschrieb, fragte Karl noch einmal nach: „Was ist das für eine Sondergenehmigung, dieses SGR 1999? Warum dieser ganze Firlefanz?“ Karl war wütend und enttäuscht, er war in einer Sackgasse gelandet. Allein kam er nicht weiter.

Die Frau in der hellgelben Uniform spulte gelernte Sätze ab: „Eine Sondergenehmigung R erfordert bei weiteren Auskünften die Einwilligung der Adoptiveltern. Zuständig bei SGR-Fällen ist die Abteilung genetische Auskunft. Dort speichern wir die genetischen Codes unserer Bürger und deren Eltern. Wenn Sie eine Genehmigung Ihrer Adoptiveltern mitbringen, haben Sie alle gewünschten Daten in zwei Monaten. […]“ Die Beamtin reichte Karl seine Papiere und stand auf.

Karl nickte. Ja, er sollte nun gehen. Es reichte für heute.

Sein Danke klang verkrampft. Die Papiere knisterten in seiner Jackentasche, als er durch die künstliche Frühlingssonne auf den Fahrstuhl zuging. Dort war er endlich allein. Sondergenehmigung, dachte er immerzu. Und warum war er ein Sonderfall? […]

Quelle: Charlotte Kerner: Geboren 1999, Beltz & Gelberg Taschenbuch, Weinheim/Basel/Berlin 1989.

Teil I: Lesen

Punkte

1. Kreuze die richtige Antwort an. Es ist jeweils nur eine Antwort richtig. 6

   a) Warum kennt Karl Meiberg seine leiblichen Eltern nicht?

   - ☐ Seine Adoptiveltern waren dagegen, dass er sie kennenlernt.
   - ☐ Name und Anschrift der leiblichen Eltern sind nirgendwo hinterlegt.
   - ☐ Seine Adoptiveltern wollten anonym bleiben.
   - ☐ Karl Meiberg hat sich bisher nicht für seine leiblichen Eltern interessiert.

   b) Was findet Karl in der Dokumentenmappe im Arbeitszimmer seines Vaters?
   Er findet …

   - ☐ seine Geburtsurkunde.
   - ☐ seine Abstammungsurkunde.
   - ☐ seine Adoptionsurkunde.
   - ☐ Briefe vom Bürgerzentrum.

   c) Warum will Karl seine leiblichen Eltern finden?
   Er will …

   - ☐ die Ähnlichkeit mit ihnen prüfen.
   - ☐ von ihnen finanziell unterstützt werden.
   - ☐ die Gründe für seine Adoption erfahren.
   - ☐ in der Zukunft bei ihnen wohnen.

d) Wie fühlt sich Karl, als er vor der Tür des Bürgerzentrums steht?

Er ist …

- ☐ zuversichtlich.
- ☐ nervös.
- ☐ wütend.
- ☐ ungeduldig.

e) Was muss er tun, damit er das Bürgerzentrum betreten kann?

Er muss …

- ☐ bestimmte Tasten drücken.
- ☐ ein Passwort eingeben.
- ☐ zehn Minuten warten.
- ☐ seinen Ausweis vorzeigen.

f) Welche Jahreszeit herrscht, als Karl sich auf die Suche nach seiner Herkunft macht?

- ☐ Frühling
- ☐ Sommer
- ☐ Herbst
- ☐ Winter

2. Finde zu jeder der folgenden Aussagen einen Satz im Text, der Ähnliches ausdrückt. Gib die jeweiligen Zeilen an. 4

	Zeile(n)
Der Beamte im Bürgerzentrum begrüßt Karl.	
Im Flur des Bürgerzentrums gibt es kein natürliches Tageslicht.	
Der Bildschirm gibt keinen Hinweis auf seine leiblichen Eltern.	
Karl hört kaum zu, als die Beamtin ihm mögliche Gründe nennt.	

3. Woran merkt der Leser, dass die Geschichte in der Zukunft spielt? Nenne vier Dinge (Stichpunkte genügen).
Hinweis: Berücksichtige das Erscheinungsjahr des Romans. 2

____

____

____

____

4. a) Welche der folgenden Aussagen sind richtig? 2

Im Bürgeramt trifft Karl auf eine Beamtin. Über diese Frau erfährt der Leser Folgendes:

A Die Beamtin kennt sich mit Adoptionen aus.

B Sie erinnert in ihren Bewegungen an eine Maschine.

C Sie arbeitet erst seit Kurzem im Bürgerzentrum.

Kreuze die richtige Antwort an.

☐ Nur A steht im Text.

☐ Nur B steht im Text.

☐ A und B stehen im Text.

☐ B und C stehen im Text.

b) Welche der folgenden Aussagen sind richtig? 2

Im Text steht, dass Karl …

A in Bezug auf seine Daten nichts Neues in Erfahrung bringt.

B eine Sondergenehmigung braucht, um an weitere Daten zu kommen.

C die Einwilligung seiner Adoptiveltern einholen muss.

Kreuze die richtige Antwort an.

☐ Nur A steht im Text.

☐ A und B stehen im Text.

☐ A, B und C stehen im Text.

☐ Nur B und C stehen im Text.

5. Nummeriere die Vorkommnisse entsprechend dem Erzählverlauf von 1 bis 6. 3

Vorkommnis	**Nummerierung**
Mithilfe seiner Fingerabdrücke bekommt Karl Zugang zu seinen Daten.	
Karl durchsucht den Aktenordner seines Vaters.	
Er erfährt, dass seine Adoption ein Sonderfall gewesen ist.	
Karl fährt zum Bürgerzentrum.	
Karl bemerkt eine Unstimmigkeit in Bezug auf sein Geburtsdatum.	
Karl legt der Beamtin seine Adoptionsurkunde vor.	

6. Welche Verhaltensweisen zeigt die Beamtin des Bürgerzentrums in Karls Gegenwart? Gib vier Reaktionen an (Stichpunkte genügen). 2

7. Karls Stimmung ändert sich im Verlauf der Handlung. Beschreibe seine Stimmung am Anfang und am Ende seines Besuchs im Bürgerzentrum und belege sie mit jeweils einer Textstelle. 5

8. Warum passt der Untertitel dieses Kapitels („Geheimnisvolle Geburtstage") gut zum Text? Begründe deine Einschätzung in ganzen Sätzen. 4

Teil II: Schreiben

Teil II.A: Textproduktion (Wahlaufgabe)

Wähle eine der beiden folgenden Aufgaben aus und bearbeite sie.

a) Karl hat Sarah vor seinem Besuch im Bürgerzentrum versprochen, ihr anschließend davon zu berichten. Weil er sie nicht über ihr Handy erreicht, schreibt er ihr eine E-Mail.
Schreibe diesen **Bericht** aus der Sicht von Karl. Ziel deiner E-Mail soll sein, Sarah die wesentlichen Informationen über den Ablauf des Besuchs zu vermitteln und ihr zu sagen, was am Ende dabei herausgekommen ist.

oder

b) Ihr habt im Ethikunterricht darüber diskutiert, ob eine Frau, die ungewollt schwanger geworden ist, ihr neugeborenes Kind zur Adoption freigeben sollte. Die meisten Schüler deiner Klasse sprachen sich heftig dagegen aus. Allerdings brachten sie vor allem ihre spontanen Gefühle zum Ausdruck; es gelang ihnen kaum, begründete Argumente vorzutragen. Daraufhin hat euch euer Ethiklehrer aufgefordert, eure ablehnende Haltung zur Frage der Adoption in Form einer begründeten **Stellungnahme** schriftlich darzulegen.
Schreibe diesen Text. Ziel deiner **Argumentation** soll sein, überzeugend darzustellen, was gegen eine Adoption sprechen könnte.

Hinweis: Formuliere in deiner Stellungnahme drei Argumente aus.

Dein Text (Bericht oder Argumentation) wird wie folgt bewertet:

	Punkte
Aufbau / Inhalt (z. B. Einleitung, Hauptteil, Schluss / „roter Faden“)	18
Sprachangemessenheit (Wortschatz, Satzbau, Ausdruck, Zeitform)	9
Sprachrichtigkeit (Rechtschreibung, Zeichensetzung, Grammatik)	3
Summe	**30**

Teil II.B: Sprachliche Richtigkeit

1. Im folgenden Text sind zehn Rechtschreib- und Zeichensetzungsfehler enthalten. Streiche die Fehler durch und schreibe die richtige Schreibweise jeweils unter die fehlerhafte Stelle. Zeichensetzungsfehler verbesserst du direkt im Text. 5

Beispiel:

Wer einen Text, den er geschrieben hat, ~~sorgfeltig~~ durchliest, findet häufig noch

sorgfältig

~~fehler~~, die er dann ~~korigieren~~ kann.

Fehler korrigieren

Es gibt verschiedene Gründe, weshalb eine Frau sich dafür endscheidet, ihr Kind

zur Adoption freizugeben. Meißt ist sie ungewollt schwanger geworden, und wenn

sie das bemerkt, stellt sie vielleicht fest das ein Kind zu diesem Zeitpunkt einfach

nicht zu ihrer Lebensplanung passt. Oft ist sie noch sehr jung oder befindet sich

mitten in der Ausbildung. Dann muß sie befürchten, dass sie ihre beruflichen Pläne

nicht verwirklichen kann. Möglich ist auch, dass sie sich einfach noch nicht reif

genug fühlt um ein Kind großzuziehen. Es kann auch sein, dass sie kein eigenes

Geld verdient und deshalb nicht weiß, wie sie ein Kind ernehren und kleiden soll.

Zwar klingt es so, als handle eine Frau, die ihr Kind in eine Pflegefamielie gibt,

egoistisch. Aber das muss nicht der Fall sein. Es ist auch möglich, dass sie vor allem

an die Zukunft ihres ungeborenen Kindes denkt. Sie möchte ihm einen guten Start ins Leben ermöglichen und meint wohl, dass sie ihm das nicht bieten kann. Dann

gibt sie ihr Kind lieber zur Adoption frei, in der Hoffnung, dass es ein gutes Eltern-

haus bekommt. Warscheinlich ist sie der Meinung, dass ihr Kind nur so ein Sorgen

freies Leben führen kann.

2. Groß oder klein – wie ist es richtig? Kreuze jeweils das richtig geschriebene Wort an. 2,5

a) Bei seinem ☐ besuch ☐ Besuch im Bürgerzentrum kam Karl nicht recht weiter.

b) Er konnte dort nur wenig ☐ neues ☐ Neues erfahren.

c) Eigentlich hatte er gehofft, alle ☐ wesentlichen ☐ Wesentlichen Informationen zu bekommen.

d) Die Frau in der gelben Uniform hatte auch ☐ zuversicht ☐ Zuversicht ausgestrahlt.

e) Aber dann wurde ihr klar, dass es mit dieser Adoption etwas ☐ besonderes ☐ Besonderes auf sich hatte.

3. Trage jeweils den richtigen Buchstaben in die Lücke ein. 4

a) **ä** oder **e**?

verst____ndlich gest____ndig bed____nklich ents____tzlich

b) **d** oder **t**?

der Ran____ das Lich____ bun____ run____

4. Setze die fehlenden Kommas und die Zeichen für die wörtliche Rede ein. 3,5

Warum willst du deine leiblichen Eltern eigentlich finden? fragte Sarah als sie zusammen mit Karl den Aktenordner seines Adoptivvaters durchwühlte. Eigentlich wollte ich das schon immer wissen meinte Karl. Die beiden durchwühlten alle Papiere die im Ordner abgeheftet waren. Doch die Suche war enttäuschend. Karl fand nichts das ihm weitere Informationen über seine Abstammung vermittelte.

Übungsaufgaben im Stil der Abschlussprüfung im Fach Deutsch
Aufgabe 2

Irmela Brender: Marei und Thieß

In der fünften Klasse habe ich entschieden, dass die Gerechtigkeit ein zu großes Problem für mich ist. Damals saß ich neben einer gewissen Ingrid, die von mir die Englischarbeit abschrieb, aber ohne Fehler – es waren sowieso nur zwei Leichtsinnsfehler. Trotzdem bekam ich eine Fünf, wegen Abschreibens, wie rot unterstrichen im Heft stand. Und Ingrid hatte eine Eins. Als ich das sah, wartete ich voller Zuversicht darauf, dass sich der Bretterboden im Klassenzimmer öffnete und Ingrid mitsamt der Lehrerin verschlänge. Bis zum Ende des Unterrichts rechnete ich immerhin mit einem Gewitter samt rächendem Blitzschlag, so mein Glaube an die Gerechtigkeit. Aber als nichts geschah, auch am nächsten und übernächsten Tag nicht, da gab ich es auf. Gerechtigkeit war offenbar ein Wort wie, sagen wir mal: Dinosaurier. Es stand für etwas, was es einmal gegeben hatte, aber nicht mehr gab. Es hatte keinen Sinn, sich den Kopf darüber zu zerbrechen.

Und dann bekam Jahre später ausgerechnet ich Marei und Thieß als Nachbarn. Sie waren ein vergnügtes junges Paar, ach, gar nichts dagegen, aber Marei hatte es mit der Gerechtigkeit. Immerzu sagte sie das Wort, sie sagte es so laut, dass man es durch die dünnen Wände hören konnte, sie sagte es so, als würde es mit lauter Großbuchstaben geschrieben: „Du musst zugeben, das ist nicht GERECHT“, sagte sie etwa, oder: „Nein, das ist keine GERECHTIGKEIT“, oder: „Ich will aber, dass es GERECHT zugeht.“ Jedenfalls verlangte Marei, dass es in allem gerecht zuging, was Thieß und sie betraf. Es war nicht gerecht, dass sie allein vor und nach der Berufsarbeit den Haushalt machen musste, es war nicht gerecht, dass Thieß einen Stammtisch hatte und sie keinen, dass Thieß Auto fuhr und sie nur hinbrachte und abholte, und das alles wurde geändert, bis es gerecht war. Aber auch umgekehrt: Es war nicht gerecht, dass Marei zweimal die Woche einen Anruf ihrer Mutter bekam und Thieß nur einmal im Monat einen von der seinen, dass Marei viermal so oft zum Friseur ging wie Thieß und dass ihr Sparkonto größer war. Auch das wurde geändert. Nicht von heute auf morgen, versteht sich. Sie brauchten viele Streitigkeiten und Versöhnungen und Versuche und viel Zeit.

Und ein paar Dinge blieben ungeregelt. „Thieß kann nichts wegwerfen“, sagte mir Marei. „Er kann es einfach nicht. Keine erledigten Briefe, keine ausgelatschten Schuhe, keine alten Zeitungen. Damit alles seine Gerechtigkeit hat, muss ich auch meinen alten Kram aufheben. Sonst nimmt er mit seinen Sachen viel mehr Platz in Anspruch als ich.“ „Jaja“, sagte ich, denn damals langweilte mich das Thema bereits, „dann hebt eben beide alles auf. „Ein GERECHTER Rat“, lobte mich Marei. Und sie kam und sagte: „Thieß will unbedingt Tiere haben. Weiße Mäuse will er züchten. Wenn es GERECHT zuginge, müsste ich dann auch Tiere haben.“ „Vielleicht Vögel“, schlug ich vor, weil das die Hausordnung erlaubt. „Das wäre GERECHT“, sagte Marei und bedankte sich. Als Thieß keine Lust mehr hatte, seinen Wohnungsputz zu machen, empfahl ich Marei, auch ihren sein zu lassen. Als Thieß die Fenster verschmutzen ließ, konnte Marei, ich erklärte es ihr, nur das Gleiche tun. Während ich diese Ratschläge gab, merkte ich, wie einfach es ist, gerecht zu sein. Ich bekam langsam wieder Freude an der Gerechtigkeit.

Als ich aus dem Urlaub zurückkam, waren Marei und Thieß ausgezogen, ohne eine

Adresse zu hinterlassen. Aber Marei hatte mir wenigstens noch einen Brief unter die Tür geschoben. „Weil wir deine Ratschläge befolgt haben", stand darin, „ist unsere Wohnung verwahrlost, sodass wir es einfach nicht mehr darin ausgehalten haben. Der Hausbesitzer ist verständigt, dass du dich um die Reinigung und um die Beseitigung des Gerümpels kümmern wirst. Es macht dir sicher nichts aus, denn du musst zugeben, dass es nur gerecht ist, wenn du die Folgen deiner Empfehlungen trägst. Ganz liebe Grüße von Marei und Thieß."

Ich las den Brief immer wieder, sie hatte tatsächlich „gerecht" kleingeschrieben. Nur ein paar Sekunden lang wartete ich darauf, dass ein Erdbeben dieses Haus zusammenstürzen ließe. Dann fiel mir wieder ein, was ich bereits in der fünften Klasse gelernt hatte: dass Gerechtigkeit ein Dinosaurier ist und ein zu großes Problem für mich.

Quelle: Irmela Brender: Marei und Thieß. Unterwegs Lesebuch 9, Klett, Stuttgart 1995.

Teil I: Lesen

Punkte

1. Kreuze die richtige Antwort an. Es ist jeweils nur eine Antwort richtig. — 5

   a) Welches Ereignis in der fünften Klasse führt dazu, dass die Ich-Erzählerin seitdem an der Gerechtigkeit zweifelt?

   Sie bekommt …

   - ☐ eine Eins, weil sie nicht abgeschrieben hat.
   - ☐ eine Fünf, weil sie abgeschrieben hat.
   - ☐ eine Eins, obwohl sie abgeschrieben hat.
   - ☐ eine Fünf, obwohl sie nicht abgeschrieben hat.

   b) Gerechtigkeit ist für die Ich-Erzählerin …

   - ☐ ein Fremdwort.
   - ☐ verbunden mit Gewitter.
   - ☐ ein zu großes Problem.
   - ☐ langweilig.

   c) Marei ist …

   - ☐ die Nachbarin von Thieß.
   - ☐ die Freundin von Thieß.
   - ☐ die Cousine von Thieß.
   - ☐ die Schwester von Thieß.

   d) Thieß …

   - ☐ ruft seine Mutter einmal im Monat an.
   - ☐ macht jeden Tag den Haushalt.
   - ☐ kann nichts wegwerfen.
   - ☐ züchtet Vögel.

e) Nach dem Urlaub entdeckt die Ich-Erzählerin, dass …

- [ ] sie einen Brief vom Hausbesitzer erhalten hat.
- [ ] ihr Haus vom Erdbeben zerstört ist.
- [ ] ihre Wohnung verwahrlost ist.
- [ ] Marei und Thieß ausgezogen sind.

2. Finde zu jeder der folgenden Aussagen einen Satz im Text, der Ähnliches ausdrückt. Gib die jeweiligen Zeilen an. 4

	Zeile(n)
Bis zum Unterrichtsschluss erwartete ich ein Unwetter mit Blitz und Donner, das wäre gerecht gewesen.	
Es war sinnlos, sich zu viele Gedanken darüber zu machen.	
„Gut, gut", sagte ich, denn zu der Zeit ermüdete mich die Sache schon, „dann werft eben beide nichts mehr weg".	
Als ich aus den Ferien wiederkam, war das junge Paar ausgezogen, ohne eine Anschrift zurückzulassen.	

3. a) Welche der folgenden Aussagen sind richtig? 2

Die Ich-Erzählerin erinnert sich an ein Ereignis in der Schule.

A Sie hat für eine fehlerfreie Englischarbeit die Note Fünf erhalten.

B Sie glaubt nach diesem Ereignis nicht mehr daran, dass es noch Gerechtigkeit gibt.

C Sie will auch nicht mehr über Gerechtigkeit nachdenken.

Kreuze die richtige Antwort an.

- [ ] A, B und C stehen im Text.
- [ ] A und B stehen im Text.
- [ ] B und C stehen im Text.
- [ ] Nur C steht im Text.

b) Welche der folgenden Aussagen sind richtig? 2

Als die Ich-Erzählerin aus dem Urlaub zurückkommt, …

A findet sie einen Brief.

B ist ihre Wohnung voller Gerümpel.

C streitet sie mit Marei und Thieß.

Kreuze die richtige Antwort an.

- [ ] Nur A steht im Text.
- [ ] A und C stehen im Text.
- [ ] Nur B steht im Text.
- [ ] A, B und C stehen im Text.

4. Nummeriere die Vorkommnisse entsprechend dem Erzählverlauf von 1 bis 6. 3

Vorkommnis	**Nummerierung**
Die Ich-Erzählerin fährt in Urlaub.	
Das junge Paar zieht aus.	
Ein junges Paar zieht in die Wohnung nebenan.	
Die Ich-Erzählerin erlebt als Schulkind eine Ungerechtigkeit.	
Die Ich-Erzählerin soll sich um die Reinigung der Wohnung des jungen Paares kümmern.	
Die Ich-Erzählerin gibt Ratschläge zur Wiederherstellung von Gerechtigkeit.	

5. Welche Ratschläge zur Wiederherstellung von Gerechtigkeit gibt die Ich-Erzählerin Marei? Finde vier Ratschläge im Text (Stichpunkte genügen). 2

6. Warum sind die Wörter GERECHT und GERECHTIGKEIT in Großbuchstaben geschrieben, wenn Marei sie ausspricht? Erkläre. 3

7. Zu Beginn und am Ende der Erzählung hat die Ich-Erzählerin ein Schlüsselerlebnis in Bezug auf „Gerechtigkeit“. Beschreibe beide Erlebnisse mit eigenen Worten. 6

8. Finde für die drei folgenden Aussagen jeweils einen Textbeleg. Zitiere diese Belege und gib die Zeilenzahlen an. 3
   - Zu Beginn der Geschichte scheint die Ich-Erzählerin den Glauben an die Gerechtigkeit verloren zu haben.
   - Dann gewinnt sie den Glauben an die Gerechtigkeit wieder zurück.
   - Zum Schluss wird die Gerechtigkeit doch wieder zu einem großen Problem.

Teil II: Schreiben

Teil II.A: Textproduktion (Wahlaufgabe)

Wähle eine der beiden folgenden Aufgaben aus und bearbeite sie.

a) Erzähle die Geschichte aus der Sicht von Marei. Deine Erzählung soll sich an der Handlung der Geschichte „Marei und Thieß" orientieren. Arbeite heraus, warum es Marei so wichtig ist, dass es zwischen ihr und Thieß gerecht zugeht. Ziel deiner **Erzählung** soll sein, dem Leser Mareis Sichtweise nahezubringen und dabei auch die Gründe für ihr Gerechtigkeitsempfinden zu vermitteln.

oder

b) In deiner Schule gab es eine Auseinandersetzung zwischen zwei Schülern aus zwei verschiedenen Klassen. Beide Schüler waren der Auffassung, dass ihnen Unrecht geschehen sei, und fanden Unterstützer, die ihnen „recht" gaben. Dabei kam es zu einer körperlichen Auseinandersetzung, bei der ein Schüler verletzt wurde. Du wurdest von der aufsichtsführenden Lehrerin als Zeuge/Zeugin genannt. Deshalb fordert die Schulleiterin von dir einen schriftlichen Bericht. Ziel deines **Berichts** soll sein, darzustellen, wer zu welchem Zeitpunkt was getan hat und – soweit möglich – warum, sodass die Schulleiterin das Ganze nachvollziehen und aufklären kann.

Dein Text (Erzählung oder Bericht) wird wie folgt bewertet:

	Punkte
Aufbau / Inhalt (z. B. Einleitung, Hauptteil, Schluss / „roter Faden")	18
Sprachangemessenheit (Wortschatz, Satzbau, Ausdruck)	9
Sprachrichtigkeit (Rechtschreibung, Zeichensetzung, Grammatik)	3
Summe	**30**

Teil II.B: Sprachliche Richtigkeit

1. Im folgenden Text sind zehn Rechtschreib- und Zeichensetzungsfehler enthalten. Streiche die Fehler durch und schreibe die richtige Schreibweise jeweils unter die fehlerhafte Stelle. Zeichensetzungsfehler verbesserst du direkt im Text. 5

> **Beispiel:**
> *Die ~~Endscheidung~~ für einen Beruf ist eine der schwierigsten, die ein Jugendlicher*
> Entscheidung
>
> *~~trefen~~ muss, wahrscheinlich sogar die schwierigste überhaupt.*
> treffen

Es gibt über 350 anerkannte Ausbildungsberufe in Deutschland, die man im dualen

Sistem erlernen kann. „Dual" bedeutet dass man zweigleisig lernt. Die Ausbildung

findet im Betrieb und in der Berufschule statt. Auf diese Weise kann man das

erlernte sofort anwenden. Aber wie findest du den Beruf der am besten für dich

geeignet ist? Zunächst solltest du dir darüber klar werden welche Interessen und

Fähigkeiten du hast. Deine Schule und die Arbeitsagentur helfen dir dabei. Sie

können dir zum beispiel einen Test zur Analyse deiner Sterken empfehlen. Auf

jeden Fall solltest du die Berufe, die dich interessieren, durch mehrere Praktika oder

Probetage näher kennenlernen. Wichitk ist auch, dass du mit Menschen sprischst,

die dich und deine Eigenschaften gut kennen.

Hilfe zur richtigen Berufswahl bieten auch Berufsinformationsmessen. Hier werden

viele Ausbildungsberufe vorgestellt.

2. Entscheide: Groß- oder Kleinschreibung – was ist richtig?
   Kreuze das jeweils richtig geschriebene Wort an. 2,5

   a) Die üppig ☐ belegte / ☐ Belegte Pizza schmeckte allen hervorragend.

   b) Sie hatte viele ☐ treue / ☐ Treue Freunde.

   c) Von allen Säugetierarten läuft der Gepard am ☐ schnellsten. / ☐ Schnellsten.

   d) Heute findet er nichts ☐ wichtiges / ☐ Wichtiges in seiner Mailbox.

   e) Lieber Herr Schmitz, vielen Dank für ☐ ihr / ☐ Ihr Schreiben vom 13.7.2012.

3. Entscheide dich für die richtige Schreibweise und bestimme die Wortart:
   Artikel (A), Relativpronomen (R) oder Konjunktion (K).
   Schreibe die entsprechenden Buchstaben auf die Linie unter dem Satz. 4

   > **Beispiel:**
   >
   > *Das/~~Dass~~ Auto, das/~~dass~~ er gekauft hatte, hatte am nächsten Tag eine Panne.*
   >
   > A______ R______

   Das/Dass Tier, das/dass laut schrie, war eine kleine Katze.

   ______ ______

   Er bemerkte, das/dass die Katze Hunger hatte.

   ______

   Das/dass sie so hungrig sein würde, hatte er nicht erwartet.

   ______

4. Setze ein.
   Denke dabei auch an die Grundform der Wörter bzw. an ihre Herleitung aus dem Wortursprung. 3,5

   ä oder **e** bzw. **d** oder **t** ?

   Viele Jugendliche sind morgens noch schl___frig. Müde gehen sie ins Ba___ und putzen sich die Z___hne. In der Küche schmieren sie sich schnell ein Butterbro___ , vielleicht mit K___se, und qu___len sich dann in die Schule. Nach der ersten großen Pause wird es meistens b___sser.

Klaus Kordon: Hart getroffen

Ich war in der Nachkriegszeit Kind. Die Straße, in der ich aufwuchs, war nicht so ausgebombt wie die Nachbarstraßen. Wir hatten Glück gehabt. Gleich gegenüber der Kneipe, die meine Mutter bewirtschaftete, lag der Nordmarkplatz. Und daneben eine große Ruine. [...]

Die Ruine war unser Abenteuerspielplatz. Nur weniges konnte uns fortlocken. Eines Sommers jedoch hämmerten auf dem Nordmarkplatz mehrere 15- bis 18-jährige Jungen vier verrostete Eisenstangen im Viereck in die Erde und spannten von Stange zu Stange ein Seil. Ein Boxring entstand. Und von nun an trafen sich die Jungen dort, um mit selbst gefertigten Boxhandschuhen aufeinander einzuschlagen. Andere Jungen spielten Publikum, feuerten die Boxer an, rauchten und lachten und riefen den Mädchen nach.

Meine Freunde und ich, wir bewunderten die großen Jungen, und einer fiel uns besonders auf, einer, der gar nicht boxen konnte: Harry! Harry war ziemlich dünn und bewegte sich sehr steif, und immer wenn er an der Reihe war, die Boxhandschuhe anzuziehen, dauerte es keine zwei Minuten und er lag am Boden. Die großen Jungen, die den Ring umstanden, lachten dann jedes Mal. „Mensch, Harry! Lass es lieber sein. Du schaffst es nie."

Ein anderer, viel besserer Boxer wurde Sharkie gerufen. Weil er einen schiefen Mund hatte. Shark ist englisch und bedeutet Haifisch, und ganz sicher war Sharkie der Talentierteste der Jungen. Immer wieder zogen seine Gegner mit einem blauen Auge, einer blutenden Nase oder aufgeplatzten Lippen ab. Die meisten Jungen traten deshalb nicht gern gegen Sharkie an. – Nur Harry opferte sich jedes Mal neu.

Er tat mir leid, aber ich verstand ihn nicht: Wie konnte er sich nur immer wieder freiwillig verprügeln lassen!

Dann tauchte eines Tages ein plattnasiger älterer Mann am Boxring auf. Alfredo Schulze, einst ein stadtbekannter Boxer.

Schulze begann, die Jungen zu trainieren. Sie lernten bei ihm Deckung, Clinch und Beinarbeit, und jeden zweiten Sonntag veranstalteten sie Meisterschaften, die bald in der ganzen Gegend bekannt waren. Wer einigermaßen in Boxringnähe stehen wollte, musste früh dort sein. Meine Freunde und ich waren immer die Ersten und konnten bald voraussagen, wer wen schlagen würde. Und natürlich war es Sharkie, der alle zwei Wochen Nordmarkplatz-Meister wurde.

Meine Sympathie jedoch galt Harry, der so gut wie gar keine Chance hatte, doch am eifrigsten trainierte, immer wieder zu den Kämpfen antrat, schlimme Prügel bezog und von den Mädchen im Publikum ausgelacht wurde [...].

Eines Abends, es war noch hell, kam ich dann von einem Freund und musste über den Nordmarkplatz. Es war kein Kampftag, dennoch hörte ich aus einer dunklen Ecke zwischen Bäumen und Sträuchern ein Prusten und Schnauben und immer wieder dumpfe Schläge.

Neugierig spähte ich durch die Büsche – und da sah ich ihn: Harry! Er hatte einen mit Lumpen vollgestopften Rucksack über den Ast eines Baumes gehängt und trommelte heftig auf ihn ein. Seine wuchtigen Schläge ließen den Ersatz-Punchingball pendeln und tanzen. Still setzte ich mich ins Gras und sah zu. Noch hatte Harry mich nicht bemerkt. Erst als er ermattet die Arme sinken ließ, machte ich mich bemerkbar. „Trainierst du jetzt allein?“, fragte ich.

Harry fuhr herum und war sehr verlegen. Doch dann ließ er sich neben mich ins Gras fallen und atmete tief durch. „Das mache ich, um meine Kondition zu verbessern. Mir fehlt da noch ’ne ganze Menge“.

Es war das erste Mal, dass ich Gelegenheit hatte, mit einem Boxer zu reden. „Willst wohl auch mal gewinnen?“ fragte ich und musste daran denken, wie sehr ich mir das wünschte.

Er setzte sich auf und fuhr sich mit der Hand durch das nass geschwitzte Haar. „Ja“, sagte er dann. „Eigentlich schon. Aber in der Hauptsache will ich mich selbst besiegen ... Kann’s nicht mehr hören, wenn alle sagen: Du schaffst das nie, du bist zu steif.“ [...]

Harry stand auf, nahm sein Hemd von den Büschen und zog es über. „Und außerdem“, sagte er dabei, „macht mir das Boxen viel zu viel Spaß, um einfach damit aufzuhören.“ Er lächelte. „Hast richtig gehört, obwohl ich immer verliere, macht es mir Spaß.“

Der Sommer ging vorüber und nicht ein einziges Mal habe ich Harry siegen sehen. Und im Herbst zog es Alfredo Schulze zu einem richtigen Boxclub. Er wollte dort als Trainer arbeiten und sagte, wer es ernst mit dem Boxen meine, der solle mitgehen. Es gingen aber nur zwei Jungen mit. Der eine von den beiden war Harry.
„Junge, das bringt doch nichts“, sagte Schulze. Harry erwiderte nur, wenn er nicht störe, würde er gerne mittrainieren.

Ich begriff nicht, weshalb nicht auch Sharkie zum Boxclub ging. Vielleicht würde er ja dort wirklich „eine große Nummer“ werden, wie Alfredo Schulze es ihm prophezeit hatte, wenn er nur tüchtig genug trainierte. Sharkie und die meisten anderen Jungen hatten inzwischen vom Boxen die Nase voll. Sharkie glaubte wohl, genügend bestaunt und bewundert worden zu sein. Und im Boxclub hätte er nicht mehr rauchen dürfen. [...]

Es muss so etwa vier, fünf Jahre später gewesen sein, da las ich eines Tages in der Sportzeitung einen Bericht über die Berliner Boxmeisterschaften und glaubte, meinen Augen nicht trauen zu dürfen. Stand da doch, dass Harry Lange aus dem Stadtteil Prenzlauer Berg Meister im Bantamgewicht[1] geworden war.

Harry Lange? War das mein Harry? Der steife Harry? Der untalentierte Harry? Es konnte ja noch mehr Boxer mit diesem Namen geben. Doch da, ein Foto, ein Gruppenbild aller Meister – und der Boxer ganz links, das war eindeutig mein Harry!

Lange starrte ich das Foto an, noch zweimal las ich den Bericht, doch nichts änderte sich: Der steife Harry, er hatte es tatsächlich geschafft – er hatte sich selbst besiegt!

Quelle: Klaus Kordon: Brüder wie Freunde, Beltz & Gelberg Verlagsgruppe, Weinheim/Basel 1992/2002.

1 **Bantamgewicht:** Gewichtsklasse beim Boxen

Teil I: Lesen

Punkte

1. Kreuze die richtige Antwort an. Es ist jeweils nur eine Antwort richtig. 6

a) Wo boxen die Jungen?

Sie boxen …

- ☐ hinter einer Kneipe.
- ☐ auf dem Nordmarkplatz.
- ☐ auf einem Abenteuerspielplatz.
- ☐ in der ausgebombten Nachbarstraße.

b) Was trifft auf Harry zu?

- ☐ Er boxt besser als alle anderen.
- ☐ Er wird von den kleinen Jungen angefeuert.
- ☐ Er bewegt sich gut, weil er dünn ist.
- ☐ Er wird sehr schnell besiegt.

c) Warum wird der junge Boxer „Sharkie“ genannt?

- ☐ Er spricht englisch.
- ☐ Er boxt sehr gut.
- ☐ Er hat einen schiefen Mund.
- ☐ Er schlägt seine Gegner blutig.

d) Was lernen die Jungen bei Alfredo Schulze?

Sie lernen, …

- ☐ die Beine beim Boxen richtig zu bewegen.
- ☐ früh aufzustehen.
- ☐ sich zu prügeln.
- ☐ ihre Chancen zu nutzen.

e) Warum gibt Harry das Boxen nicht auf?

- ☐ Es macht ihm Spaß zu verlieren.
- ☐ Er will unbedingt Sharkie besiegen.
- ☐ Er will seine gute Kondition behalten.
- ☐ Er will sich selbst besiegen.

f) Warum folgt Sharkie dem Trainer nicht in den neuen Boxclub?

Er geht nicht mit, weil …

- ☐ Harry mitgeht.
- ☐ er keine Lust mehr aufs Boxen hat.
- ☐ der Trainer sagt, dass es nichts bringe.
- ☐ er Angst hat, dass man ihm auf die Nase haut.

2. Finde zu jeder der folgenden Aussagen einen Satz im Text, der Ähnliches ausdrückt. Gib die jeweiligen Zeilen an. 3

	Zeile(n)
Harry ist immer bereit, gegen Sharkie zu boxen.	
Ich mochte Harry, weil er nicht aufgab, obwohl er nur Misserfolge hatte und ausgelacht wurde.	
Möglicherweise würde er ja dort tatsächlich Erfolg haben, wie der Trainer es ihm vorausgesagt hatte, wenn er fleißig genug trainierte.	

3. Warum trainiert Harry so hart? Nenne vier Gründe aus dem Text (Stichpunkte genügen). 2

____

____

____

____

4. a) Welche der folgenden Aussagen sind richtig? 2

Im Text wird Sharkie folgendermaßen beschrieben:

A Er hat aufgeplatzte Lippen.

B Er ist Raucher.

C Er ist ein guter Boxer.

Kreuze die richtige Antwort an.

☐ Nur C steht im Text.

☐ Nur A und B stehen im Text.

☐ Nur B und C stehen im Text.

☐ A, B und C stehen im Text.

b) Welche der folgenden Aussagen sind richtig? 2

Im Text steht, dass Harry …

A einen mit Lumpen vollgestopften Rucksack trägt.

B mit einem selbst gemachten Punchingball trainiert.

C auf dem Nordmarkplatz die Trommeln schlägt.

Kreuze die richtige Antwort an.

☐ Nur A steht im Text.

☐ Nur A und C stehen im Text.

☐ Nur B steht im Text.

☐ Nur B und C stehen im Text.

5. Nummeriere die folgenden Vorkommnisse entsprechend dem Erzählverlauf von 1–8. 4

Vorkommnis	**Nummerierung**
Ältere Jungen errichten einen Boxring.	
Harrys Foto ist in der Zeitung.	
Harry erklärt dem Ich-Erzähler, warum er boxt.	
Sharkie gewinnt die Meisterschaften, die Alfredo Schulze ausrichtet.	
Ein Boxtrainer kommt zu den Jungen auf den Nordmarkplatz.	
Harry boxt abends allein im Gebüsch.	
Die Kinder spielen in einer Ruine.	
Alfredo Schulze wechselt in einen richtigen Boxclub.	

6. Was erfahren wir über das Leben des Ich-Erzählers als Kind?
Nenne drei Informationen aus dem Text (Stichpunkte genügen). 3

7. Was denkt der Ich-Erzähler über Harry? Finde drei Aussagen im Text. 3

8. Ein Sprichwort sagt: „Ohne Fleiß kein Preis!“ Erkläre dieses Sprichwort am Beispiel von Sharkie und Harry in ganzen Sätzen. 5

Teil II: Schreiben

Teil II.A: Textproduktion (Wahlaufgabe)

Wähle eine der folgenden Aufgaben aus und bearbeite sie.

a) Harry bittet in einem Brief den Trainer Alfredo Schulze, ihn mit in den neuen Boxclub zu nehmen. Er nennt seine Motivation und **argumentiert**, warum das für ihn sehr wichtig ist.
Ziel deines Briefes soll sein, den Trainer mit Argumenten davon zu überzeugen, dich mitzunehmen.

oder

b) Beschreibe eine Person – diese Person kann von dir erfunden sein –, die besondere Leistungen auf einem Gebiet zeigt, für das sie körperlich gar nicht geeignet scheint.
Ziel deiner **Beschreibung** soll sein, diese Person und den Gegensatz zwischen äußerem Anschein und erbrachter Leistung darzustellen.

Dein Text (Argumentation oder Beschreibung) wird wie folgt bewertet:

	Punkte
Aufbau / Inhalt (z. B. Einleitung, Hauptteil, Schluss / „roter Faden“)	18
Sprachangemessenheit (Wortschatz, Satzbau, Ausdruck)	9
Sprachrichtigkeit (Rechtschreibung, Zeichensetzung, Grammatik)	3
Summe	**30**

Teil II.B: Sprachliche Richtigkeit

1. Im folgenden Text sind zehn Rechtschreib- und Zeichensetzungsfehler enthalten. Streiche die Fehler durch und schreibe die richtige Schreibweise jeweils unter die fehlerhafte Stelle. Zeichensetzungsfehler verbesserst du direkt im Text. 5

> **Beispiel:**
> *Neue Trends in Sport und Spiel gibt es immer wieder: Nachdem viele ~~Jaare~~ immer*
>
> Jahre
>
> *neue ~~möglichkeiten~~ erfunden wurden, sich auf Brettern mit Rollen zu bewegen,*
>
> Möglichkeiten
>
> *folgte eine Sportart namens „Parkour".*

Es handelt sich dabei um eine hauptsächlich in der Stadt praktizierte Fortbewegungs-

weise, bei der ganz ohne Hilfsmittel alle möglichen Hinderniße überwunden werden

müssen. Pfützen, Papierkörbe, Parkbänke, Treppen, Blumenbete und Mülltonnen

ebenso wie Bauzäune Mauern Garagen und unter Umständen sogar Häuser und

ganze Häuserschluchten werden Übersprungen und Überklettert.

Der franzose David Belle begründete Parkour in den 1980er-Jahren in einem Pariser

Vorort – auf Grundlage der Ausbildung seines Vaters, eines ehemaligen Indochina-

Soldaten. Parkour diente ursprünglich dem Überleben im Uhrwald. David Belle

übersetzte das Dschungeltraining auf den stättischen Raum: Bäume und Lianen

wurden durch Hauswende, Treppen und Mauervorsprünge ersetzt.

2. Entscheide: Groß- oder Kleinschreibung – was ist richtig?
   Kreuze die richtige Schreibweise an. 3

   a) Wir werden übermorgen ☐ vormittag ☐ Vormittag eine Deutscharbeit schreiben.

   b) Eine Sonnencreme braucht man am ☐ nötigsten ☐ Nötigsten zur Mittagszeit.

   c) Ich habe nur ein ☐ paar ☐ Paar Gummibärchen gegessen.

   d) Meine Schwester hat viel ☐ unnötiges ☐ Unnötiges in ihren Koffer gepackt.

   e) Sonntag werden wir im Park ☐ picknicken. ☐ Picknicken.

   f) Im Sommer fahren wir zum ☐ schwimmen ☐ Schwimmen an den See.

3. Entscheide dich für die richtige Schreibweise: **s, ss** oder **ß** ? 4

   Moo____ Ergebni____ na____ lie____en

   Fu____ wei____ Be____en Rei____

4. Im folgenden Text fehlen drei Kommas. Trage sie ein und begründe. 3

   „Functional Food“ – Lebensmittel als Medizin? ________________

   Immer häufiger werden in unseren Supermärkten ________________
   Lebensmittel angeboten die einen gesundheitlichen ________________
   Zusatznutzen versprechen. So sollen besondere ________________
   Bakterien im Joghurt nicht nur die Verdauung ________________
   befördern sondern auch die Abwehrkräfte stärken. ________________
   Mittlerweile werden die Milchsäurekulturen zum ________________
   Beispiel auch Käse Wurst und Eis zugesetzt. ________________
   Ist das wirklich sinnvoll und gesund? ________________

Veronika Widmann: Vom Findelkind zum Überflieger

Es ist früher Morgen, als bei der Polizei im Chennai (Indien) das Telefon klingelt: Jemand hat ein Kind gefunden, abgelegt vor seiner Haustür, ein kleines Mädchen, noch keine Woche alt. Die Polizei forscht nach, aber es ist unmöglich herauszufinden, woher das Mädchen kommt. Die Beamten wenden sich deshalb an das SOS-Kinderdorf in Chennai. „Manchmal kommen Mütter hierher und bitten uns, ihre Kinder aufzunehmen“, erzählt Nambi Varatharajan, Leiter des Kinderdorfs. „Solche Anfragen lehnen wir aber ab, denn wir sind der Meinung, dass der beste Platz für ein Kind immer bei seiner biologischen Mutter ist.“

In diesem Fall steht jedoch schnell fest, dass das Baby im Kinderdorf ein Zuhause finden wird. Gemeinsam mit den SOS-Müttern bespricht der Dorfleiter, welche Familie das Findelkind aufnehmen soll. Die Wahl fällt auf Grace. „Weil sie sehr gut mit kleinen Kindern umgehen kann“, sagt Nambi. Innerhalb weniger Stunden ist das Baby kein namenloses Mädchen mehr, sondern Maria Merlin – diesen Namen hat sich Mutter Grace für sie ausgesucht.

Sieben Jahre später: Maria sitzt in der hintersten Reihe des Klassenzimmers und blickt konzentriert auf die Tafel. „Warum sollten wir uns gesund ernähren?“, schreibt sie in ihr Heft. Dann die Antwort: „Damit unser Körper stark und gesund bleibt.“ In der ersten Unterrichtsstunde der zweiten Klasse geht es heute um das Thema Ernährung. Insgesamt zehn Fragen und Antworten schreibt Maria ohne Fehler ab. Ihre Schrift ist ordentlich, es scheint, als male sie Buchstabe für Buchstabe. Als sie fertig ist, blättert sie durch den Rest des Heftes und zeigt uns stolz die Kommentare ihrer Lehrerin: „Sehr gut“ steht unter vielen Einträgen, verziert mit einem Sternchen.

An Lianen durch die Luft

„Schlagt bitte Seite 58 in eurem Mathebuch auf“, fordert die Lehrerin die 18 Schüler auf. „Schau mal, die habe ich schon gemacht“, sagt Maria nach einem Blick auf die Seite. Eifrig sucht sie in ihrem Mathebuch nach einer Aufgabe, die sie noch nicht ausgefüllt hat. Viele sind das nicht – Maria ist gut in der Schule, besonders in Mathe, Englisch und den Naturwissenschaften. „Da erreicht sie immer volle Punktzahl“, erzählt Mutter Grace voll Stolz.

Um 16 Uhr ist die Schule aus, zusammen mit hundert anderen Kindern stürmt Maria nach draußen. Vor der Haustür zieht Maria ihre Schuhe aus – die braucht sie heute nicht mehr, gespielt wird barfuß. Drinnen hat Grace bereits einen Snack für sie und ihre Geschwister vorbereitet. Nach einem Teller Haferbrei läuft Maria wieder nach draußen.

„Fußball und Tennis sind meine Lieblingsspiele“, erzählt das Mädchen, meist spielt sie auf dem großen offenen Platz in der Mitte des Dorfes. Jetzt will sie aber erst mal rutschen. „Komm mit, Aka“, ruft sie und nimmt uns an der Hand. „Aka“ heißt „große Schwester“ in ihrer Muttersprache Tamilisch. Maria nimmt ihre neuen großen Schwestern nicht nur mit auf die Rutsche, sondern auch auf die Wippe und das Klettergerüst. Mit den vielen verschiedenen Bäumen im Dorf kennt sie sich bestens aus: „Das ist ein Mangobaum, und das da ist ein Banyanbaum.“ Sie zeigt auf einen großen Baum mit ausladender Krone. Wie kleine Tarzane schwingen die Kinder an seinen Lianen durch die Luft.

Maria und ihre Familie sind die einzigen Christen im Dorf

Das Läuten einer Glocke mischt sich unter das fröhliche Kindergeschrei. Zuerst wird es beharrlich ignoriert, dann aber versammeln sich Kinder und Mütter in dem großen runden Gebäude, das als Gemeinschaftsraum dient. Jeden Abend um 18 Uhr werden hier Nachrichten vorgelesen, man tauscht sich aus, betet gemeinsam und singt zum Abschluss Indiens Nationalhymne. Unter lautem Geschrei rennen die Kinder danach wieder nach draußen, die Mütter in ihren bunten Saris nehmen sich etwas mehr Zeit, als sie ihren Kindern in die Häuser folgen.

Maria, ihre acht Geschwister und Grace treffen sich im kleinsten Raum des Hauses, dem Gebetsraum. Bilder von Jesus und Maria schmücken die Wände, behängt mit Blumenketten. Auf einem Tisch, der als eine Art Altar dient, stehen Plastikfigürchen der beiden, Kerzen und ein hölzernes Kreuz. Grace und ihre Familie sind Christen – die einzigen im Dorf.

„Bevor ich SOS-Kinderdorf-Mutter wurde, wollte ich Nonne werden, in Italien. Ich war bereits dort, in einem Kloster bei Pisa“, erzählt Grace. Aber dann kam sie mit dem Klima dort nicht zurecht und reiste zurück in die Heimat. Bei einem Blick in die Zeitung stieß sie auf eine Anzeige: „Mütter für SOS-Kinderdörfer gesucht“. Sie überlegte nicht lang und schickte ihre Bewerbung ab. Nach der theoretischen und praktischen Ausbildung in Delhi wurde sie SOS-Mutter in Chennai.

Aus dem Handy klingt indische Musik, Maria beginnt sofort zu tanzen

Das war im Jahr 2000. Seitdem hat Grace insgesamt 21 Kindern ein Zuhause gegeben. „Drei meiner Mädchen und einer der Jungs sind mittlerweile verheiratet“, erzählt sie. Immer zu Weihnachten kommen alle nach Hause, um mit ihrer Familie zu feiern. „Dann helfen mir die Mädchen, Kekse zu backen. Wir bekommen an Festtagen der Hindus immer Süßigkeiten von den anderen Familien geschenkt. Weihnachten sind wir dran und backen Kekse für die 13 anderen Familien im Dorf“, sagt Grace.

Nach dem Gebet setzt Grace sich zu ihren Kindern und überwacht sie bei den Hausaufgaben. „Sonst würde hier niemand arbeiten“, sagt sie lächelnd. Maria ist immer schnell fertig und erklärt ihren kleineren Geschwistern, was sie nicht verstanden haben.

Weil ein Tisch für die große Familie zu klein ist, setzen sich die Kinder zum Abendessen im Kreis auf den Boden. Mutter Grace stellt die blechernen Töpfe in die Mitte, es gibt Reis mit Gemüse. Mit ihrer Hand formt Maria eine kleine Kelle, mit dem Daumen schiebt sie die Reisbällchen in den Mund. Das erste Mal an diesem Tag kehrt Ruhe ein in Haus Nummer 10.

Es ist mittlerweile neun Uhr, aber schlafen will keiner. Als Grace auf ihrem Handy indische Musik anstellt, fängt Maria sofort an zu tanzen: Sie presst ihre Handflächen vor der Brust zusammen, die Beine streckt sie im Rhythmus der Musik abwechselnd nach vorne. Ihre Haltung ist aufrecht, sie strahlt. Weil ihr blaues Kleid nach oben fliegt, wenn sie sich dreht, zieht sie sich schnell Leggins drunter, dann geht es weiter. Auch wenn Maria die Aufmerksamkeit genießt – Tänzerin möchte sie nicht werden: „Wenn ich groß bin, möchte ich Ärztin sein!“

Quelle: Veronika Widmann: Vom Findelkind zum Überflieger, im Internet unter: http://www.spiegel.de/schulspiegel/ausland/indisches-kinderdorf-vom-findelkind-zum-ueberflieger-a-73.

Teil I: Lesen

Punkte

1. Kreuze die richtige Antwort an. Es ist jeweils nur eine Antwort richtig. 6

a) Wo wurde ein Baby gefunden?

Ein Baby wurde gefunden …

☐ vor einer Schule.
☐ vor einer Polizeistation.
☐ vor dem Haus eines Bürgers.
☐ vor einem SOS-Kinderdorf.

b) In welchem Alter wurde das Baby ausgesetzt?

Es wurde ausgesetzt …

☐ gleich nach der Geburt.
☐ einige Tage nach der Geburt.
☐ eine Woche nach der Geburt.
☐ einige Wochen nach der Geburt.

c) Wer entschied darüber, was mit dem Findelkind geschehen sollte?

Die Entscheidung wurde getroffen durch …

☐ die Polizei.
☐ den Leiter des Kinderdorfes.
☐ die Pflegemutter.
☐ den Bürgermeister.

d) Wann wird ein Findelkind **nicht** im Kinderdorf aufgenommen?

Es wird **nicht** aufgenommen, wenn …

☐ das Dorf überfüllt ist.
☐ die leibliche Mutter bekannt ist.
☐ sich keine Pflegemutter findet.
☐ es keinen Platz mehr in der Schule gibt.

e) In welcher Religion wird Maria aufgezogen?

Sie wird aufgezogen im …

☐ Christentum.
☐ Islam.
☐ Buddhismus.
☐ Hinduismus.

f) Was will Maria einmal werden?

Ihr Berufswunsch ist …

- ☐ SOS-Pflegemutter.
- ☐ Nonne.
- ☐ Tänzerin.
- ☐ Ärztin.

2. Finde zu jedem der folgenden Sätze einen Satz im Text, der Ähnliches ausdrückt. Gib die jeweiligen Zeilen an. 4

	Zeile(n)
Die Polizei kann nicht ausfindig machen, wer das Kind dort hingelegt hat.	
Maria hat schon fast alle Aufgaben gelöst; sie ist eine gute Schülerin.	
Bei Schulschluss laufen Maria und die anderen Kinder schnell ins Freie.	
Maria braucht nie lange für ihre Hausaufgaben und dann hilft sie ihren Geschwistern beim Lernen.	

3. Nenne vier Aktivitäten aus Marias Tagesablauf (Stichpunkte genügen). 2

____

____

____

4. Welche der folgenden Aussagen sind richtig, welche sind falsch? 4

a) **A** Das Findelkind fand schnell ein Zuhause.

B Marias Pflegemutter ist sehr ehrgeizig mit ihren Schützlingen.

C Der Kontakt mit der Pflegemutter bleibt nach dem Ausscheiden der Pflegekinder aus dem Kinderdorf bestehen.

Kreuze die richtige Aussage an.

- ☐ Richtig ist nur Aussage A.
- ☐ Richtig sind die Aussagen A und B.
- ☐ Richtig sind die Aussagen B und C.
- ☐ Richtig sind die Aussagen A und C.

b) **A** Es wird darauf geachtet, dass die Kinder täglich Sport treiben.

B Die Kinder tollen draußen barfuß herum.

C Es gibt auf dem Gelände des Kinderdorfes einige Spielgeräte.

Kreuze die richtige Aussage an.

☐ Richtig sind die Aussagen A, B und C.
☐ Richtig ist nur Aussage B.
☐ Richtig sind die Aussagen B und C.
☐ Richtig ist nur die Aussage C.

5. Trage die richtigen Zahlen in die Lücken ein. 5

Maria lebt seit __________ Jahren in dem Kinderdorf. Sie sitzt zusammen mit ________ Kindern in einem Klassenraum. Der Unterricht dauert bis ________ Uhr. Um ________ Uhr treffen sich die Kinder und deren Mütter in einem Gemeinschaftsraum. Abends um ________ Uhr will noch keines der Kinder schlafen.

6. a) Stelle den Lebensweg von Marias Pflegemutter dar. Nenne vier ihrer Lebensabschnitte (Stichpunkte genügen). 2

____

____

____

____

b) Nenne drei Aufgaben, die Grace für ihre Schützlinge übernimmt (Stichpunkte genügen). 3

____

____

____

7. In dem SOS-Kinderdorf respektieren sich Hindus und Christen gegenseitig. Nenne zwei Gebräuche, die das zeigen (Stichpunkte genügen). 2

____

____

8. Erkläre den Sinn der Überschrift. Verwende eigene Worte. 2

____

____

____

____

____

Teil II: Schreiben

Teil II.A: Textproduktion (Wahlaufgabe)

Wähle eine der beiden folgenden Aufgaben aus und bearbeite sie.

a) Der Polizist, der die Angelegenheit mit dem Findelkind bearbeitet hat, schreibt später einen Bericht darüber.
Schreibe diesen Text. Berichte über den Ablauf des Verfahrens. Ziel deines **Berichts** soll sein, lückenlos zu dokumentieren, dass die Vermittlung des Findelkindes in das SOS-Kinderdorf korrekt vor sich gegangen ist.
Schreibe diesen Bericht auf ein Extrablatt.

oder

b) Erzähle die Geschichte eines Schülers, der sich für einen richtigen Versager hält und der unerwartet eine Rolle in einem Film erhält, nachdem eine Filmgesellschaft in seiner Schule ein Casting durchgeführt hat. Verwende diese Wörter:
Casting – ratlos – Fehler – einfach – Angst – hell
Ziel deiner **Erzählung** soll sein, Spannung zu erzeugen und den Leser zu unterhalten.
Hinweis: Die Wörter müssen nicht in der gegebenen Reihenfolge verwendet werden.

Dein Text (Bericht oder Erzählung) wird wie folgt bewertet:

	Punkte
Aufbau / Inhalt (z. B. Einleitung, Hauptteil, Schluss / „roter Faden“)	18
Sprachangemessenheit (Wortschatz, Satzbau, Ausdruck, Zeitform)	9
Sprachrichtigkeit (Rechtschreibung, Zeichensetzung, Grammatik)	3
Summe	**30**

Teil II.B: Sprachliche Richtigkeit

1. Im folgenden Text sind zehn Rechtschreib- und Zeichensetzungsfehler enthalten. Streiche die Fehler durch und schreibe die richtige Schreibweise jeweils unter die fehlerhafte Stelle. Zeichensetzungsfehler verbesserst du direkt im Text. 5

Beispiel:

Manchmal setzen Frauen, die bei der ~~geburt~~ eines Kindes in einer ~~Verzweifelten~~

Geburt verzweifelten

Lage sind, ihr neugeborenes Baby einfach aus. Wenn die leibliche Mutter nicht

gefunden wird, ~~komt~~ das Kind in eine ~~Flegefamilie~~.

kommt Pflegefamilie

Die Jahre der Kindheit sind für den späteren Lebensweg eines Menschen sehr

wichtig. Ein Kind braucht mindestens eine Person, zu der es eine enge bindung

aufbauen kann. Es muss sicher sein, dass es jemanden gibt, von dem es Unter-

stützung bekommt, wenn es Schwierigkeiten hat oder Mißerfolge erleidet. Das muss

nicht die eigene Mutter oder der eigene Vater sein. Auch die Großmutter oder eine

eltere Schwester kann diese Rolle übernehmen und einem Kind eine feste Stütze

sein. Darüber hinaus sollte ein Kind aber auch die Möglichkeit haben, in seiner

Freizeit unbeschwert zu spielen und neues auszuprobieren. Es gibt aber auch

Menschen, die es in den ersten Lebensjahren schwer hatten und die es trotzdem

schaffen, ein gelingendes Leben zu führen. Bestimte Charaktereigenschaften zeichnen solche Personen aus. In der Regel sind es Optimisten, die sich für alles

was in ihrem Umfeld geschieht, interessieren. Sie begegnen anderen mit Einfüh-

lungsvermögen und Rücksichtnahme zeigen aber auch Pflichtbewustsein, Disziplin

und Ehrgeiz. Wer solche Eigenschaften mitbringt, wird es schaffen, erfolgreich zu

sein. Dazu gehört auch, das er in der Lage ist, niederlagen zu überwinden.

2. Was ist richtig: Großschreibung oder Kleinschreibung? Kreuze jeweils die richtige Schreibweise an. 2,5

a) Kinder brauchen eine ☐ feste ☐ Feste Bezugsperson.

b) Es muss jemanden geben, der ihnen ☐ halt ☐ Halt gibt.

c) Nur so können sie im ☐ leben ☐ Leben Schwierigkeiten meistern.

d) Kein Kind erlebt immer nur ☐ gutes. ☐ Gutes.

e) Mit Unterstützung anderer kann es ☐ schlechte ☐ Schlechte Erfahrungen überwinden.

3. Wie ist es richtig: *das* oder *dass*? Streiche jeweils die falsche Schreibweise durch und bestimme dann die Wortart. Trage den Anfangsbuchstaben der Wortart auf der Linie unter dem Satz ein: Schreibe **A** für Artikel, **R** für Relativpronomen und **K** für Konjunktion. 5

Beispiel:

Es ist nett von dir, ~~das~~/dass du heute das/~~dass~~ Essen kochst. Dafür übernehme

K A

ich es das/~~dass~~ nächste Mal wieder, uns zu bekochen.

A

Man weiß heute, das/dass ein Kind von Anfang an eine stabile Bezugsperson

____

braucht. Ein Kind, das/dass sich oft allein gelassen fühlt, wird unsicher und

____

ängstlich. Es braucht das/dass Gefühl, das/dass es jemanden gibt, auf den es sich

____

verlassen kann. Wenn es dieses Gefühl hat, wird ihm das/dass Leben gelingen.

____

4. Füge die fehlenden Kommas in den folgenden Text ein. 2,5

Es gibt Menschen die eine schwere Kindheit hatten und trotzdem erfolgreich sind. Ein Beispiel dafür ist die englische Popsängerin Adele deren Songs immer wieder in die Charts kommen. Als sie gerade vier Jahre alt war wurden sie und ihre Mutter vom Vater verlassen. So wuchs sie allein bei ihrer Mutter auf. Sie besuchte in London eine Fachschule für darstellende Künste und Technologie wo sie das nötige Rüstzeug für eine erfolgreiche Karriere als Sängerin erwarb. Kurz nachdem sie einen ihrer Songs ins Internet gestellt hatte wurde sie berühmt.

Lena Greiner: Drei Gurkenscheiben für Martha

Eine einzige Krokette, kaum Gemüse, dafür öfter ein Haar: Eine neunjährige Britin prangert in ihrem Fotoblog das dürftige Mittagessen in ihrer Schule an. Nach zwei Wochen hat Martha schon mehr als 700 000 Leser, erhält Presseanfragen aus aller Welt – und begeistert Jamie Oliver[1].

Vor mehr als zehn Jahren ging die Autorin dieses Textes für einige Monate in England zur Schule. Die neuen Mitschüler waren anfangs ganz doof und später ganz toll. Das Internatsleben ebenso. Das Essen nicht. Es war anfangs mies und es blieb mies, paniert und verkocht, bis Fisch und Fleisch nicht mehr auseinanderzuhalten waren. Jaja, die englische Küche, sagten alle. Die können einfach nicht kochen.

Dann kam Jamie Oliver. Plötzlich gehörten zum Essen auf der Insel frische Zutaten und fröhliches Schnippeln in bunten Holzfällerhemden. Der Superstarkoch nahm sich angesichts zu dicker und ungesund essender Kinder auch die Schulküchen Großbritanniens vor. 2005 startete unter großer Medienbeobachtung seine Schulkampagne „Feed me better“, die Regierung versprach Hunderte Millionen Euro für besseres Schulessen.

Zumindest in einem kleinen Ort in der schottischen Grafschaft Argyll hat das alles wenig genützt. Seit rund zwei Wochen tritt die neunjährige Martha Payne in ihrem Blog den Fotobeweis an: Ihr Mittagessen besteht aus einem kleinen Stück Käsepizza, einer Krokette, etwas Mais und einem Muffin. „Ich bin ein wachsendes Kind und ich muss mich den ganzen Nachmittag konzentrieren. Das schaffe ich nicht mit nur einer Krokette“, schreibt Martha. An einem anderen Tag bestand neben Burger und Wassereis die einzige frische Zutat aus drei schmalen Gurkenscheiben.

Die Fotos und Beschreibungen der Schülerin erregen inzwischen weltweit Aufsehen, über 700 000 Menschen lesen Marthas Blog, Medien aus den USA, Europa und Asien berichten über das dürftige Mittagessen der Kinder in Argyll.

Martha zählt die Haare auf ihrem Plastiktablett

Zu Hause hatte sich die Schülerin schon seit Längerem über das Essen in der Schulkantine beschwert, doch die Eltern taten dies als zu vernachlässigende Kindernörgelei ab. Bis Martha, die später Journalistin werden will, Anfang Mai eine Kamera mitnahm. „Um häufig schreiben zu können, überlegte ich, einen eigenen Blog aufzuziehen“, berichtet Martha. Jetzt hatte sie ein Thema. „Essen ist uns wichtig“, sagt Vater David Payne. Die Familie unterhält eine eigene kleine Farm und baut selbst Gemüse an. Umso schockierter war er über die Fotos seiner mittleren Tochter. „Es ist einfach schrecklich, mit was sie ihre Schultage überstehen muss.“

Dabei sei das Kantinenessen bei der Schulbesichtigung mit den Eltern noch großartig gewesen. „Am schlimmsten war, dass unsere anderen beiden Kinder gar nichts zu den Fotos sagten. Es war ganz normal für sie.“ Als er noch zur Schule ging, sei das Essen zwar nicht super gewesen, doch zumindest wurde er satt. „Es hat sich verschlimmert und nicht verbessert“, sagt Payne.

Für ihren Blog zählt Martha, wie viele Bissen das Mittagessen dauerte und wie viele Haare sie auf dem schnöden Plastiktablett gefunden hat. Die weltweite Entrüstung über Marthas Fotos hat die Familie völlig überrascht. „Ehrlich gesagt dachten wir, dass die Großeltern und vielleicht ein paar Onkel und Tanten die einzigen Leser sein würden", sagt der Vater. Doch jetzt sendet sogar ein Mädchen namens Annie aus Taiwan Fotos von ihrem Schulessen nach Schottland. Die große Adelung[2] ließ auch nicht lange auf sich warten: Jamie Oliver schickte der Jungautorin ein signiertes Buch und twitterte „Shocking but inspirational blog. Keep going. Big love from Jamie x".

TV-Auftritte mit Jamie Oliver und in Japan lehnte die Familie ab

Seine Tochter vor dem Rampenlicht zu schützen, ist für Hausmann Payne mittlerweile fast ein Vollzeitjob, TV-Auftritte in London mit Jamie Oliver und eine Einladung zu einem Sender in Japan lehnte die Familie ab. „Es wäre aufregend, das alles zu machen, aber ich würde meine Freunde vermissen", sagt Martha. Sie fotografiert und bloggt stattdessen weiter, ungefähr eine Dreiviertelstunde pro Tag verbringt sie damit. Manchmal beantwortet sie Fragen per Mail. Medienanfragen übernimmt ansonsten Daddy.

Mitschüler und Lehrer unterstützen das Projekt, Eltern bedanken sich in Kommentaren für die Einblicke, und selbst die Schulküche gibt sich schon etwas mehr Mühe. Die Kinder der Payne-Familie werden mittlerweile gefragt, ob die Menge ihnen reicht, und sie könnten so viel Salat und Früchte haben, wie sie möchten.

Die Schule teilte derweil mit, die Speisen würden den festgelegten nationalen Standards entsprechen. Das findet Vater Payne ärgerlich. Und die Gemeinde, die für das Schulessen von 2,50 Euro pro Tag verantwortlich ist, habe ebenfalls lediglich im Radio gesagt, das Schulessen sei völlig in Ordnung – Martha hätte sich einfach etwas anderes aussuchen sollen.

Quelle: Lena Greiner: Drei Gurkenscheiben für Martha, im Internet unter: http://www.spiegel.de/schulspiegel/ausland/maedchen-schreibt-blog-ueber-schulessen-in-grossbritannien-schottland-a-834637.html.

1 **Jamie Oliver:** britischer Fernsehkoch
2 **adeln:** jemanden in den Adelsstand erheben. *Hier:* Jemandem eine besondere Ehre erweisen.

Teil I: Lesen

Punkte

1. Kreuze die richtige Antwort an. Es ist jeweils nur eine Antwort richtig. 6

   a) Wie dokumentiert Martha die schlechte Qualität ihres Schulessens?

   ☐ Sie fotografiert das Essen.
   ☐ Sie listet die einzelnen Zutaten auf.
   ☐ Sie zählt Haare und Fliegen.
   ☐ Sie beschreibt das Tablett.

   b) Was kritisiert Martha am meisten an ihrem Schulessen?

   Das Essen …

   ☐ schmeckt ihr nicht.
   ☐ ist meistens schon kalt.
   ☐ ist seinen Preis nicht wert.
   ☐ macht sie nicht satt.

c) Wie reagierten ihre Eltern anfangs auf Marthas Beschwerden über das Schulessen?

- ☐ Sie waren besorgt.
- ☐ Sie waren empört.
- ☐ Sie nahmen ihre Tochter nicht ernst.
- ☐ Sie beschwerten sich beim Schulleiter.

d) Was änderte sich in Großbritannien durch den Starkoch Jamie Oliver?

- ☐ Ernährung wurde auf einmal wichtig.
- ☐ Frische Zutaten spielten plötzlich eine Rolle.
- ☐ Man kochte nur noch zu Hause.
- ☐ Das Schulessen wurde besser.

e) Was ist erstaunlich an Marthas Aktivitäten im Blog?

Erstaunlich ist …

- ☐ ihre Empörung.
- ☐ ihr großer Erfolg.
- ☐ ihr Wunsch zu schreiben.
- ☐ ihre Hartnäckigkeit.

f) Warum will Martha nicht im Fernsehen auftreten?

- ☐ Ihr wäre ein solcher Auftritt peinlich.
- ☐ Sie würde ihre Freunde vermissen.
- ☐ Sie lehnt Medienrummel ab.
- ☐ Sie hat keine Zeit dafür.

2. Finde zu jedem der folgenden Sätze einen Satz im Text, der Ähnliches ausdrückt. Gib die jeweiligen Zeilen an. 4

	Zeile(n)
Marthas Geschwister waren an ein solches Schulessen gewöhnt.	
Die Familie hat nicht damit gerechnet, dass so viele Menschen ihre Empörung äußern.	
Laut Auskunft der Schule entspricht das Essen den Vorschriften.	
Die zuständige Gemeinde äußerte im Radio, dass das Essen nicht zu bemängeln sei; Martha hätte bloß das falsche Gericht gewählt.	

3. Wie haben sich Marthas Aktivitäten im Internet entwickelt?
Lege die richtige Reihenfolge fest. 3,5

	Nummerierung
Im Schulessen fand sie plötzlich ein geeignetes Thema.	
Sie unterlegte ihre Kommentare mit Fotos.	
Mit ihrem Blog erregte sie weltweit Aufsehen.	
Sie richtete einen Blog ein.	
Martha wollte einen eigenen Blog machen.	
Sie wusste aber nicht, worüber sie schreiben könnte.	
In ihrem Blog schrieb sie über die schlechte Qualität ihres Schulessens.	

4. Welche der folgenden Aussagen sind richtig, welche sind falsch? 4

a) **A** Martha und ihre beiden Geschwister beschwerten sich regelmäßig über das Schulessen.

B Marthas Eltern glaubten zunächst nicht, dass das Schulessen so schlecht war.

C Marthas Eltern wollten nicht, dass ihre Tochter sich in ihrem Blog über das Schulessen äußerte.

Kreuze die richtige Aussage an.

- ☐ A und B sind richtig.
- ☐ Nur B ist richtig.
- ☐ A und C sind richtig.
- ☐ Nur C ist richtig.

b) **A** Jamie Oliver wollte dafür sorgen, dass das Schulessen besser wurde.

B Die Regierung versprach finanzielle Unterstützung zur Verbesserung des Schulessens.

C Seine Kochshows im Fernsehen hatten keinerlei Auswirkungen.

Kreuze die richtige Aussage an.

- ☐ Nur A ist richtig.
- ☐ A und B sind richtig.
- ☐ A und C sind richtig.
- ☐ B und C ist richtig.

5. „Für ihren Blog zählt Martha, wie viele Bissen das Mittagessen dauerte …“ (Z. 66/67) Erkläre, warum sie das tut. 2

6. Nenne vier Reaktionen, die Martha mit ihrem Blog ausgelöst hat (Stichpunkte genügen). 2

7. *Durch Marthas Blog fühlt sich die Verfasserin des Textes an ihre Jugendzeit erinnert.*
Ist diese Behauptung zutreffend oder nicht? Entscheide dich. Begründe deine Meinung anschließend. Führe zum Beleg eine passende Textstelle an. 4,5

☐ Ja, die Behauptung ist zutreffend.

☐ Nein, die Behauptung ist nicht zutreffend.

Begründung:

8. Hat Martha mit ihrem Blog erreicht, was sie wollte? Nimm begründet Stellung zu dieser Frage. Schreibe vollständige Sätze. 4

Teil II: Schreiben

Teil II.A: Textproduktion (Wahlaufgabe)

Wähle eine der beiden folgenden Aufgaben aus und bearbeite sie.

a) Über die Reaktionen zu ihrem Blog ist Martha zugleich überrascht und begeistert. Sie kann es einfach nicht glauben, dass sogar der Starkoch Jamie Oliver und die Medien sich bei ihr gemeldet haben. Allerdings ist sie sich nicht sicher, ob sie tatsächlich die Einladungen zu Talkshows im Fernsehen annehmen sollte. Um sich darüber klar zu werden, schreibt sie ihre Überlegungen in ihr Tagebuch.
Schreibe diesen Text aus der Sicht Marthas. Ziel deiner **Argumentation** soll sein, die Vor- und Nachteile von Fernsehauftritten gegeneinander abzuwägen und schließlich zu einem Ergebnis zu gelangen.

oder

b) Beschreibe den Ablauf einer typischen großen Pause an deiner Schule. Gehe dabei auch auf Einzelheiten ein. Deine Beschreibung soll in der nächsten Ausgabe eurer Schülerzeitung veröffentlicht werden.
Schreibe diesen Text.
Ziel deiner **Beschreibung** soll es sein, Schülern, Lehrern und Eltern die Augen dafür zu öffnen, dass die Pausen für euch Schüler äußerst unbefriedigend ablaufen, weil es für euch praktisch keine Möglichkeiten gibt, euch sinnvoll zu beschäftigen. Insgeheim hoffst du darauf, dass du mit deinem Text ein Umdenken anregen kannst – in dem Sinne, dass alle Beteiligten darüber nachdenken, welche Angebote den Schülern künftig für aktive Pausengestaltung gemacht werden können.
Hinweis: Deine Beschreibung soll so gestaltet sein, dass sie für sich spricht. Bringe keine Gefühle ein und verzichte auch darauf, am Schluss ausdrückliche Appelle an die Leser zu richten.

Dein Text (Argumentation oder Beschreibung) wird wie folgt bewertet:

	Punkte
Aufbau / Inhalt (z. B. Einleitung, Hauptteil, Schluss / „roter Faden“)	18
Sprachangemessenheit (Wortschatz, Satzbau, Ausdruck)	9
Sprachrichtigkeit (Rechtschreibung, Zeichensetzung, Grammatik)	3
Summe	**30**

Teil II.B: Sprachliche Richtigkeit

1. Im folgenden Text sind zehn Rechtschreib- und Zeichensetzungsfehler enthalten. Streiche die Fehler durch und schreibe die richtige Schreibweise jeweils unter die fehlerhafte Stelle. Zeichensetzungsfehler verbesserst du direkt im Text. 5

> **Beispiel:**
> *Seit in Deutschland immer mehr Schulen den Ganztagsbetrieb ~~aufgenomen~~ haben,*
> aufgenommen
> *~~giebt~~ es auch hierzulande immer mehr Schülerinnen und Schüler, die am*
> gibt
> *Schulessen teilnehmen. Vielen gefällt das Essen in der Mensa aber ~~garnicht~~.*
> gar nicht

Das Schulessen stöst nicht nur bei vielen Schülern auf Kritik, sondern auch bei

Ernährungsfachleuten. Sie sind der Meinung, dass das Essen von der Zusammen-

setzung her nicht wirklich ausgewogen ist. In der Tat gibt es bei den Malzeiten viel

zu wenige frische Zutaten, z. B. fehlt es an frischem Gemüse und Obst. Auch

werden die Speisen zu lange warm gehalten. Dadurch verlieren sie an Wertvollen

Inhaltsstoffen, z. B. an Vitaminen. Meist wird das Essen nicht direckt in einer

Schulküche gekocht sondern von einem Catering-Service geliefert. Bis zur

Auslieferung dauert es manchmal mehrere Stunden. Kritisiert wird auch, dass die

Essenspausen sehr kurz sind. Oft betragen sie nur 30 bis 40 Minuten, und wenn

sich dann vor der Essensausgabe eine lange Schlange gebildet hat, dauert es eine gewisse Zeit, bis jedes Kind sein essen bekommen hat. Die Zeit, die ihm dann noch

____

zur Verfügung steht, reduziert sich dadurch auf wenige Minuten. So müssen die

____

Jungen und Mädchen ihr Essen in wenigen Minuten hinunter schlingen. In vielen

____

Schulen sind auch keine richtigen Essensräume vorhanden, sodass lehr stehende

____

Klassenräume dafür umgestaltet werden mussten. Wenn Schüler ihr Essen

____

kritisieren, dann hat das aber meist andere gründe. Sie würden sich häufiger

____

Gerichte wünschen, die sie lieben, z. B. Pizza oder Burger. So etwas wird aber

____

äußerst selten angeboten. Gesund sind solche Speisen auch nicht. Doch das stöhrt

____

Jugendliche weniger.

____

2. Groß oder klein? Kreuze die richtige Schreibweise an. 2,5

a) Viele Väter und Mütter können heutzutage nicht mehr richtig ☐ kochen. / ☐ Kochen.

b) Das liegt daran, dass sie das ☐ zubereiten / ☐ Zubereiten von Gerichten nie gelernt haben.

c) Deshalb kaufen sie in den Supermärkten am ☐ liebsten / ☐ Liebsten Fertiggerichte.

d) Ihre Kinder stört das in der ☐ regel / ☐ Regel wenig.

e) Sie bevorzugen ☐ mittags / ☐ Mittags sowieso Fast-Food-Essen.

3. Mit welcher Rechtschreibstrategie findest du die richtige Schreibweise heraus? 4,5

A Ich achte auf die Wortart.

B Ich zerlege das Wort in seine Wortbausteine.

C Ich berücksichtige den Wortstamm.

D Ich verlängere das Wort.

E Ich achte in der betonten Silbe auf die Länge des Vokals.

F Ich bilde die Grundform.

	Strategie
Man sagt, die Augen seien größer als der ~~magen~~/Magen.	
Wenn das Essen lecker ~~ausieht~~/aussieht, laden wir uns den Teller voll.	
Am ~~anfang~~/Anfang schmeckt es uns meist auch noch gut.	
Doch wenn eine gewisse Sättigung/~~Settigung~~ eingetreten ist, …	
vergeht/~~verget~~ uns doch nach und nach der Appetit.	
Das erfährt/~~erfehrt~~ man schon in einem alten Sprichwort:	
Wenn die Maus ~~sat~~/satt ist …	
schmeckt das Mehl bitter/~~biter~~.	
Kleine Kinder sind mit diesem Sprichwort natürlich noch nicht ~~vertraud~~/vertraut.	

4. Im folgenden Text fehlen sechs Kommas. Trage sie ein. 3

Die neunjährige Martha aus Schottland ist inzwischen mit ihrem Blog zu einer richtigen Berühmtheit geworden. Sogar der britische Starkoch Jamie Oliver hat schon auf ihre Aktivitäten im Internet reagiert und ihr eines der Kochbücher geschickt die er veröffentlicht hat. Eine Zeit lang durfte Martha das Essen in der Mensa nicht mehr fotografieren. Daraufhin gab es aber so viele Proteste dass das Verbot zurückgenommen wurde. Durch ihre unerwartete Popularität konnte Martha sogar Spendengelder für Kinder in Afrika sammeln damit diese mittags eine warme Mahlzeit bekommen. Sie denkt also nicht nur an sich sondern engagiert sich auch für die Armen. Damit sie nicht vom Medienrummel überrollt wird weist ihr Vater die Journalisten alle zurück. Er unterstützt seine Tochter aber sie soll ihren gewohnten Alltag weiter leben können.

Lennart Laberenz: Mit Laptops aus der Stunde null

Wenn man aus der Stadt zur Kagugu-Schule will, fährt man durch einen Stadtteil namens Nyarutarama. Ein Villenviertel, kleine Paläste hinter Mauern, auch die großen Hilfsorganisationen wohnen schick. […] Wo jetzt ein Mercedes in der Sonne glänzt, trotteten vor fünf Jahren Ziegen über Weiden.

Die geteerte Ausfallstraße ist neu. Ein Geschenk der Chinesen. Die Schule liegt weiter nordwestlich, wo der Blick schon über Felder schweift. […]

Rund 3 000 Schüler gehen auf die Kagugu-Schule. Der junge Direktor Edouard Nizeyimana erklärt, dass es eine Kombination aus Grundschule und weiterführenden Jahrgängen ist, die auch Re-Integrationsklassen hat. Klassen also, in denen die vielen Schulabbrecher nach Jahren wieder an den Unterricht gewöhnt werden. Jetzt gerade ist Pause. Der Direktor zeigt gerne die einstöckigen Backsteingebäude, klassenzimmerbreit, mit blauen Metalldächern. Simple Bauten sind es, sauber geputzt, die Wände frisch und gelb verputzt. Die Fenster ohne Glas, aber mit Gittern: Die Schule ist ein Kontrast zum Wohnviertel, das sich schon bald um sie herumdrängen wird. Die Schule ist staatlich, der Reichtum privat. […]

Ruanda ist das Land mit der dichtesten Besiedelung Afrikas, über 10 Millionen Menschen drängen sich auf einer Fläche, kaum größer als Mecklenburg-Vorpommern. Die Hügel sind bis zur Kuppe von Feldern zerschnitten, über zwei Drittel der Ruander leben von der Landwirtschaft.

Wissensgesellschaft mit Dienstleistungsökonomie

Das Land entwickelt sich rasant. Und doch, der Ausgangspunkt, die Stunde null[1] ist allen gegenwärtig. […] Noch heute fehlen Schulgebäude und qualifiziertes Personal. Die Klassenräume können die Flut der Schüler kaum beherbergen. […]

Wer aber von den Möglichkeiten des Landes und den technischen Neuerungen hören möchte, muss Nkubito Bakuramutsa im Bildungsministerium, Erdgeschoss links, besuchen. Bakuramutsa, vor 41 Jahren im Exil geboren, hat in den USA Computertechnik studiert und war an der Modernisierung des Landes beteiligt: Glasfaserkabel wurden im Land verlegt, entlegene Regionen an Strom und Internet angeschlossen, in Kigali[2] basteln sie an flächendeckendem W-LAN. […]

[…] Mit den Computern geht es schnell in der traditionell obrigkeitshörigen Gesellschaft voran, das Ziel klingt gewaltig: „Wir versuchen aus einem rückständigen Bauernstaat eine Wissensgesellschaft mit einer Dienstleistungsökonomie zu machen“, fasst Bakuramutsa die Idee zusammen. […]

Tatsächlich können heute nach Unesco-Angaben 77,2 Prozent der Jugendlichen unter 24 Jahren lesen und schreiben […].

[…] Eugene wohnt in einer ärmlichen Siedlung, Trampelpfade winden sich um Lehmbauten, Hühner gackern, die Toilette ist ein Loch im Boden: afrikanische Realität. Eugene ist 15 Jahre alt und jeden Morgen geht er die zwanzig Minuten hügelab zur Kagugu-Schule. Sein Vater hat dann die Hütte, in der es ganze zwei Glühbirnen gibt, längst verlassen: Er ist Tagelöhner, schafft es kaum, die Familie über Wasser zu halten.

Wenn sein Sohn Eugene zur Schule kommt, erwarten ihn dort nicht nur Mathematik und Geografie, Englisch und Geschichte, sondern der Junge, der zu Hause Trinkwasser aus einem Brunnen schöpfen muss und genau ein Paar abgetragene Schuhe hat, lernt die Fächer am Laptop. „Ich freue mich auf die Schule“, sagt er, „auch wegen der Mudasobwa“, der Computer.

Von der Schule auf den Schwarzmarkt

Etliche Unterrichtseinheiten finden mit Rechnern aus dem „One-Laptop-Per-Child“-Programm[3] statt. Überwacht wird das Programm von Herrn Bakuramutsa. In jedem Distrikt Ruandas seien drei Schulen ausgesucht worden, um mit Strom und Internet versorgt zu werden. „Unser Ziel ist es, alle Schulen anzubinden, allen Ruandern Zugang zum Netz zu verschaffen.“ Das alles in einem Land, in dem knapp 100 000 Haushalte an das Stromnetz angeschlossen sind.

Natürlich, sie mussten den Umgang mit den Geräten lernen: Anfangs durften die Schulkinder die Rechner mit nach Hause nehmen, und so fand manch ein Computer sehr schnell den Weg auf den kongolesischen Schwarzmarkt. Verständnisschwierigkeiten verkürzten manche Lebensdauer: Es gab Eltern, die den Rechner sorgfältig mit dem Geschirr abwuschen, und in vielen Schulen gab es Computer – nur keinen Strom.

Mittlerweile hat das Programm an Struktur gewonnen. Direktor Nizeyimana schickte seine Lehrer zur Fortbildung, Unterrichtsstoffe wurden aufbereitet, die Rechner bleiben in den Schulen: Nach Angaben der weltweit operierenden „One-Laptop“-NGO[4] hat Ruanda 100 000 der Rechner zum Stückpreis von 180 US-Dollar bestellt und erhalten, 20 000 kamen als Spenden. Im übrigen Afrika wurden gerade einmal 14 500 Geräte verteilt.

Etwa fünfzig Schüler drücken sich jetzt in die Holzbänke, stecken die Stromkabel ein. Wenn die sehr disziplinierte Klasse jetzt ihren weißgrünen Rechner aufklappt, ist dies auch ein Ergebnis von politischem Willen.

Wer die ruandischen Bildungskennziffern mit denen der direkten Nachbarstaaten vergleicht, kann die Anstrengung erahnen, die dahintersteht: Ruanda steht oft schlechter da, hatte bei Weitem die schlechtere Ausgangslage, aber eine raschere Entwicklung: Schon jetzt soll die Schulzeit der Kinder länger dauern als im Kongo oder in Uganda, der Kampf gegen den Analphabetismus brachte in der Region die höchste Steigerung der Rate derjenigen, die nun lesen und schreiben können. [...]

Nach den Aufgaben im Netz surfen

Der Mathe-Unterricht geht dem Ende zu, nach den Aufgaben dürfen die Kinder im Netz surfen. Mit gebührendem Stolz erklären Neunjährige dem Reporter die afrikanischen Wurzeln des amerikanischen Präsidenten, suchen nach Berlin im Internet.

Auf dem Hof steht Eugene in der blauen Schuluniform. „Gehst du gelegentlich nach Nyarutarama?“ Eugene schüttelt den Kopf. Dann grinst er breit: Wenn er bald den Rechner mit nach Hause nehmen darf, will er mehr Zeit auf dem Parkplatz eines Einkaufszentrums verbringen. „Da gibt es einen guten Empfang.“

Analphabetismus* in Afrika

Land	in % männlich	in % weiblich
Ägypten	33	56
Burundi**	54	74
Kenia	11	24
Kongo**	27	50
Marokko	38	64
Nigeria	28	44
Ruanda	26	40
Sudan	31	54
Südafrika	14	15
Tansania**	16	33
Uganda**	22	43

* Die Analphabetenrate bezieht sich auf Erwachsene ab einem Alter von 15 Jahren
** Nachbarländer von Ruanda

Quelle: http://afrika.heimat.eu/Navigation.htm

Quelle: Lennart Laberenz: Mit Laptops aus der Stunde null, vom 20. 04. 2011, im Internet unter: http://www.taz.de/!69453/. Aus didaktischen Gründen stellenweise gekürzt und leicht geändert.

1 **„Stunde null“:** Die Bezeichnung „Stunde null“ bezieht sich auf den Neuanfang nach dem Bürgerkrieg im Jahr 1994. Damals wurden rund 1 000 000 Menschen in Ruanda ermordet.
2 **Kigali:** Hauptstadt von Ruanda
3 **„One-Laptop-per-Child“-Programm:** Dieses Programm hat sich zum Ziel gesetzt, günstige Laptops herzustellen, um so jedem Kind in der Welt Zugang zu moderner Bildung zu ermöglichen.
4 **NGO:** **n**on-**g**overnmental **o**rganisation (deutsch: Nicht-Regierungs-Organisation); gemeint: eine nichtstaatliche Organisation

Teil I: Lesen

Punkte

1. Kreuze die richtige Antwort an. Es ist jeweils nur eine Antwort richtig. 6

a) In was für einem Gebiet liegt die Kagugu-Schule?

Die Kagugu-Schule liegt …

- ☐ in einem Villenviertel.
- ☐ in einem Weidegebiet für Ziegen.
- ☐ neben einem Einkaufszentrum.
- ☐ außerhalb einer Wohnsiedlung.

b) Wie ist der bauliche Zustand der Schule?

Die Schule ist …

- ☐ baufällig und müsste dringend saniert werden.
- ☐ einfach gebaut, aber die Wände sind ordentlich verputzt.
- ☐ von gehobenem baulichen Standard.
- ☐ eine einfache Holzhütte mit einem Dach aus Wellblech.

c) Was gibt es in der Schule **nicht**?

Es gibt …

- ☐ keinen Strom.
- ☐ keine Toiletten.
- ☐ keine verglasten Fenster.
- ☐ keine Tische und Stühle.

d) Warum gab es für den Staat Ruanda eine „Stunde null“?

- ☐ Ein Bürgerkrieg hatte das Land zerstört.
- ☐ Technischer Fortschritt war dort unbekannt.
- ☐ Es gab dort besonders viele Analphabeten.
- ☐ Die Menschen in Ruanda besaßen keine Uhren.

e) Wie viele junge Menschen in Ruanda können heute lesen und schreiben?

Lesen und schreiben können …

- [ ] etwa 25 Prozent.
- [ ] rund 40 Prozent.
- [ ] ungefähr 60 Prozent.
- [ ] fast 80 Prozent.

f) In welchem afrikanischen Land ist die Analphabetenrate sowohl bei Männern als auch bei Frauen vergleichsweise niedrig?

Vergleichsweise niedrig ist sie bei beiden Geschlechtern …

- [ ] in Ruanda.
- [ ] in Südafrika.
- [ ] in Kenia.
- [ ] in keinem afrikanischen Land.

2. Finde zu jedem der folgenden Sätze einen Satz im Text, der Ähnliches ausdrückt. Gib die jeweiligen Zeilen an. 4

	Zeile(n)
Nach Aussagen des Direktors werden in der Schule alle Jahrgänge unterrichtet, für ehemalige Schulabbrecher gibt es Spezialklassen.	
Nirgendwo sonst in Afrika leben so viele Menschen so dicht beieinander, und das auf einer relativ kleinen Fläche.	
Es gibt weder genügend Schulen noch genügend ausgebildete Lehrer in Ruanda.	
In Ruanda dauert die Schulpflicht länger als in anderen afrikanischen Ländern, und die Analphabetenrate ist dort am deutlichsten gesunken.	

3. Wie lief das Programm „One Laptop Per Child" in Ruanda ab? Lege die Reihenfolge fest. 2,5

	Nummerierung
Jedem Schüler wurde ein Laptop zur Verfügung gestellt.	
Die Laptops wurden auf dem Schwarzmarkt verhökert oder nahmen Schaden.	
Ausgewählte Schulen wurden mit Strom und Internetanschluss versorgt.	
Es wird nur noch in den Schulen mit den Laptops gearbeitet.	
Die Schüler durften ihre Laptops mit nach Hause nehmen.	

4. Welche der folgenden Aussagen sind richtig, welche sind falsch? 4

a) **A** Die meisten Menschen in Ruanda betreiben Landwirtschaft.

B Nur ein kleiner Teil der Bevölkerung verfügt über einen Stromanschluss.

C Es sollen viele neue Fabriken gebaut werden.

Kreuze die richtige Aussage an.

☐ Nur A ist richtig.
☐ A und B sind richtig.
☐ A und C sind richtig.
☐ Nur B ist richtig.

b) **A** Eugene schämt sich seiner Eltern.

B Sein Vater ist Tagelöhner.

C Die Familie ist arm.

Kreuze die richtige Aussage an.

☐ A und B sind richtig.
☐ B und C sind richtig.
☐ A und C sind richtig.
☐ Nur C ist richtig.

5. Eugenes Tagesablauf ist geprägt von Gegensätzen zwischen seinem Zuhause und der Schule. Nenne **jeweils zwei** passende Beispiele, um diese Gegensätze aufzuzeigen (Stichpunkte genügen). 2

Bei ihm zu Hause: ______________________________

____

____

____

In der Schule: ______________________________

____

____

____

6. Erkläre, warum Nkubito Bakuramutsa gute Voraussetzungen mitbringt, um die Region technisch und bildungsmäßig voranzubringen. 4

Hinweis: Gehe auf seine Herkunft und seinen Werdegang ein und ziehe daraus Schlussfolgerungen.

7. Trage die passenden Zahlen ein. 2,5

	Zahl
Kosten eines Laptops aus dem Programm „One Laptop Per Child"	
Anzahl der von Ruanda bestellten Laptops für dieses Programm	
Anzahl der von anderen afrikanischen Ländern bestellten Laptops	
Anzahl der Laptops, die in Ruanda mit Spenden finanziert wurden	
Anzahl der Laptops, die vom Staat Ruanda finanziert wurden	

8. Erkläre, wie Laptops helfen sollen, aus der „Stunde null" herauszukommen. 5

Hinweis: Erläutere zunächst die Bedeutung der „Stunde null". Äußere dich dann zum Ziel der Regierung und zu den Mitteln, die ergriffen werden, um dieses Ziel zu erreichen.

Teil II: Schreiben

Teil II.A: Textproduktion (Wahlaufgabe)

Wähle eine der beiden folgenden Aufgaben aus und bearbeite sie.

a) Der Verfasser der Reportage „Mit Laptops aus der Stunde null“ schreibt seinem Sohn noch während seines Aufenthalts in Ruanda einen Brief. Darin berichtet er ihm von dem Besuch in der Schule und von der Begegnung mit einem der Schüler.
Schreibe diesen Brief aus der Sicht des Vaters. Ziel deines **Berichts** soll sein, den Sohn über die Besonderheiten des Schulbesuchs in Ruanda zu informieren.

oder

b) Es gibt inzwischen Schulen, in denen die Schüler ihre Texte nur noch am Laptop schreiben. Die Elternvertreter eurer Schule haben davon gehört. Sie finden das gut, weil sie meinen, in der heutigen Zeit sei es richtig, den Umgang mit modernen Geräten frühzeitig einzuüben. Sie überlegen, ob sie sich dafür stark machen sollten, dass auch an eurer Schule nur noch mit dem Computer geschrieben wird. Nun interessiert sie die Meinung der Schülerinnen und Schüler.
Als Schulsprecher/-in bist du gebeten worden, die Ansicht deiner Mitschüler zu erkunden und diese den Elternvertretern in Form einer Stellungnahme schriftlich mitzuteilen.
Schreibe diese **Stellungnahme**. Ziel deiner Darstellung soll sein, den Elternvertretern eine Entscheidungshilfe zu geben, indem du ihnen die Meinung der Schüler mitteilst und diese mit geeigneten Argumenten begründest.
Hinweis: Du kannst selbst entscheiden, welche Position du vertreten willst. Entscheidend ist, dass du deine Meinung überzeugend begründest.

Dein Text (Bericht oder Argumentation) wird wie folgt bewertet:

	Punkte
Aufbau / Inhalt (z. B. Einleitung, Hauptteil, Schluss / „roter Faden“)	18
Sprachangemessenheit (Wortschatz, Satzbau, Ausdruck)	9
Sprachrichtigkeit (Rechtschreibung, Zeichensetzung, Grammatik)	3
Summe	**30**

Teil II.B: Sprachliche Richtigkeit

1. Im folgenden Text sind zehn Rechtschreib- und Zeichensetzungsfehler enthalten. Streiche die Fehler durch und schreibe die richtige Schreibweise jeweils unter die fehlerhafte Stelle. Zeichensetzungsfehler verbesserst du direkt im Text. 5

> **Beispiel:**
> *Es gibt überall auf der Welt noch ~~erschreckent~~ viele Analphabeten, auch in*
> erschreckend
> *Deutschland. Die ~~dunkel Ziffer~~ der Menschen, die nicht lesen und schreiben*
> Dunkelziffer
> *können, ist in unserem Land ~~erstaunlig~~ hoch.*
> fehlendes Komma erstaunlich

Seit 2003 gibt es in Deutschland einmal järlich den Aktionstag „Dein Tag für

Afrika". Im Bundesland Rheinland-Pfalz fand er zum ersten Mal statt, dann wurde

er nach und nach auf ganz Deutschland ausgeweitet. Inzwischen nehmen

bundesweit Hunderte von Schulen daran teil. Die teilnehmenden Schüler gehen

an diesem Tag nicht zum Untericht, sondern sie arbeiten, um Geld zu verdienen.

Der Erlös dieses Tages ist für Hilfsprojekte in afrikanischen Staten gedacht,

z. B. in Burundi oder Ruanda. Auch jüngere Schüler, die wegen der gesetzlichen

Beschrenkungen noch nicht in einer Firma arbeiten dürfen nehmen daran teil.

Sie jobben dann eben bei Verwanten, z. B. indem sie dort im Haushalt helfen

oder Einkäufe erledigen und sich dafür bezahlen lassen. Jahr für Jahr sind es in

Deutschland rund 200 000 Schülerinnen und Schüler, die an diesem Aktionstag

teilnehmen. Der Gesamtverdienst, den sie dabei erziehlen, beläuft sich inzwischen

auf deutlich mehr als eine Million Euro. Mit den Spenden, die so zusammen kommen,

wird in Afrika der Bau von Schulgebäuden unterstützt. Oder es werden davon

Schuluniformen für Bedürftige Kinder bezahlt. Auch Straßenkindern wird geholfen.

Obwohl es diesen Aktionstag inzwischen in allen Bundesländern gibt, ist die

Anzahl der teilnehmenden Schüler in Rheinland-Pfalz immer noch am höchsten.

Dort folgen in der Regel mehr als 60 000 Schüler dem Aufruf, sich für gleichaltrige

in Entwicklungsländern einzusetzen.

2. Getrennt oder zusammen? Kreuze die richtige Schreibweise an. 2,5

a) In vielen afrikanischen Ländern wird Bildung
- ☐ großgeschrieben.
- ☐ groß geschrieben.

b) Die Schüler wollen den gleichen
- ☐ Lebensstandard
- ☐ Lebens Standard

erreichen wie anderswo.

c) Sogar lange Wege zur Schule nehmen sie
- ☐ inkauf.
- ☐ in Kauf.

d) Sie wollen unbedingt
- ☐ lesenlernen.
- ☐ lesen lernen.

e) Die Arbeit mit dem Computer finden sie besonders
- ☐ reizvoll.
- ☐ Reiz voll.

3. Mit welcher Rechtschreibstrategie findest du die richtige Schreibweise heraus? 4

A Ich achte auf die Wortart.
B Ich zerlege das Wort in seine Wortbausteine.
C Ich suche nach verwandten Wörtern.
D Ich verlängere das Wort.
E Ich achte in der betonten Silbe auf die Länge des Vokals.
F Ich bilde die Grundform.

	Strategie
Analphabeten finden sich nicht nur in ~~Entwicklungslendern~~/ Entwicklungsländern.	
Auch in Deutschland gibt/~~gipt~~ es Menschen, die kaum lesen können.	
Sie versuchen, sich mit allerlei Tricks durch den ~~alltag~~/Alltag zu mogeln.	
Wenn sie z. B. ein Formular ausfüllen sollen, sagen sie einfach, sie hätten ihre ~~Brile~~/Brille vergessen.	
Bei Fahrten/~~Farten~~ mit der U-Bahn orientieren sie sich am Aussehen der Bahnhöfe.	
Oder sie ~~Hoffen~~/hoffen darauf, dass sie die Durchsagen verstehen.	
Ein Analphabet fühlt sich in unserem Land/~~Lant~~ wie ein Behinderter.	
Er kann nichts lesen und sich auch nicht schriftlich ~~miteilen~~ / mitteilen.	

4. Markiere die Grenzen zwischen den einzelnen Sätzen mit einem Punkt.
Korrigiere die Rechtschreibung am Satzanfang, wo es nötig ist. 3,5

Jeden Tag auf dem Weg zur Schule kommt Eugene an einem Villenviertel vorbei Kontakt mit den Bewohnern hat er jedoch nicht die neuen Häuser stehen auf ehemaligem Weideland früher grasten dort Ziegen heute parken hier blitzende Autos sogar die Hilfsorganisationen haben sich da niedergelassen nach Eugenes Maßstäben herrscht in dem Villenviertel unglaublicher Luxus bei ihm zu Hause gibt es nicht einmal fließendes Wasser oder eine richtige Toilette.

Original-
Prüfungsaufgaben

Peter Bichsel: Der Mann mit dem Gedächtnis

Ich kannte einen Mann, der wusste den ganzen Fahrplan auswendig, denn das Einzige, was ihm Freude machte, waren Eisenbahnen, und er verbrachte seine Zeit auf dem Bahnhof, schaute, wie die Züge ankamen und wie sie wegfuhren. Er bestaunte die Wagen, die Kraft der Lokomotiven, die Größe der Räder, bestaunte die aufspringenden Kondukteure[1] und den Bahnhofsvorstand[2] .

Er kannte jeden Zug, wusste, woher er kam, wohin er ging, wann er irgendwo ankommen wird und welche Züge von da wieder abfahren und wann diese ankommen werden.

Er wusste die Nummern der Züge, er wusste, an welchen Tagen sie fahren, ob sie einen Speisewagen haben, ob sie die Anschlüsse abwarten oder nicht. Er wusste, welche Züge Postwagen führen und wie viel eine Fahrkarte nach Frauenfeld, nach Olten, nach Niederbipp oder irgendwohin kostet.

Er ging in keine Wirtschaft, ging nicht ins Kino, nicht spazieren, er besaß kein Fahrrad, kein Radio, kein Fernsehen, las keine Zeitungen, keine Bücher, und wenn er Briefe bekommen hatte, hatte er auch diese nicht gelesen. Dazu fehlte ihm die Zeit, denn er verbrachte seine Tage im Bahnhof, und nur wenn der Fahrplan wechselte, im Mai und im Oktober, sah man ihn einige Wochen nicht mehr.

Dann saß er zu Hause an seinem Tisch und lernte auswendig, las den neuen Fahrplan von der ersten bis zur letzten Seite, merkte sich die Änderungen und freute sich über sie.

Es kam auch vor, dass ihn jemand nach einer Abfahrtszeit fragte. Dann strahlte er übers ganze Gesicht und wollte genau wissen, wohin die Reise gehe, und wer ihn fragte, verpasste die Abfahrtszeit bestimmt, denn er ließ den Frager nicht mehr los, gab sich nicht damit zufrieden, die Zeit zu nennen, er nannte gleich die Nummer des Zuges, die Anzahl der Wagen, die möglichen Anschlüsse, die Fahrzeiten; erklärte, dass man mit diesem Zug nach Paris fahren könne, wo man umsteigen müsse und wann man ankäme, und er begriff nicht, dass das die Leute nicht interessierte. Wenn ihn aber jemand stehenließ und weiterging, bevor er sein ganzes Wissen erzählt hatte, wurde er böse, beschimpfte die Leute und rief ihnen nach: „Sie haben keine Ahnung von Eisenbahnen!“

Er selbst bestieg nie einen Zug.

Das hätte auch keinen Sinn, sagte er, denn er wisse ja zum Voraus, wann der Zug ankomme.

„Nur Leute mit schlechtem Gedächtnis fahren Eisenbahn“, sagte er, „denn wenn sie ein gutes Gedächtnis hätten, könnten sie sich doch wie ich die Abfahrts- und Ankunftszeit merken, und sie müssten nicht fahren, um die Zeit zu erleben.“

Ich versuchte es ihm zu erklären, ich sagte: „Es gibt aber Leute, die freuen sich über die Fahrt, die fahren gern Eisenbahn und schauen zum Fenster hinaus und schauen, wo sie vorbeikommen.“

Da wurde er böse, denn er glaubte, ich wolle ihn auslachen, und er sagte: „Auch das steht im Fahrplan, sie kommen an Luterbach vorbei und an Deitigen, an Wangen, Niederbipp, Önsingen, Oberbuchsiten, Egerkingen und Hägendorf.“

„Vielleicht müssen die Leute mit der Bahn fahren, weil sie irgendwohin wollen“, sagte ich.

„Auch das kann nicht wahr sein“, sagte er, „denn fast alle kommen irgendeinmal zurück, und es gibt sogar Leute, die steigen jeden Morgen hier ein und kommen jeden Abend zurück – so ein schlechtes Gedächtnis haben sie.“

Und er begann, die Leute auf dem Bahnhof zu beschimpfen. Er rief ihnen nach: „Ihr Idioten, ihr habt kein Gedächtnis.“ Er rief ihnen nach: „An Hagendorf werdet ihr vorbeikommen“, und er glaubte, er verderbe ihnen damit den Spaß. Er rief: „Sie Dummkopf, Sie sind schon gestern gefahren.“ Und als die Leute nur lachten, begann er, sie von den Trittbrettern zu reißen und beschwor sie, ja nicht mit dem Zug zu fahren.

„Ich kann Ihnen alles erklären“, schrie er, „Sie kommen um 14 Uhr 27 an Hagendorf vorbei, ich weiß es genau, und Sie werden es sehen, Sie verbrauchen Ihr Geld für nichts, im Fahrplan steht alles.“

Bereits versuchte er, die Leute zu verprügeln.

„Wer nicht hören will, muss fühlen“, rief er.

Da blieb dem Bahnhofsvorstand nichts anderes übrig, als dem Mann zu sagen, dass er ihm den Bahnhof verbieten müsse, wenn er sich nicht anständig aufführe. Und der Mann erschrak, weil er ohne Bahnhof nicht leben konnte, und er sagte kein Wort mehr, saß den ganzen Tag auf der Bank, sah die Züge ankommen und die Züge wegfahren, und nur hie und da flüsterte er einige Zahlen vor sich hin, und er schaute den Leuten nach und konnte sie nicht begreifen. Hier wäre die Geschichte eigentlich zu Ende.

Aber viele Jahre später wurde im Bahnhof ein Auskunftsbüro eröffnet. Dort saß ein Beamter in Uniform hinter dem Schalter, und er wusste auf alle Fragen über die Bahn eine Antwort. Das glaubte der Mann mit dem Gedächtnis nicht, und er ging jeden Tag ins neue Auskunftsbüro und fragte etwas sehr Kompliziertes, um den Beamten zu prüfen.

Er fragte: „Welche Zugnummer hat der Zug, der um 16 Uhr 24 an den Sonntagen im Sommer in Lübeck ankommt?“

Der Beamte schlug ein Buch auf und nannte die Zahl.

Er fragte: „Wann bin ich in Moskau, wenn ich hier mit dem Zug um 6 Uhr 59 abfahre?“, und der Beamte sagte es ihm.

Da ging der Mann mit dem Gedächtnis nach Hause, verbrannte seine Fahrpläne und vergaß alles, was er wusste.

Am andern Tag aber fragte er den Beamten: „Wie viele Stufen hat die Treppe vor dem Bahnhof?“, und der Beamte sagte: „Ich weiß es nicht.“ Jetzt rannte der Mann durch den ganzen Bahnhof, machte Luftsprünge vor Freude und rief: „Er weiß es nicht, er weiß es nicht.“

Und er ging hin und zählte die Stufen der Bahnhofstreppe und prägte sich die Zahl in sein Gedächtnis ein, in dem jetzt keine Abfahrtszeiten mehr waren.

Dann sah man ihn nie mehr im Bahnhof.

Er ging jetzt in der Stadt von Haus zu Haus und zählte die Treppenstufen und merkte sie sich, und er wusste jetzt Zahlen, die in keinem Buch der Welt stehen.

Als er aber die Zahl der Treppenstufen in der ganzen Stadt kannte, kam er auf den Bahnhof, ging an den Bahnschalter, kaufte sich eine Fahrkarte und stieg zum ersten Mal in seinem Leben in einen Zug, um in eine andere Stadt zu fahren und auch dort die Treppenstufen zu zählen, und dann weiterzufahren, um die Treppenstufen in der ganzen Welt zu zählen, um etwas zu wissen, was niemand weiß und was kein Beamter in Büchern nachlesen kann.

Quelle: Peter Bichsel: Der Mann mit dem Gedächtnis, in: Peter Bichsel: Eisenbahnfahren, Insel Verlag, Frankfurt am Main und Leipzig 2002, S. 7–11.

1 **Kondukteur:** Schaffner, Zugbegleiter
2 **Bahnhofsvorstand:** Person, die für die Einhaltung der Regeln im Bahnhof verantwortlich ist

Teil I: Lesen

Punkte

1. Kreuze die richtige Aussage an. Es gibt jeweils nur eine richtige Lösung. 5

   a) Der Mann hat große Freude an …
   - [ ] Fahrrädern.
   - [ ] Motorrädern.
   - [ ] Flugzeugen.
   - [ ] Eisenbahnen.

   b) Der Mann besitzt zu Hause …
   - [ ] kein Radio und kein Fahrrad.
   - [ ] kein Radio, aber ein Fahrrad.
   - [ ] ein Radio, aber kein Fahrrad.
   - [ ] ein Radio und ein Fahrrad.

   c) Der Fahrplan wechselt immer im …
   - [ ] März und Oktober.
   - [ ] März und November.
   - [ ] Mai und Oktober.
   - [ ] Mai und November.

   d) Der Beamte im Auskunftsbüro trägt …
   - [ ] einen Mantel.
   - [ ] eine Uniform.
   - [ ] einen Anzug.
   - [ ] eine Jeans.

   e) Als der Beamte die Frage nach den Treppenstufen nicht beantworten kann, …
   - [ ] bekommt der Mann einen Weinkrampf.
   - [ ] kommen dem Mann Freudentränen.
   - [ ] macht der Mann Freudensprünge.
   - [ ] bekommt der Mann einen Lachanfall.

2. Kreuze die richtige Aussage an. Es gibt jeweils nur eine richtige Lösung. 2

   a) „… ‚Sie verbrauchen Ihr Geld für nichts, …‘ “ (Z. 96) bedeutet hier, dass die Reisenden …
   - [ ] nach Ansicht des Mannes ihr Geld sinnlos verschwenden.
   - [ ] zu viel Geld für die tägliche Fahrt mit der Bahn bezahlen.
   - [ ] für ihr Geld einen schlechten Service bekommen.
   - [ ] nach Ansicht des Mannes kostenlos mit dem Zug fahren sollen.

b) „‚Wer nicht hören will, muss fühlen', rief er" (Z. 100) bedeutet hier, dass der Mann …

- ☐ den Reisenden ein besonderes Erlebnis anbieten möchte.
- ☐ täglich eine abfahrende Lokomotive als Glücksbringer berührt.
- ☐ seine Meinung gegenüber anderen auch mit Gewalt durchsetzt.
- ☐ die ankommenden Züge bereits von Weitem hören kann.

3. Ordne jeder der folgenden Aussagen einen Satz im Text zu, der Ähnliches ausdrückt. Gib die jeweiligen Zeilen an. 4

Aussage	**Zeile(n)**
Von Zeit zu Zeit wollte jemand eine Fahrplaninformation von ihm.	
Das Zugfahren hielt er für wenig sinnvoll, da er die Fahrtzeiten ja sowieso kannte.	
Der Mann reagierte aufgebracht, weil er vermutete, dass man sich über ihn lustig machte.	
Der Mann war sichtlich schockiert, denn er konnte sich ein Leben ohne den Bahnhof nicht vorstellen.	

4. Nummeriere die folgenden Vorkommnisse entsprechend dem Erzählverlauf von 1 bis 6. 3

Vorkommnisse	**Nummerierung**
Der Mann fuhr zum ersten Mal mit dem Zug.	
Dem Mann wurde ein Hausverbot angedroht, wenn er sein Verhalten gegenüber den Passagieren nicht änderte.	
Der Mann testete den Beamten im Auskunftsbüro täglich mit neuen Fragen.	
Der Mann vernichtete seine gesamten Fahrpläne.	
Der Mann saß nur noch schweigsam im Bahnhof, denn er hatte Angst, das Wichtigste in seinem Leben zu verlieren.	
Der Mann fand eine neue Beschäftigung.	

5. Nenne drei Verhaltensweisen des Mannes, mit denen er auf das Unverständnis der Reisenden reagiert. 3

6. a) Zitiere (mit Zeilenangabe) eine Textstelle, die verdeutlicht, welchen Grund der Mann bei den Reisenden für das Zugfahren vermutet. 2

b) Stelle anhand zweier Textstellen (mit Zeilenangaben) dar, welche Gründe die Reisenden tatsächlich für das Zugfahren haben könnten. 4

7. Erkläre anhand zweier Textstellen, wie sich das Leben des Mannes durch das Auskunftsbüro verändert. 4

8. „Das neue Auskunftsbüro im Bahnhof hat das Leben des Mannes entscheidend verbessert."
Begründe deine Zustimmung oder Ablehnung zu dieser Behauptung. 3

Teil II: Schreiben

Teil II.A: Textproduktion (Wahlaufgabe)

Wähle **eine** der beiden folgenden Aufgaben aus und bearbeite sie.

a) Deine Klasse beteiligt sich an einem Projekt „Zeitung für die Schule“.
Du hast dich dafür entschieden, einen Beitrag zum Thema „Besondere Menschen“ zu schreiben.
Berichte über den „Mann mit dem Gedächtnis“, der früher über viele Jahre täglich seine Zeit auf dem Bahnhof verbrachte.

oder

b) Eure Schule überlegt, ob in Zukunft Abschlussfahrten nur noch mit der Bahn stattfinden sollen.
Die Schulkonferenz braucht zur Entscheidungsfindung die Sicht der Schülerinnen und Schüler.
Entscheide dich für einen Standpunkt und argumentiere für **oder** gegen das Reisen mit der Bahn.

Dein Text (Bericht oder Argumentation) wird wie folgt bewertet:

	Punkte
Aufbau / Inhalt (z. B. Überschrift, Einleitung, Hauptteil, Schluss/„roter Faden“)	18
Sprachangemessenheit (Wortschatz, Satzbau, Ausdruck)	9
Sprachrichtigkeit (Rechtschreibung, Grammatik, Zeichensetzung)	3
Summe	**30**

Teil II.B: Sprachliche Richtigkeit

1. Markiere und berichtige die zehn Fehler im Text.
   Du darfst nicht mehr als zehn Fehler markieren.
   Schreibe die jeweils berichtigte Schreibweise unter die fehlerhafte Stelle.
   Der Text enthält keine Fehler zur Getrennt- und Zusammenschreibung sowie zur Zeichensetzung. Eigennamen sind korrekt geschrieben. 5

> **Beispiel:**
> *Nachdem die ~~wanderer~~ an der Berghütte angekommen waren, ~~ruten~~ sie sich aus.*
> Wanderer ruhten

„Was ist denn da Los?“, dachte Jens. Viele Läute standen an der Straßenecke und

gafften alle in eine Richtung. Das flackernde Leuchten eines Blaulichts war im

Wiederschein der Hausfassaden zu sehen. Jens eillte zu der Menschenmenge, ver-

suchte über die Köpfe und Schultern der vor ihm Stehenden zu blicken. „Ein Unfall,

ein Zusammenstoss?“ Jens konnte immer noch nichts sehen. Da öffnete sich eine

Lücke direckt vor ihm. Jens sah, was den Auflauf verursacht hatte. Eine Enten-

famielie, das heißt die Entenmutter und ihre fünf Jungen, liefen aufgeregt auf der

kleinen Verkersinsel hin und her. Jeder Versuch, ein Entenjunges oder gar die Enten-

mutter zu fangen, wurde mit lautem Geschnatter und heftigen Bißen der Entenmutter

verhindert. „Na, das wird dauern“, dachte Jens und sezte seinen Heimweg fort.

2. Groß- oder Kleinschreibung?
   In drei der folgenden Sätze findet sich jeweils ein falsch geschriebenes Wort.
   Kreise die falsch geschriebenen Wörter ein.
   Hinweis: Du darfst nicht mehr als drei Wörter einkreisen. 3

   a) Sie trafen sich gestern Nachmittag zu einem klärenden Gespräch.

   ____

   b) Die Sekretärin möchte beim lesen nicht gestört werden.

   ____

   c) In seiner Rede bezog er sich auf das wesentliche.

   ____

   d) Die Klasse veranstaltet jeden Freitag ein gemeinsames Essen.

   ____

   e) Sie hatte nichts neues über seinen Verbleib erfahren.

   ____

   f) Das Gute daran ist, dass er für die Reise nichts bezahlen muss.

   ____

3. Entscheide dich für die richtige Schreibweise und bestimme die Wortart:
   Artikel **(A)**, Relativpronomen **(R)** oder Konjunktion **(K)**.
   Streiche das falsch geschriebene Wort durch.
   Schreibe die entsprechenden Buchstaben der Wortart auf die Linie darunter. 4

   Beispiel:
   Das/~~Dass~~ Haus, das/~~dass~~ am Ufer stand, war baufällig.
   A R

   Die Frau kaufte das/dass gestreifte Kleid, das/dass ihr so gut gefiel.

   ______ ______

   Ich hoffe, das/dass das/dass Wetter bald wieder besser wird.

   ______ ______

4. Kreuze die Strategie an, die zur richtigen Schreibweise führt. 3
Das falsch geschriebene Wort ist schon durchgestrichen.

		Man verlängert das Wort.	Man sucht den Wortstamm.	Man achtet auf die Vokallänge.
Beispiel	~~der Korp~~ der Korb	☒	☐	☐
a)	~~die Füsse~~ die Füße	☐	☐	☐
b)	~~drohent~~ drohend	☐	☐	☐
c)	~~Gebirgsteler~~ Gebirgstäler	☐	☐	☐
d)	~~Treumereien~~ Träumereien	☐	☐	☐
e)	~~Zweik~~ Zweig	☐	☐	☐
f)	~~Holzbret~~ Holzbrett	☐	☐	☐

Jochen Metzger: Die Schule des Einfühlens

Ein kanadisches Schulprogramm bringt Kindern Empathie[1] bei – und erzielt damit verblüffende Erfolge. Auch deutsche Schulen erproben Empathie nun als Unterrichtsfach. Der Clou des Ganzen[2]: Die Lehrkraft ist ein Baby.

Darren geht in die achte Klasse, ein Sitzenbleiber, zwei Jahre älter als seine Mitschüler. Ein schwieriger Junge mit einer schwierigen Geschichte. […]

Darrens Klasse hat heute einen ungewöhnlichen Besucher, ein sechs Monate altes Baby namens Evan. „Er kuschelt nicht besonders gern“, erklärt Evans Mutter der neugierigen Klasse. Andere Babys wollen mit dem Gesicht zum Körper der Mutter getragen werden. Bei Evan ist das anders. Er liebt es, wenn er dabei nach vorne sehen kann, hinaus in die Welt. Als die Stunde endet, fragt der Lehrer, wer den Kleinen einmal halten möchte. Zu seiner Überraschung ist es Darren, der den Finger hebt. Darren steht in der Ecke und wiegt das Baby hin und her, während seine Mitschüler in die Pause verschwinden. Als er das Kind der Mutter zurückgibt, fragt er seinen Lehrer: „Was glauben Sie – wenn man als Kind nie geliebt wurde, kann man trotzdem ein guter Vater sein?“

Darrens Story gehört zu den Lieblingsgeschichten von Mary Gordon. Wenige Menschen haben das Schulsystem Kanadas in den vergangenen Jahren stärker beeinflusst als die in Neufundland geborene Pädagogin. In den 1990er-Jahren erfand sie ein neues Unterrichtsfach, in dem die Kinder nicht Lesen, Schreiben oder Rechnen lernen, sondern eine Fähigkeit namens Mitgefühl trainieren. Was als kleines Projekt in Toronto begann, gehört inzwischen zum Standardlehrplan in Kanadas Staatsschulen. Bis heute haben mehr als 500 000 Kinder den einjährigen Kurs *Roots of Empathy*[3] durchlaufen.

Mary Gordons Erfindung funktioniert wie die meisten erfolgreichen Ideen: Man fragt sich, warum man selbst noch nicht darauf gekommen ist. Das Neue daran versteht man innerhalb weniger Sekunden – um es zu erklären, braucht man nur einen einzigen Satz: Bei *Roots of Empathy* ist der Lehrer ein Baby. Ein Baby beurteilt nicht, es macht keine Angst, es übt keine Macht aus. Und genau dadurch öffnet es die Herzen, wie Mary Gordon sagt. […]

Im Herbst 2012 startete in Bremen in mehreren fünften Klassen ein erstes Pilotprojekt[4], um das Programm auch im deutschen Bildungssystem zu verankern.

Weitere Bundesländer wollen jetzt nachziehen, auch die Schweiz hat Verhandlungen aufgenommen. Doch was ist eigentlich so besonders an *Roots of Empathy?* Was genau kommt da auf unsere Kinder zu?

[…] Der Unterricht beginnt. Stühle und Tische sind beiseitegeschoben. In der Mitte des Raumes liegt auf dem Fußboden eine große grüne Decke, sie markiert das Revier, das allein dem Baby und seiner Mutter vorbehalten ist. Das Thema der Stunde: „Meilensteine“ – also Dinge, die man heute kann, obwohl man sie gestern noch nicht konnte. Das Baby, ein Mädchen, möchte sich gerne vom Bauch auf den Rücken drehen. „Sie ist so winzig, aber sie gibt nicht auf. Sie versucht es immer wieder“, staunt eine Schülerin. Doch alle Anstrengung scheint vergeblich: Die Kleine ist noch nicht so weit.

Wenn sie einen Monat später wieder in die Klasse kommt, wird dieselbe Übung für sie ein Kinderspiel sein! Der Szenenapplaus der Klasse ist ihr gewiss. „Genau wie bei mir. Alle konnten Fahrrad fahren, nur ich nicht“, meint einer der Jungs. „Aber irgendwann hab ich's dann doch geschafft.“ Manchmal fallen uns Dinge schwer. Wir packen sie trotzdem, wenn wir dranbleiben. Das Baby hat den Kindern die Grunderfahrung allen Lernens vermittelt, ein Motivationscoach in Pampers.

Der Klassenlehrer ist bei all dem nur stummer Beobachter. Die Stunde selbst leitet ein speziell ausgebildeter *Roots of Empathy*-Trainer. Er stellt einfache Fragen, um die Aufmerksamkeit der Kinder zu lenken. Als das Baby auf dem Rücken liegt und anfängt zu weinen, fragt er: „Wenn das Baby sprechen könnte, was würde es wohl sagen?“ Die Finger der Kinder gehen nach oben. „Es fühlt sich nicht wohl“, meint ein Mädchen. „Es will zu seiner Mama auf den Arm“, vermutet ein Junge.

27 solcher Unterrichtsstunden erleben die Schüler in einem *Roots of Empathy*-Jahr. Zu jedem der neun Besuche „ihres“ Babys kommt je eine Stunde Vor- und Nachbereitung. Und immer geht es um ein anderes Thema: mal um Charakterunterschiede (Ist das Baby eher forsch oder eher schüchtern?), mal um Sicherheit (Wie kann man verhindern, dass das Baby von der Wickelkommode fällt?) oder um gute Beziehungen (Wie reagiert die Mutter, wenn das Kind weint?). Und ohne es zu ahnen, entwickeln oder verbessern die Schüler dabei das, was Mary Gordon als *literacy of feelings* bezeichnet, als „Alphabetisierung der Gefühle“.

Die Schüler lernen, die Gefühle des Babys zu „lesen“, sie finden Worte dafür – und kommen so in Kontakt mit ihrem eigenen Innenleben. Am Ende verstehen sie: Was in mir vorgeht, das fühlen auch die anderen Kinder um mich herum. Mit anderen Worten: Sie entwickeln mehr Empathie. Und wenn sie dabei lernen, ein Baby zu halten, zu wiegen und auf seine Sicherheit zu achten, dann entsteht noch etwas anderes – das Bewusstsein: Ich bin in der Lage, für ein anderes Menschenwesen zu sorgen! Ich fühle mich gut dabei!

Wie bei Darren […]: Auf einmal sehen sich die Kinder selbst in ihrer zukünftigen Rolle als Vater oder Mutter. So gesehen ist *Roots of Empathy* nicht nur ein Unterricht in Mitgefühl, sondern auch eine Art heimlicher Elternführerschein. […]

Quelle: Jochen Metzger: Die Schule des Einfühlens, in: Psychologie heute, Heft 11/2013, S. 60–62.

1 **Empathie:** Einfühlungsvermögen, Mitgefühl
2 **der Clou des Ganzen:** *hier:* das Besondere
3 **Roots of Empathy:** Ursprung der Empathie
4 **Pilotprojekt:** Testprojekt

Teil I: Lesen

Punkte

1. Kreuze die richtige Aussage an. Es gibt jeweils nur eine richtige Lösung. 5

a) Das Unterrichtsfach „Empathie" wird ___________ erprobt.

- ☐ nur an kanadischen Schulen
- ☐ an allen Schulen in Deutschland
- ☐ an einigen Schulen in Deutschland
- ☐ nicht mehr an Schulen in Kanada

b) An dem Kurs *Roots of Empathy* in Kanada haben ___________ teilgenommen.

- ☐ nur sehr wenige Kinder
- ☐ unzählig viele Kinder
- ☐ nur ausländische Kinder
- ☐ mehr als 500 000 Kinder

c) In Deutschland startete das Projekt *Roots of Empathy* …

- ☐ in Bremen und in Frankfurt.
- ☐ nur im Bundesland Bremen.
- ☐ in mehreren Bundesländern.
- ☐ schon in allen Bundesländern.

d) Insgesamt müssen die Kursteilnehmerinnen und -teilnehmer …

- ☐ neun Unterrichtsstunden durchlaufen.
- ☐ einen Monat am Unterricht teilnehmen.
- ☐ die Teilnahmestunden selbst bestimmen.
- ☐ an 27 Unterrichtsstunden teilnehmen.

e) Über den Umgang mit dem Baby im Kurs lernen die Kursteilnehmerinnen und -teilnehmer …

- ☐ ihr eigenes Innenleben kennen.
- ☐ Kinder ihrer Lehrkraft kennen.
- ☐ ihre Eltern besser kennen.
- ☐ jede Stunde ein Baby kennen.

2. Kreuze die richtige Aussage an. Es gibt jeweils nur eine richtige Lösung. 3

a) „Meilensteine" (Z. 69 f.) bedeutet hier, dass …

- ☐ Tische und Stühle im Kreis gestellt werden.
- ☐ Entwicklungsschritte gemacht werden.
- ☐ zusammengearbeitet wird.
- ☐ ein Revier markiert wird.

b) „Motivationscoach in Pampers“ (Z. 88 f.) bedeutet hier, dass …

- ☐ der Trainer des Kurses die Babys coacht.
- ☐ das Lernen durch das Baby sehr motivierend ist.
- ☐ im Kurs das Anlegen von Windeln bei Babys trainiert wird.
- ☐ die Hersteller von Pampers den Kurs finanzieren.

c) „stummer Beobachter“ (Z. 90 f.) bedeutet hier, dass der Lehrer …

- ☐ weder spricht noch irgendwie hilft oder eingreift.
- ☐ mit Gestik und Mimik den Unterricht beeinflusst.
- ☐ in der Ecke zu sitzen hat, bis er gebraucht wird.
- ☐ den Raum verlassen und betreten kann, wann er will.

3. Ordne jeder der folgenden Aussagen einen Satz im Text zu, der Ähnliches ausdrückt. Gib die jeweiligen Zeilen an. 4

Aussage	**Zeile(n)**
Einige Säuglinge wollen der Mutter zugewandt getragen werden.	
Mary Gordon hat das kanadische Schulsystem in der letzten Zeit stark beeinflusst.	
Alle Bemühungen scheinen nichts zu bringen, denn das Mädchen schafft es noch nicht.	
Mit seinen leichten Fragen steuert der Trainer die Aufmerksamkeit der Schülerinnen und Schüler.	

4. a) Welche der folgenden Aussagen sind richtig? 2

Im Text steht, dass der Kurs *Roots of Empathy* …

A in einem besonderen Trainingsraum durchgeführt wird.
B von einem speziellen Trainer durchgeführt wird.
C zum Standardlehrplan in Kanada gehört.
D in Neufundland erfunden wurde.

Kreuze die richtige Antwort an.

- ☐ Nur A und B stehen im Text.
- ☐ Nur B und C stehen im Text.
- ☐ Nur B und D stehen im Text.
- ☐ Nur C und D stehen im Text.

b) Welche der folgenden Aussagen sind richtig? 2

Im Text steht, dass Darren …

A ein sechs Monate altes Baby namens Evan hat.

B in seiner Klasse den Kurs *Roots of Empathy* leitet.

C älter als seine Mitschülerinnen und Mitschüler ist.

D sich in der Pause erst einmal um Evan kümmert.

Kreuze die richtige Antwort an.

☐ Nur A und B stehen im Text.

☐ Nur B und C stehen im Text.

☐ Nur B und D stehen im Text.

☐ Nur C und D stehen im Text.

5. Nenne zwei Besonderheiten, die die *Roots of Empathy*-Stunden von normalem Unterricht unterscheiden. 2

____

____

____

____

____

____

6. Zitiere (mit Zeilenangabe) den Satz, in dem die drei Vorteile deutlich werden, die ein Baby im Vergleich zu einer erwachsenen Lehrkraft hat. 2

____

____

____

____

7. Belege anhand von drei Textstellen, was die Schülerinnen und Schüler durch den Kurs *Roots of Empathy* lernen und entwickeln können. 3

____

____

____

____

____

8. „So gesehen ist *Roots of Empathy* […] auch eine Art heimlicher Elternführerschein.“ (Z. 132 ff.)
Erläutere diese Aussage anhand von zwei Textbeispielen. 4

9. „Empathie-Unterricht sollte an allen Schulen in Deutschland als Unterrichtsfach eingeführt werden.“
Begründe deine Zustimmung oder Ablehnung zu dieser Forderung. 3

Teil II: Schreiben

Teil II.A: Textproduktion (Wahlaufgabe)

Wähle **eine** der beiden folgenden Aufgaben aus und bearbeite sie.

a) Schreibe einen Bericht für eine Schülerzeitung über eine Empathie-Unterrichtsstunde in der „Schule des Einfühlens", an der du im Wahlpflichtunterricht im letzten Schuljahr teilgenommen hast.
Berücksichtige dabei auch die Ziele und den Ablauf der Unterrichtsstunde.
Dein Bericht soll in der Schülerzeitung andere Schülerinnen und Schüler informieren, die diesen Wahlpflichtkurs im nächsten Jahr wählen können.

oder

b) Beschreibe Übungen, mit denen Schülerinnen und Schüler sich in ihrer Klasse besser kennenlernen und den respektvollen Umgang miteinander lernen können.
Deine Beschreibung soll bei der Vorbereitung eines Projekttages zum Thema „Soziales Lernen" (z. B. zur Stärkung der Klassengemeinschaft) verwendet werden.

Dein Text (Bericht oder Beschreibung) wird wie folgt bewertet:

	Punkte
Aufbau / Inhalt (z. B. Überschrift, Einleitung, Hauptteil, Schluss/„roter Faden")	18
Sprachangemessenheit (Wortschatz, Satzbau, Ausdruck)	9
Sprachrichtigkeit (Rechtschreibung, Grammatik, Zeichensetzung)	3
Summe	**30**

Teil II.B: Sprachliche Richtigkeit

Die Aufgaben zum Teil II.B (Sprachliche Richtigkeit) sind in der Prüfung für Text 1 und Text 2 gleich. Sie sind in diesem Buch deshalb nur einmal abgedruckt. Du findest sie am Ende der Aufgaben zu Text 1.

Root Leeb: Die Verabredung

Sie war schon von so vielen Männern enttäuscht worden. Den letzten hatte sie sogar geheiratet – und es hatte nichts genützt.

Nach drei Jahren und unzähligen Terminen, die jedes Mal so verliefen, dass sie pünktlich zur verabredeten Zeit am verabredeten Ort eintraf, dort eine bis mehrere Stunden wartete – und er nicht kam, zog sie Bilanz. Eine verschwindend geringe Zahl von Verabredungen hatte geklappt, meist zu Beginn einer Beziehung, zweihundertachtundvierzig geplante Treffen waren geplatzt.

Die Gründe, die sie später zu hören bekam, waren so unterschiedlich wie ihr jeweiliges Parfum oder ihre Frisuren. Das eine Mal war ein wichtiger Termin dazwischengekommen, das andere Mal war es durch starken Verkehr oder gar einen Stau nicht möglich gewesen, zu ihr zu gelangen, oder die Mutter des Mannes musste nach einem Infarkt schnell in die Klinik gefahren werden. Und in jedem dieser Fälle befand sich der Erwartete in einem Funkloch, oder der Akku seines Handys war leer, oder er hatte es verlegt und es war unauffindbar.

Das Schlimmste war jedoch, wenn der Ersehnte die gemeinsame Verabredung einfach vergessen hatte. Als das der Mann, den sie geheiratet hatte, als Grund für ein versäumtes Essen mit ihr angab, litt sie bis zur Selbstauflösung. Doch bevor es so weit kam, beschloss sie, sich scheiden zu lassen.

Sie lebte von da an alleine. Sie wurde älter, hatte einen Autounfall, in dessen Folge sie gehbehindert war, und es dauerte lange, bis sie sich durchringen konnte, eine Anzeige aufzugeben. Ja, sie suchte einen Mann.

Zuverlässig und ehrlich standen gleich zu Beginn der von ihr formulierten Eigenschaften für den gewünschten Partner. Und dasselbe gab sie auch als Beschreibung ihrer selbst an. Ihr gelähmtes Bein erwähnte sie nicht.

Und dann meldete er sich. Ja, genau das sei er, zuverlässig und ehrlich. Mit klopfendem Herzen schlug sie ein Treffen in einem schönen, nahe gelegenen Café vor, dem *Palmengarten*. Im Innenhof, in der Nähe des Springbrunnens, würde sie an einem der kleinen Tische auf ihn warten. Erkennungszeichen sei eine Sanduhr auf ihrem Tisch.

An diesem Tag war sie überpünktlich. Sie wollte nicht, dass er als Erstes ihre Gehbehinderung und vor allem nicht ihre Krücke bemerkte, ohne die sie nicht laufen konnte. Lange vor der verabredeten Zeit erschien sie im Café und suchte sorgfältig einen freien Tisch, der etwas Intimität versprach. Sie fand ihn unter den tiefhängenden Wedeln einer noch jungen Palme, setzte sich, stellte gut sichtbar die Sanduhr vor sich und wartete.

Der Sand war bereits zum zweiten Mal durchgerieselt, also eine halbe Stunde vergangen, ohne dass sich jemand ihrem Tisch genähert hatte. Nur die Bedienung hatte gleich zu Beginn kurz gefragt *Sie warten auf jemanden?*, und sie hatte das bejaht. Nun begann ein sehr vertrautes Gefühl sie zu beschleichen. Als es die Kreise enger zog, die Frau die Sanduhr zum dritten Mal umdrehte und dieses Gefühl zu würgen begann, stand sie auf und verließ das Café.

Sie hörte nie wieder von dem Herrn, der auf ihre Annonce geantwortet hatte. Und so erfuhr sie auch nicht, dass er, nahezu blind, ebenfalls früher gekommen war. Als Erkennungszeichen hatte auch er eine Sanduhr mitgebracht, ja, Humor hatte er, und mit dieser Sanduhr vor sich hatte er an einem der Tische auf der gegenüberliegenden Seite des Springbrunnens gewartet, dem Lachen der mit dem Wasser spielenden Kinder zugehört und sich schließlich einen Kaffee bestellt. Erst lange nachdem sie schon – von ihm unbemerkt – gegangen war, hatte er seinen Fahrer angerufen und war enttäuscht wieder nach Hause zurückgekehrt.

Quelle: Root Leeb: Die Verabredung, in: Die dicke Dame und andere kurze Geschichten, ars vivendi Verlag, Cadolzburg 2013, S. 14–16.

Teil I: Lesen

Punkte

1. Kreuze die richtige Aussage an. Es gibt jeweils nur eine richtige Lösung. 6

a) Die Frau war schon oft von _______ enttäuscht worden.

- ☐ Kollegen
- ☐ Freundinnen
- ☐ Männern
- ☐ ihren Kindern

b) Ihr Ehemann versäumte ein Essen mit ihr, weil …

- ☐ er müde war.
- ☐ er es vergessen hatte.
- ☐ sein Handy-Akku leer war.
- ☐ er im Stau stand.

c) Die Frau hatte einen Unfall mit …

- ☐ dem Fahrrad.
- ☐ dem Motorrad.
- ☐ dem Roller.
- ☐ dem Auto.

d) Die Frau wollte sich mit dem Mann …

- ☐ beim Friseur treffen.
- ☐ im Garten treffen.
- ☐ im Café treffen.
- ☐ im Restaurant treffen.

e) Als Erkennungszeichen wählten sie …

- ☐ eine Krücke.
- ☐ eine Sanduhr.
- ☐ einen Kaffee.
- ☐ eine Palme.

f) Der Mann, der auf die Frau wartete, war …

- ☐ lärmempfindlich.
- ☐ sehbehindert.
- ☐ humorlos.
- ☐ gehbehindert.

2. Kreuze die richtige Aussage an. Es gibt jeweils nur eine richtige Lösung. 3

a) „… litt sie bis zur Selbstauflösung." (Z. 30 f.) bedeutet hier, dass die Frau …

- ☐ ganz allein lebt.
- ☐ sehr unglücklich ist.
- ☐ großen Hunger hat.
- ☐ sich scheiden lässt.

b) „An diesem Tag war sie überpünktlich." (Z. 52) bedeutet hier, dass die Frau …

- ☐ sonst eher unpünktlich ist.
- ☐ generell zu spät kommt.
- ☐ genau rechtzeitig da ist.
- ☐ zu früh am Treffpunkt ist.

c) „… und suchte sorgfältig einen freien Tisch, der etwas Intimität versprach." (Z. 57 f.) bedeutet hier, dass …

- ☐ an dem Tisch viele Leute Platz finden.
- ☐ der Tisch neben einem Springbrunnen steht.
- ☐ der Tisch etwas abgelegen von den anderen steht.
- ☐ sich auf dem Tisch eine Sanduhr befindet.

3. Ordne jeder der folgenden Aussagen einen Satz im Text zu, der Ähnliches ausdrückt. Gib die jeweiligen Zeilen an. 4

Aussage	**Zeile(n)**
Die Frau hörte viele verschiedene Ausreden, warum Verabredungen nicht eingehalten wurden.	
In ihrer Anzeige schrieb sie nichts über ihre Gehbehinderung.	
Ein Mann antwortete auf ihre Anzeige.	
Der Kontakt zu dem Mann, der auf ihre Anzeige geantwortet hatte, brach ab.	

4. a) Welche der folgenden Aussagen sind richtig? 2

Im Text steht, dass …

A der Mann im Café die Sanduhr beobachtet.

B der Mann im Café humorvoll ist.

C der Mann nicht selbst mit dem Auto nach Hause fährt.

D der Sand 30 Minuten braucht, um einmal durch die Uhr zu rieseln.

Kreuze die richtige Antwort an.

- [ ] Nur A und B stehen im Text.
- [ ] Nur A und D stehen im Text.
- [ ] Nur B und C stehen im Text.
- [ ] Nur C und D stehen im Text.

b) Welche der folgenden Aussagen sind richtig? 2

Im Text steht, dass …

A die Frau einen zuverlässigen und ehrlichen Mann heiratet.

B die Frau einen humorvollen und lustigen Mann sucht.

C die Frau das Café verlässt, als sie das Warten nicht mehr erträgt.

D der Mann auf der anderen Seite des Springbrunnens sitzt.

Kreuze die richtige Antwort an.

- [ ] Nur A und B stehen im Text.
- [ ] Nur B und C stehen im Text.
- [ ] Nur B und D stehen im Text.
- [ ] Nur C und D stehen im Text.

5. Nummeriere die folgenden Vorkommnisse entsprechend dem Erzählverlauf von 1 bis 6. 3

Vorkommnis	**Nummerierung**
Sie gab eine Anzeige in der Zeitung auf.	
Sie hatte einen Autounfall und war von da an gehbehindert.	
Auf ihre Anzeige meldete sich ein Mann.	
Sie verließ enttäuscht das Café.	
Die Frau ließ sich scheiden.	
Sie wollte sich in einem Café mit einem Mann treffen.	

6. Nenne zwei der Ausreden oder Begründungen, die Männer verwendeten, wenn sie nicht zu ihrer Verabredung mit der Frau erschienen sind. 2

____

____

____

____

____

7. Die Frau und der Mann bezeichnen sich beide als „ehrlich“.
   Begründe, warum diese Selbsteinschätzung sowohl für die Frau als auch für den Mann nicht ganz zutreffend ist. 4

8. Zum wiederholten Male kommt eine Verabredung der Frau mit einem Mann nicht zustande.
   Erläutere, was diese letzte missglückte Verabredung von den vorherigen unterscheidet. 4

Teil II: Schreiben

Teil II.A: Textproduktion (Wahlaufgabe)

Wähle **eine** der beiden folgenden Aufgaben aus und bearbeite sie.

a) Erzählung
Erzähle die Geschichte aus der Perspektive des nahezu blinden Mannes. Du benötigst für deine Erzählung einen eigenen Anfang, in welchem du wichtige Informationen zu dem Mann und seinem Leben lieferst. Gehe auch auf die Gedanken und Gefühle des Mannes ein und auf die Frage, warum er auf die Kontaktanzeige der Frau antwortet.

oder

b) Bericht
Du warst in der Stadt unterwegs und hast einen Unfall zwischen einem Fahrradfahrer und einem Autofahrer beobachtet, bei dem beide Personen nur leicht verletzt wurden. Die untenstehende Skizze zeigt den Unfallhergang.
Die Polizei möchte wissen, was genau passiert ist. Schreibe einen Unfallbericht.

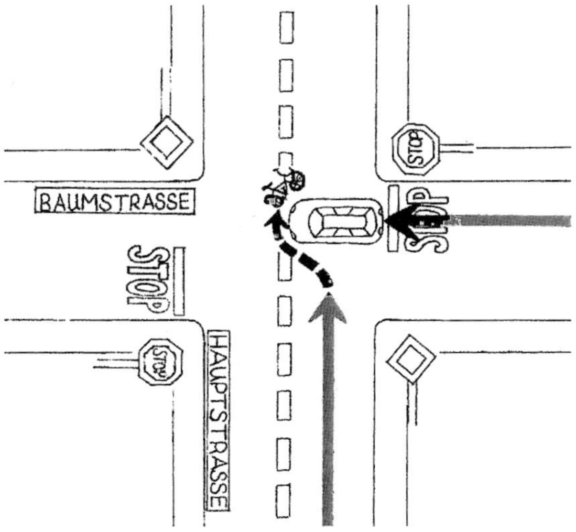

Dein Text (Erzählung oder Bericht) wird wie folgt bewertet:

	Punkte
Aufbau/Inhalt (z. B. Überschrift, Einleitung, Hauptteil, Schluss/„roter Faden")	18
Sprachangemessenheit (Wortschatz, Satzbau, Ausdruck)	9
Sprachrichtigkeit (Rechtschreibung, Grammatik, Zeichensetzung)	3
Summe	**30**

Teil II.B: Sprachliche Richtigkeit

1. Markiere und berichtige die zehn Fehler im Text.
   Du darfst nicht mehr als zehn Fehler markieren.
   Schreibe die jeweils berichtigte Schreibweise unter die fehlerhafte Stelle.
   Der Text enthält keine Fehler zur Getrennt- und Zusammenschreibung sowie zur Zeichensetzung. Eigennamen sind korrekt geschrieben. 5

Beispiel:

Nachdem die ~~wanderer~~ an der Berghütte angekommen waren, ~~ruten~~ sie sich aus.

Wanderer ruhten

In der vergangenen Woche war es fasst überall in Deutschland ganz schön heiss.

Viele Mädchen ziehen dann Hotpants, das sind extrehm kurze Hosen, und bauch-

freie Shirts an. Allerdings passiert das nicht mehr an einer bestimten Realschule

in Baden-Württemberg. Dort hat die Schuleitung das Tragen von besonders kurzer

Kleidung verboten. Mittlerweile gibt es an vielen Schulen solche Regeln. Das sorgt

nun für großen Wierbel. Besonders im Internet wird viel über das Verbot diskutirt.

Die Schulen begründen das Verbot oft damit, das Hotpants keine angemessene

Kleidung für die Schule seien. Gegner des Verbots beklagen, diese Regeln würden

nur Mädchen betreffen. Jungen könnten weiterhin ohne Probleme kurze Sachen

tragen. Ausserdem sind einige der Meinung, jeder solle anziehen dürfen, was er möchte. Nicht die Mädchen in kurzer Kleidung seien das Problem, sondern diejeni-

____

gen, die sich daran stören oder dafon abgelenkt werden.

____

Nach: Felix Geib: Diskussion um Hotpants-Verbot an Schulen vom 07. 07. 2015. Im Internet unter: http://www.tivi.de/fernsehen/logo/artikel/44602/index.html

2. Groß- oder Kleinschreibung?
In drei der folgenden Sätze befindet sich jeweils ein falsch geschriebenes Wort.
Kreise die falsch geschriebenen Wörter ein.
Hinweis: Du darfst nicht mehr als drei Wörter einkreisen. 3

a) Vorgestern hat es nach dem Sonnenuntergang wie aus Kübeln gegossen.

b) Er hat Vormittags daheim gesessen und über die Nacht nachgedacht.

c) Beim Einkaufen hat er seine Tasche im Geschäft liegen lassen.

d) Für den Chemieunterricht war ein anlegen der Schutzbrille notwendig.

e) Das schlimmste war für alle eingetreten.

f) Wie immer fanden sie sich auch in der Fremde ohne Karte zurecht.

3. „das“ oder „dass“?
Bestimme die Wortart und entscheide dich für die richtige Schreibweise.
Streiche das falsch geschriebene Wort durch.
Schreibe den entsprechenden Buchstaben der Wortart auf die Linie darunter:
Artikel **(A)**, Relativpronomen **(R)** oder Konjunktion **(K)**. 4

Beispiel:
Das/~~Dass~~ Haus, das/~~dass~~ am Ufer stand, war baufällig.
__A__ __R__

Das/Dass es draußen so eisig war, bestätigte das Thermometer, das/dass ich vor

________ ________

einer Woche gekauft hatte.

Ich verzichte auf das/dass Computerprogramm, das/dass so anfällig für Viren sein

____________ ____________

soll.

4. Setze die fehlenden Satzzeichen ein: Komma, Punkt, Fragezeichen, Doppelpunkt und Anführungszeichen der wörtlichen Rede.
   Hinweis: Manche Satzzeichen können mehrfach vorkommen, andere gar nicht. 3

   Ein Fuchs sah einen Eber seine Zähne an einem Eichstamm wetzen und fragte ihn, was er da mache ____ da er doch keine Not und auch keinen Feind vor sich sehe ____ ____ Wohl wahr“, antwortete der Eber ____ „aber gerade deswegen rüste ich mich zum Streit; denn wenn der Feind da ist, dann ist es Zeit zum Kampf, nicht mehr Zeit zum Zähnewetzen. ____

   Lehre: Bereite dich im Glück auf das künftige Unglück vor. Sammle und rüste in guten Tagen auf für die schlimmeren ____

   Nach: Aesop: Der Eber und der Fuchs. http://gutenberg.spiegel.de/buch/aesop-fabeln-1928/50 (abgerufen am 18. 11. 2015).

Christian Schreiber: Der Horse-Shoe bricht den Willen

Eine Bobfahrt als Tourist im berühmten Natureiskanal in St. Moritz[1] ist eine Grenzerfahrung[2].

Eine Nackenmassage wäre dringend nötig. Und ein Happen zu essen, um den strapazierten Magen zu beruhigen. Zumindest gibt es ein Glas Prosecco, das beim Runterkommen helfen soll. Schließlich war es für die meisten Teilnehmer die längste Minute ihres Lebens und zehnmal so nervenaufreibend wie die Fahrt in einem High-Tech-Karussell auf der Kirmes.

Aber dieses Spektakel ist mehr als 100 Jahre alt und steht auch nicht auf einem x-beliebigen Jahrmarkt, sondern im schweizerischen St. Moritz. Es handelt sich um die älteste Bobbahn und die letzte verbliebene Natureispiste der Welt. Was normalerweise nur den Profis bei internationalen Rennen und Weltmeisterschaften vorbehalten ist, können hier aber auch Touristen erleben. Sie müssen bei dem rasanten Ritt den vierfachen Druck ihres Gewichts aushalten und sich bewusst sein, dass der Körper dann nicht mehr in der Lage ist, das auszuführen, was das Gehirn befiehlt. So gewaltig sind die Fliehkräfte[3]. In der Theorie kann man noch so viel über das rasante Spektakel erfahren – man muss es erleben. Deswegen der Reihe nach: Das Starthäuschen der Bobbahn steht ganz in der Nähe des Ortskerns von St. Moritz. Seit dem Morgen herrscht hier schon Betrieb: Einheimische Sportler absolvieren ihre Skeleton[4]-Trainingsläufe, indem sie Kopf voraus die Bahn hinunter rauschen. Routine, niemand ist nervös.

Das ändert sich schlagartig, als die ersten Touristen eintreffen, die für rund 200 Euro eine Fahrt gebucht haben. Auf dem Platz vor der Startrampe herrscht jetzt (An-)Spannung. Auch die Piloten und die Helfer sind unruhig, kontrollieren die Namen, drücken den Teilnehmern die Helme in die Hand, ziehen die Bobs aus den Garagen.

Aber dann geht alles ruck, zuck. Schneller als gedacht hört man seinen Namen über die Lautsprecherbox. Die Überraschung ist groß, als der Ansager im gleichen Atemzug erklärt, man befinde sich bereits in der Startvorbereitung. Dann stellt sich Fredy Kreis vor. Er ist der Pilot. „Auf dass wir gut runterkommen". Oder hat er „heil runterkommen" gesagt? In dem Trubel war es nicht genau zu verstehen, und Zeit zum Nachdenken bleibt jetzt ohnehin nicht mehr. Kreis sitzt schon, als ein Anweiser erklärt, wie man sich in den Bob zwängen muss. „Die Füße unter die Oberschenkel des Vordermannes schieben." Pilot und die beiden Touristen, die absolut keine Ahnung vom Bobfahren haben, sind startklar. Kurz nach rechts blicken für ein offizielles Foto. Dann klopft jemand auf den Helm, soll wohl Glück bringen. Ein paar Sekunden später hört man wieder den eigenen Namen und die Ansage, dass man sich bereits in der Spur befinde. Tatsächlich steigt hinten nun der Anschieber ein. Rasante Fahrt? Von wegen. Mühsam ächzt der Bob der ersten Kurve entgegen. Richtig langsam ist das Ding. Und deswegen so viel Aufregung?

Die Bobbahn in St. Moritz ist die berühmteste der Welt. James Bond ist hier mit Skiern hinuntergefahren. Zweimal war das Areal Schauplatz bei Olympischen Spielen, es finden regelmäßig Weltcups statt und 2013 zum wiederholten Male eine Weltmeisterschaft. Profis schätzen die Wettkämpfe in St. Moritz vor allem deswegen, weil die Bahn als unberechenbar gilt. Sie hat jedes Jahr einen anderen Charakter, weil sie von Hand modelliert wird.

Die erste Kurve geht linksrum. Ganz gemächlich. Aber plötzlich zündet der Bob den Turbo und löst den ersten Adrenalin[5]-Schub aus. Innerhalb von Sekunden beschleunigt er wie eine Achterbahn, nachdem sie sich auf die erste Erhebung geschleppt hat, um ihre Passagiere in den gefühlten freien Fall zu katapultieren.

Menschen, die beim Start eines Flugzeuges Probleme haben, dürften nach einer Bobfahrt geheilt sein. Der Flieger hebt irgendwann ab, der Bob bleibt in der Spur – und mit ihm das beklemmende Gefühl in der Magengegend.

Noch sitzen die Touristen gerade und können sehen, welche bösartige Links-Rechts-Kombination als nächste kommt. Am Rande sind noch die Streckenposten zu erkennen. Jeder von ihnen ist für gut 100 Meter Eisbahn verantwortlich und gibt acht, dass die Rillen durch die scharfen Kufen nicht zu tief werden. Die Betreuer nennen die Bahn liebevoll „unser Baby“. Das ist nicht übertrieben, schließlich formen sie jedes Jahr im November in mühevoller Arbeit aus Schneehaufen und gefrierendem Wasser das Kunstwerk und werden von den Einheimischen geradezu verehrt. Traditionell kommen die „Eisheiligen“ aus Südtirol, das war schon 1904 so, als der „bobrun“ erstmals gebaut wurde. Die meisten sind im Sommer Maurer oder Handwerker, im Winter stolze Gastarbeiter. Wer hier dabei ist, hat die Berechtigung vom Vater geerbt.

In der „Nash-Dixon-Kurve“ ist es vorbei mit der aufrechten Haltung. Man fühlt sich, als würde plötzlich ein 30-Kilo-Rucksack auf dem Rücken den Oberkörper zu den Knien drücken. Der Nacken schmerzt ob dieser Last. Es sind nur ein paar Sekunden. Der Druck lässt nach. Schnell Luft holen und tief durchatmen. Ist die Nummer jetzt durch? Nein, das Heftigste kommt noch.

„Horse-Shoe“ wurde die Teufelskurve getauft, die jedem Bobtouristen den letzten Funken Kraft raubt. Man kann sie nach dem Rennen besichtigen, das ist ein Pflichttermin, sobald die weichen Knie wieder Halt finden auf dem teils rutschigen Spazierweg entlang der Strecke. Aufgewühlte Menschen stehen dann an der Fahrbahnbegrenzung und blicken mit offenen Mündern auf die knapp fünf Meter hohe, senkrechte Wand, an der die Bobs in Sekundenbruchteilen vorbeizischen. Die Geschwindigkeit von mehr als 100 Stundenkilometern hält sie in der Bahn. Es hat an dieser Stelle schon einige Unfälle gegeben. Mitte der 90er-Jahre wurde der „Horse-Shoe“ aber sicherer gemacht und seither ist nichts Schlimmes mehr passiert.

Wer sich in dieser Kurve befindet, fühlt eine zentnerschwere Last in der Magengegend. Alle Organe scheinen eine Etage tiefer zu rutschen, der Kopf schlägt hart an der Bobwand an, die Kraft weicht aus den Händen, man muss das Halteseil loslassen. Es ist eine unglaubliche körperliche Erfahrung, wenn man merkt, dass die Muskeln nicht mehr auf die Befehle aus dem Gehirn reagieren (können). Da ist ein Wille, aber kein Weg. Wenige Sekunden später fängt Pilot Kreis an zu bremsen. Erst nach mehreren hundert Metern kommt der Bob zum Stehen. Im ganzen Körper pulsiert das Adrenalin, die meisten Teilnehmer brauchen ein paar Sekunden, bis sie in der Lage sind, aus dem stehenden Bob auszusteigen. Aber dann erheben sie sich, reißen die Arme hoch und jubeln – vorausgesetzt, sie haben keinen schwachen Magen.

Quelle: Christian Schreiber: Der Horse-Shoe bricht den Willen. http://www.rheinmainmarkt.de/News.news.0.html?&cHash=b9f43f89867a9fc6493b3db714f87713&txttnews[ttnews]=6484&PHPSESSID=31d37b9cf9df29559a1a253bbfDe3360 (abgerufen am 12. 04. 2013).

1 **St. Moritz:** bekannter schweizerischer Wintersportort
2 **Grenzerfahrung:** Erlebnis, bei dem Körper und Sinne extremen Belastungen ausgesetzt sind
3 **Fliehkräfte:** Kräfte, die Dinge in Kurven nach außen drücken
4 **Skeleton:** Rodelschlitten, auf dem die Fahrerinnen und Fahrer auf dem Bauch liegen
5 **Adrenalin:** Stresshormon, das bei Angst und Aufregung freigesetzt wird

Teil I: Lesen

Punkte

1. Kreuze die richtige Aussage an. Es gibt jeweils nur eine richtige Lösung. 6

a) Bobfahren in St. Moritz gibt es …
- ☐ schon seit fast 50 Jahren.
- ☐ schon seit über 100 Jahren.
- ☐ erst seit einigen Jahrzehnten.
- ☐ durch den Einsatz von High-Tech.

b) Die älteste Bobbahn der Welt …
- ☐ ist eine Ganzjahreseisbahn.
- ☐ ist eine Kunsteisbahn.
- ☐ ist eine Jahrmarkteisbahn.
- ☐ ist eine Natureisbahn.

c) In den Eiskanal in St. Moritz dürfen …
- ☐ auch Skeletonfahrer.
- ☐ normale Schlittenfahrer.
- ☐ nur geübte Bobfahrer.
- ☐ auch gute Skifahrer.

d) Die mitfahrenden Touristen haben …
- ☐ vorher schon fleißig trainiert.
- ☐ wenig Ahnung vom Bobfahren.
- ☐ alle einen eigenen Bob.
- ☐ alle eine Skeletonfahrt gemacht.

e) Bei der Fahrt mit den Touristen …
- ☐ stürzt der Bob in die erste Kurve.
- ☐ fährt der Bob insgesamt langsam.
- ☐ beginnt der Bob die Fahrt langsam.
- ☐ wird der Bob immer langsamer.

f) Die „Eisheiligen“ aus Südtirol …

☐ sind selbst die besten Bobfahrer.
☐ präparieren jedes Jahr die Bahn.
☐ wohnen ganzjährig in St. Moritz.
☐ bauen die Bahn seit 200 Jahren.

2. Kreuze die richtige Aussage an. Es gibt jeweils nur eine richtige Lösung. 3

a) „… und 2013 zum wiederholten Male eine Weltmeisterschaft.“ (Z. 75 ff.) bedeutet hier, dass …

☐ auf der Bobbahn jährlich mindestens eine Weltmeisterschaft ausgetragen wird.
☐ auf der Bobbahn erstmals eine richtige Weltmeisterschaft ausgetragen wird.
☐ auf der Bobbahn schon mehrere Weltmeisterschaften ausgetragen wurden.
☐ auf dieser Bobbahn alle Weltmeisterschaften ausgetragen werden.

b) „von Hand modelliert“ (Z. 81) bedeutet hier, dass die Bobbahn …

☐ nicht mit Maschinen erbaut wird.
☐ mit festen Mauern gebaut wird.
☐ erst im Modell erstellt wird.
☐ der Nachbau einer anderen Bahn ist.

c) „Links-Rechts-Kombination“ (Z. 96 f.) bedeutet hier, dass …

☐ der Anzug der Fahrer aus zwei verschiedenen Hälften besteht.
☐ die Hälfte der Fahrer rechts, die andere Hälfte links sitzt.
☐ mit dem rechten und dem linken Bein gesteuert wird.
☐ auf eine Linkskurve eine Rechtskurve folgt.

3. Ordne jeder der folgenden Aussagen einen Satz im Text zu, der Ähnliches ausdrückt. Gib die jeweiligen Zeilen an. 4

Aussage	**Zeile(n)**
Man kann noch so viel über die schnelle Fahrt auf der Bahn erzählt bekommen oder lesen, man muss sie selbst fahren.	
Morgens vor dem Bobbetrieb trainieren die Skeletonfahrer in Bauchlage.	
Unvermittelt rast der Bob los und sofort werden Stresshormone freigesetzt.	
Alle, die durch diese Kurve fahren, spüren, dass ein großes Gewicht auf ihren Bauch drückt.	

4. a) Welche der folgenden Aussagen sind richtig? 2

Im Text steht, dass die Kurve „Horse-Shoe" …

A für die Weltmeisterschaft 2013 neu geplant wurde.

B früher zu mehreren Unfällen geführt hat.

C eine senkrechte Wand aufweist.

D seit ungefähr 20 Jahren noch gefährlicher ist.

Kreuze die richtige Antwort an.

☐ Nur A steht im Text.

☐ Nur A und B stehen im Text.

☐ Nur B und C stehen im Text.

☐ Nur B und D stehen im Text.

b) Welche der folgenden Aussagen sind richtig? 2

Im Text steht, dass ab der „Nash-Dixon-Kurve"…

A die Bobfahrer nicht mehr aufrecht sitzen können.

B die Bobfahrer wieder einigermaßen aufrecht sitzen können.

C die Bobfahrer die Halteseile an den Seiten loslassen müssen.

D der Pilot Kreis sofort mit dem Bremsen beginnt.

Kreuze die richtige Antwort an.

☐ Nur A steht im Text.

☐ Nur A und C stehen im Text.

☐ Nur B und D stehen im Text.

☐ Nur C steht im Text.

5. Nummeriere die folgenden Vorkommnisse entsprechend dem Ablauf der Bobfahrt von 1 bis 6. 3

Vorkommnis	**Nummerierung**
Der Bob fährt nun mit mehr als 100 Stundenkilometern.	
Die Touristen werden in den gefühlten freien Fall katapultiert.	
Der Pilot Fredy Kreis beginnt mit dem Bremsen.	
Für ein offizielles Foto blicken alle nach rechts.	
Man bekommt auf den Helm geklopft.	
Die Piloten und Helfer ziehen die Bobs aus den Garagen.	

6. Zitiere drei Textstellen, in denen der Autor deutlich macht, dass die Fahrt auf der Bobbahn Begeisterung auslöst. 3

7. Erkläre die unterschiedlichen Bedeutungen von „Runterkommen“ (Z. 7 f.) und „runterkommen“ (Z. 51 f.) im Textzusammenhang. 4

8. Die Überschrift des Textes lautet „Der Horse-Shoe bricht den Willen“. Erläutere anhand einer Textstelle, inwiefern dies auf die Bobtouristen zutrifft. 3

Teil II: Schreiben

Teil II.A: Textproduktion (Wahlaufgabe)

Wähle **eine** der beiden folgenden Aufgaben aus und bearbeite sie.

a) Beschreibung
Beschreibe den Ablauf einer Fahrt mit einem Fahrgeschäft (z. B. Achterbahn, Sommerrodelbahn).
Deine Beschreibung soll Teil eines Werbeprospektes für einen Freizeitpark werden.

oder

b) Argumentation
Argumentiere, warum es nicht sinnvoll ist, bis an die Grenze der körperlichen Leistungsfähigkeit zu gehen, z. B. im Sport, in der Freizeit oder im Beruf. Berücksichtige dabei auch die möglichen Risiken oder Folgen.

Dein Text (Beschreibung oder Argumentation) wird wie folgt bewertet:

	Punkte
Aufbau/Inhalt (z. B. Überschrift, Einleitung, Hauptteil, Schluss/„roter Faden“)	18
Sprachangemessenheit (Wortschatz, Satzbau, Ausdruck)	9
Sprachrichtigkeit (Rechtschreibung, Grammatik, Zeichensetzung)	3
Summe	**30**

Teil II.B: Sprachliche Richtigkeit

Die Aufgaben zum Teil II.B (Sprachliche Richtigkeit) sind in der Prüfung für Text 1 und Text 2 gleich. Sie sind in diesem Buch deshalb nur einmal abgedruckt. Du findest sie am Ende der Aufgaben zu Text 1.

Andreas Steinhöfel: Anders

Felix Winter hat an seinem elften Geburtstag einen schweren Unfall und erleidet ein Schädel-Hirn-Trauma. Erst nach 263 Tagen erwacht der „Winterjunge" aus einer tiefen Bewusstlosigkeit. Sein Verstand ist klar, dennoch hat er sich verändert. An den Unfall und an die Zeit vor dem Unfall kann er sich nicht erinnern.

[…] Eckhard Stack stieß auf seinen ehemaligen Nachhilfeschüler in Golds Bürobedarf, einem anheimelnd nach Papier, Briefumschlägen, Aktenordnern und Zeitung duftenden Laden, der nebenher als Postfiliale fungierte. Als er eintrat, sah er Felix an der Kasse eben ein paar Münzen Wechselgeld einstreichen. Nur sein Profil war sichtbar, aber Stack erkannte ihn sofort. Ein Neonstrahler hing über der Kasse, dessen kaltes Licht machte, dass das kleine Gesicht ganz hell erschien, die Haare ganz schwarz. Die Lippen hingegen hätten unter jedem Licht geleuchtet, so kräftig war ihr Rot, wie die Lippen von –

„Kenne ich Sie?"

Felix hatte ihm blitzartig den Kopf zugewandt.

„Sag du's mir", erwiderte Stack, beinahe ebenso schnell.

Der Winterjunge schien vorauszusetzen, dass alle Welt von seiner Amnesie wusste. Er nickte der Kassiererin kurz, aber freundlich zu und nahm Kurs auf Stack, lächelnd, aber das Grau seiner Augen machte, dass es ein kaltes Lächeln blieb. „Ich schätze, ich kenne Sie. Sonst hätte ich Sie nicht angesprochen." […]

„Eckhard Stack", sagte Stack. „Ich hab dir Nachhilfe gegeben, vor deinem Unfall. In Mathe."

„Ah. Und hat sie mir geholfen? Die Nachhilfe?"

„Doch, schon."

„Dann danke."

Der Händedruck war trocken und überraschend kräftig. Stack erinnerte sich genau an ihr erstes Kennenlernen vor weit über einem Jahr, an die Kinderhand, die schlaff und feuchtwarm in seiner gelegen hatte. Kein Vergleich.

„Und wie läuft es aktuell mit Mathe?", sagte er. „Gehst du überhaupt schon wieder zur Schule, Felix?"

„Ja, aber ich muss ein Jahr wiederholen. Alle sind nett zu mir. Mathe ist okay. Und ich heiße jetzt nicht mehr Felix, ich heiße Anders. Mit einem großen A. Wie Andersen, Sie wissen schon. Der mit dem Märchen von der kleinen Seejungfrau. Jeden Tag in der wirklichen Welt geht sie mit ihren nackten Füßen wie auf Messern. Und sie kann keinem sagen, was sie denkt oder fühlt, weil sie keine Zunge mehr hat." Er hob eine Hand und vollzog mit Zeige- und Mittelfinger eine Schnipp-schnapp-Bewegung vor seinen Lippen. „Abgeschnitten."

„Ich glaube, daran entsinne ich mich, ja", sagte Stack.

„Warum hast du dich umbenannt?"

Der Winterjunge zuckte die Achseln. „Weil ich mich nicht mehr wie ein Felix fühle." „Und wie fühlt sich ein Felix?" „Eingesperrt."

Stack musste sich ein Grinsen verkneifen. Offenbar erhöhten kleinere Schläge auf den Hinterkopf dann doch das Denkvermögen. Oder die Chance auf ein monatelanges Koma. Wann bist du bloß so zynisch geworden, du alter Sack? Er schüttelte den Gedanken unwillig ab.

„Was sagen deine Eltern dazu?", fragte er.

„Mein Vater gibt sich Mühe. Meine Mutter nennt mich weiter Felix. Sie erträgt es schlecht, wenn Dinge sich ändern. Man muss dafür Verständnis haben, oder?"

„Wenn du das sagst."

Es war nichts mehr zu wollen, das mühsam zurückgehaltene Grinsen brach sich endlich Bahn. Der neue Winterjunge gefiel Stack. Im Gegensatz zu Anders hatte Felix nicht durch Selbstbewusstsein geglänzt. Geradezu verdruckst war er gewesen, als Stack ihn kennenlernte, und er war es geblieben, auch dann noch, als er und Stack längst aufeinander eingespielt waren. Felix hätte sich außerdem niemals allein in die Stadt gewagt. Oder eventuell doch, wenn die Fliederfarbene ihn gelassen hätte.

Anders schaute ihn geduldig an. Stack, der nichts mehr zu sagen hatte, aber von dem drängenden Gefühl erfüllt war, noch etwas sagen zu müssen, zeigte hilflos auf die Zeitschriftenständer.

„Bist du wegen der Comics hier?" „Nein." Anders hob beide Hände, wie um zu zeigen, dass sie leer waren. „Ich hab eine Briefmarke gebraucht. Und Sie?" „Die Tageszeitung."

„Der Brief ist wegen Gerry", fuhr Anders fort, „der ist mein Pfleger aus dem Krankenhaus. Er hat ein bisschen Angst vor mir, aber das wird bestimmt irgendwann besser."

Wieder musste Stack grinsen. Und bei den nicht anders als leutselig[1] zu nennenden nächsten Worten an sich halten, um nicht laut aufzulachen.

„Außerdem ist Gerry verliebt in meine Ärztin, die wohnt neben uns in der Ulmenstraße. Und er denkt, dass sie es nicht weiß, aber sie weiß es natürlich längst, und er denkt, sie könnte niemals einen wie ihn lieben, aber in Wirklichkeit liebt sie ihn auch."

„Tut sie das?"

„Aber sicher", sagte Felix, ganz ernst. „Ihr Herz ist seinem so verbunden, dass nur ein Herz in beiden wird gefunden."

Plötzlich verspürte Stack in seinem eigenen Herzen einen deutlichen Stich. Als wäre dort ... oh, und es war dort ... eine sehr schlecht verheilte Wunde, von der die Worte ein Pflaster gerissen hatten, und jetzt blutete sein Herz, blutete ...

„Hast du das gedichtet?", sagte er brüchig.

„Shakespeare." Anders betrachtete ihn aufmerksam. [...]

Und dann war auch dieser Moment vorüber.

„Warum sind Sie denn traurig?", hörte Stack Anders gedehnt sagen. „Weil Sie so alleine sind?"

Stack schluckte. Es gab niemanden, mit dem er über sein Innenleben redete. Zwar hatte er ausreichend Freunde und Bekannte, aber er wollte niemanden mit Gedanken und mit einer Trauer belasten, die ihn seit inzwischen mehr als fünfzehn Jahren begleitete. Und doch ...

„Ich vermisse meine Frau", hörte er sich selber sagen.

„Wie lange ist sie denn schon tot?"

Nicht: Ist sie weggelaufen? Leben Sie getrennt? Sind Sie geschieden?

„Schon sehr lange. Seit fünfzehn Jahren."

„Das tut mir leid. Soll ich Sie mal besuchen kommen?"

„Das wäre sehr schön", sagte Stack. „Klagenbacher Weg, letztes Haus, oben am Waldrand. Aber du bekommst, das kann ich dir garantieren, großen Ärger mit deiner Mutter, wenn du das tust. Sie hat ein Problem mit mir."

„Der andere hätte Ärger bekommen", gab Anders mit sehr ruhiger Stimme zurück. „Ich nicht."

Quelle: Andreas Steinhöfel: Anders. Hamburg: Verlag Königskinder 2014, S. 80–85

1 **leutselig:** *hier:* gesprächig

Teil I: Lesen

Punkte

1. Kreuze die richtige Aussage an. Es gibt jeweils nur eine richtige Lösung. 6

   a) Anders kennt Eckhard Stack …
   - [ ] aus dem Laden.
   - [x] von der Nachhilfe.
   - [ ] aus dem Krankenhaus.
   - [ ] aus der Schule.

   b) Anders hat sich nach seinem Unfall umbenannt weil …
   - [ ] seine Eltern es so wollen.
   - [ ] er seinen Namen vergessen hat.
   - [x] er „Felix“ nicht mehr passend findet.
   - [ ] „Felix“ ihm zu langweilig erscheint.

   c) Anders’ Mutter …
   - [ ] liebt Veränderungen.
   - [ ] hat sich auch verändert.
   - [ ] verändert ihren Namen.
   - [x] mag keine Veränderungen.

   d) Anders kauft in Golds Laden …
   - [ ] eine Zeitung.
   - [ ] einen Comic.
   - [x] eine Briefmarke.
   - [ ] ein Märchenbuch.

   e) Gerry war Anders’ …
   - [x] Krankenpfleger.
   - [ ] Arzt.
   - [ ] Nachbar.
   - [ ] Nachhilfelehrer.

   f) Eckhard Stack lebt alleine, weil …
   - [ ] er nie verheiratet war.
   - [x] seine Frau verstorben ist.
   - [ ] er sich von seiner Frau getrennt hat.
   - [ ] seine Frau ihn verlassen hat.

2. Kreuze die richtige Aussage an. Es gibt jeweils nur eine richtige Lösung. 4

a) „… der nebenher als Postfiliale fungierte“ (Z. 5/6) bedeutet hier, dass man in Golds Laden für Bürobedarf …

☐ auch Postgeschäfte erledigen kann.
☐ keine Postgeschäfte erledigen kann.
☐ nur Postgeschäfte erledigen kann.
☐ nur Schreibwaren kaufen kann.

b) „Geradezu verdruckst war er gewesen …“ (Z. 81/82) bedeutet hier, dass Anders vor seinem Unfall …

☐ große Mengen verdrücken konnte.
☐ sich gerne verdrückt hat.
☐ sehr selbstbewusst war.
☐ sehr schüchtern war.

c) „die Fliederfarbene“ (Z. 87) ist hier ein bildhafter Ausdruck für …

☐ ein Möbelstück.
☐ Anders’ Mutter.
☐ eine Pflanzenart.
☐ ein Kleidungsstück.

d) „… jetzt blutete sein Herz, blutete …“ (Z. 120/121) bedeutet hier, dass Stack sehr leidet, weil …

☐ er herzkrank ist.
☐ er seine Frau vermisst.
☐ er sich verletzt hat.
☐ er eine offene Wunde hat.

3. Ordne jeder der folgenden Aussagen einen Satz im Text zu, der Ähnliches ausdrückt. Gib die jeweiligen Zeilen an. 4

Aussage	**Zeile(n)**
Felix hatte sich sehr schnell nach Stack umgedreht.	
Stack wollte nicht länger darüber nachdenken.	
Dann war der Augenblick vorbei.	
Stack sprach mit keinem Menschen über seine Gefühle.	

4. a) Welche der folgenden Aussagen sind richtig? 2

Eckhard Stack …

A erkennt Anders zuerst nicht.

B mag das Märchen von der Seejungfrau.

C wollte eine Zeitung kaufen.

D würde sich über Anders' Besuch freuen.

Kreuze die richtige Antwort an.

☐ Nur A und C stehen im Text.

☐ Nur A und D stehen im Text.

☐ Nur B und C stehen im Text.

☐ Nur C und D stehen im Text.

b) Welche der folgenden Aussagen sind richtig? 2

Vor seinem Unfall …

A war Anders immer eingesperrt.

B schrieb Anders gerne Briefe.

C wäre Anders nie alleine in die Stadt gegangen.

D hatte Anders einen kräftigen Händedruck.

Kreuze die richtige Antwort an.

☐ Nur A und B stehen im Text.

☐ Nur B und D stehen im Text.

☐ Nur C steht im Text.

☐ Nur C und D stehen im Text.

5. Nummeriere die folgenden Vorkommnisse entsprechend dem Erzählverlauf von 1 bis 6. 3

Vorkommnis	**Nummerierung**
Anders erkennt Stacks Traurigkeit.	
Anders erwähnt, dass er seinen Namen geändert hat.	
Stack trifft in Golds Laden auf Anders.	
Anders verspricht Stack, ihn bald einmal zu besuchen.	
Anders bedankt sich bei Stack für die erhaltene Nachhilfe.	
Anders erzählt Stack von der kleinen Seejungfrau.	

6. Der „Winterjunge“ hat sich, nachdem er aus der tiefen Bewusstlosigkeit erwacht ist, verändert.
   Nenne drei Textstellen, die zeigen, dass diese Behauptung richtig ist. 3

7. Der Autor hat sein Buch und seine Hauptfigur „Anders“ genannt.
   Begründe, warum der Autor sich für diesen Namen entschieden haben könnte. 3

8. „Ihr Herz ist seinem so verbunden, dass nur ein Herz in beiden wird gefunden.“ (Z. 113–115)
   Erläutere anhand einer Textstelle, warum Stack auf diese Worte sehr betroffen reagiert. 3

Teil II: Schreiben

Teil II.A: Textproduktion (Wahlaufgabe)

Wähle **eine** der beiden folgenden Aufgaben aus und bearbeite sie.

a) Beschreibung
Deine Klasse möchte diesen Textausschnitt als Theaterstück aufführen. Dazu benötigt ihr zunächst eine genaue Vorstellung von dem Ort des Geschehens, um das Bühnenbild zu gestalten.
Beschreibe Golds Laden für Bürobedarf, in dem sich Stack und Anders begegnen, genau. Wie sieht der Laden aus? Welche Artikel befinden sich in den Regalen?
Wie werden diese präsentiert?

oder

b) Erzählung
Nach einem Umzug kommt eine Schülerin oder ein Schüler in eine neue Schule. Sie/Er hatte am ersten Tag ein besonderes Erlebnis.
Schreibe eine Erzählung darüber und gehe dabei auch auf ihre/seine Gedanken und Gefühle ein.

Dein Text (Beschreibung oder Erzählung) wird wie folgt bewertet:

	Punkte
Aufbau/Inhalt (z. B. Überschrift, Einleitung, Hauptteil, Schluss/„roter Faden")	18
Sprachangemessenheit (Wortschatz, Satzbau, Ausdruck)	9
Sprachrichtigkeit (Rechtschreibung, Grammatik, Zeichensetzung)	3
Summe	**30**

Teil II.B: Sprachliche Richtigkeit

1. Markiere und berichtige die zehn Fehler im Text.
   Du darfst nicht mehr als zehn Fehler markieren.
   Schreibe die jeweils berichtigte Schreibweise unter die fehlerhafte Stelle.
   Der Text enthält keine Fehler zur Getrennt- und Zusammenschreibung sowie zur Zeichensetzung. Eigennamen sind korrekt geschrieben. 5

> **Beispiel:**
> *Nachdem die Wanderer an der ~~Bergspize~~ angekommen waren, ~~ruten~~ sie sich aus.*
> Bergspitze ruhten

Mit modernster Technik ausgestattete Schife sollen Müll aufbereiten – befor er im

Meer landet. Eine nachaltige Lösung, nicht nur für vermüllte Inselparadise. Plastik,

der formbare Wunderstoff, ist aus unseren Konsumwelten nicht mehr

wegzudencken. Doch das Erdölprodukt landet in rießigen Mengen in der Natur,

auf wilden Mülldeponien, in Flüssen. Und in den Ozeanen. Forscher schäzen, dass

rund 140 Millionen Tonnen Plastikmüll in denn Meeren treiben. Und jedes Jahr

kommen 10 Millionen Tonnen dazu – kontzentriert in Müllstrudeln von der Größe

Europas. Experten warnen, dass es Mitte des Jahrhunterts schon mehr Plastik in den

Meeren geben könnte als Fisch.

Nach: Peter Carstens: Mit Recycling-Schiffen gegen die Vermüllung der Ozeane, im Internet unter: http://www.geo.de/GEO/natur/oekologie/internationaler-tag-des-meeres-mit-recycling-schiffen-gegen-die-vermuellung-der-ozeane-83593.html

2. Groß- oder Kleinschreibung?
   In drei der folgenden Sätze befindet sich jeweils ein falsch geschriebenes Wort.
   Kreise die falsch geschriebenen Wörter ein.
   Hinweis: Du darfst nicht mehr als drei Wörter einkreisen. 3

   a) Das klopfen an der Tür war nicht zu überhören.

   b) Beim Läuten der Schulglocke stürmen alle ins Freie.

   c) Die Bäckerei hat Sonntags immer geschlossen.

   d) Ein gesundes Frühstück am Morgen ist wichtig.

   e) Die eine Fußballmannschaft war der anderen überlegen.

   f) Ein Stadtplan half ihm beim orientieren.

3. „das“ oder „dass“?
   Bestimme die Wortart und entscheide dich für die richtige Schreibweise.
   Streiche das falsch geschriebene Wort durch.
   Schreibe den entsprechenden Buchstaben der Wortart auf die Linie darunter:
   Artikel **(A)**, Relativpronomen **(R)** oder Konjunktion **(K)**. 4

   > **Beispiel:**
   > *Das/~~Dass~~ Haus, das/~~dass~~ am Ufer stand, war baufällig.*
   > A R

   Sie hoffen, das/dass er bei der Berufswahl die richtige Entscheidung trifft.

   ____

   Er kaufte das/dass Fahrrad, das/dass ihm am besten gefiel.

   __________ __________

   Ich finde, das/dass die Sommerferien einfach zu kurz sind.

   ____

4. Setze die fehlenden Satzzeichen ein: Komma, Punkt, Fragezeichen, Doppelpunkt und Anführungs- und Endzeichen der wörtlichen Rede.
Hinweis: Manche Satzzeichen können mehrfach vorkommen, andere gar nicht. 3

Drei Stiere schlossen miteinander ein Bündnis. Sie sagten: ____ Wir wollen jede Gefahr auf der Weide mit vereinten Kräften abwehren. ____ So vereinigt, trotzten sie sogar dem Löwen ____ denn dieser wagte sich nicht an sie.

Der Löwe hatte bald großen Hunger und er dachte bei sich, dass es hilfreich sei, unter den Stieren Streit zu stiften ____ damit sie nicht mehr so stark seien. Streitend trennten sich die Stiere. Nach nicht acht Tagen hatte er alle drei ____ jeden einzeln, angegriffen und verzehrt ____

Lehre: Eintracht gibt Stärke und Sicherheit. Zwietracht bringt Schwäche und Verderben.

Nach: Aesop: Drei Stiere und der Löwe

Yannic Hannebohn: Urform des Skatens

Lange galt Longboarden als Nische, nun ist es eine Trendsportart. Jugendliche und Erwachsene rollen durch die Stadt oder rasen Berge hinab.

Eine Bergstraße, irgendwo im Odenwald. Grobkörnig und warm ist der Asphalt, der sich in Serpentinen auf einer Seite der Spitze hinauf und auf der anderen Seite wieder hinabschlängelt […]. 50 Meter vor der ersten Haarnadelkurve steht Caro P. Über ihre Jeans hat sie mit Klebeband schwarze Knieschoner befestigt, ein Helm sitzt auf ihren braunen Locken. Gleich wird sie auf das Longboard vor ihr steigen und die 50 Meter bis zur Kurve eine Geschwindigkeit von etwa 60 Kilometer pro Stunde aufnehmen. Dann wird sie kurz vor der Kurve Druck auf die linken Achsen geben, ihr Brett querstellen und in einem Slide die Kurve durchfahren. Ihre Pupillen sind weit. Nur einen Moment noch.

Darmstadt, zwei Wochen zuvor. Vor der Werkstatt von „M. Longboards“ trocknen Holzbretter auf Böcken in der Sonne, in der Luft liegt der Geruch von Lack und Spänen. In der Werkstatt hängen Holz-Rohlinge an der Wand, auf Tischen und in Schubladen liegen Dosen mit Harz und eingerollte Karbonfaser. Caro ist auch hier, sie trägt einen Mundschutz. Sie hilft manchmal in der Werkstatt aus, gerade kommt sie von der CNC-Fräse. Dort werden die Bretter zunächst in Form gebracht, dann mit Harz und Glasfasern beschichtet. Je mehr Glasfasern aufgetragen werden, desto flexibler das Brett.

Im Gegensatz zu Skateboards, die meistens aus harten Ahornbrettern gebaut werden, existieren Longboards in verschiedenen Härtegraden, weil je nach Fahrstil andere Eigenschaften wichtig sind. Die Stilrichtungen heißen Downhill, Freeriden, Dancen. Pascal S. hat sich darauf eingestellt. Der Gründer von „M.“ produziert Bretter nach Maß. Mehr oder weniger „Flex“ oder ein Schriftzug aufs Brett – kein Problem. Manche der Bretter bekommen noch einen Karbon-Überzug, vor allem für schnellere Downhill-Fahrten.

Vier verschiedene Grundformen produziert „M.“, Alice ist eine von ihnen.
Alice ist mit den Jahren breiter geworden. Am Anfang war sie schmal, irgendwann bekam sie einen dicken Hintern, „Tail“ genannt. Alice ist nicht allein mit diesem Schicksal, sie hat drei Brüder, denen es ähnlich erging: Prinz Emil, den Bengler und den langen Lui. Sie sind mit der Formveränderung stabiler und sicherer, nicht harmloser geworden. Die vier haben schon Leute ins Krankenhaus gebracht. Wenn man so will, sind sie ein bisschen gefährlich, wie eben fast alle Dinge im Leben, die Spaß machen.

Pascal ist ein freundlicher Typ, er trägt Tanktop, Cap und Skaterschuhe. Er gründete die Firma „M.“, als er noch zur Uni ging. Im Winter 2009 skatet er zum ersten Mal mit ein paar Freunden auf eigenen Brettern durch ein Parkhaus in Darmstadt „Die ersten Versuche mit meinen Kollegen waren alle ziemlich mies: Falsche Holzart, falsche Form, der Leim hat nicht gehalten.“ Heute muss er lächeln, wenn er von den ersten Schritten erzählt. Pascal ist 32, er hat Design studiert, die Zuschnitte stammen aus seiner Feder. Sie sind Ergebnis jahrelanger Testfahrten. Alice und die anderen wurden gebaut, kritisiert, verbessert, verändert und wieder gebaut. Pascal wird von dem Anspruch zur Perfektion getrieben – von Momenten, wie neulich, als er seinen Teamfahrer beim Skaten traf und dieser ihm sein neues Brett mit einer anerkennenden Handbewegung zurückzahlte. […]

Longboarden ist gewissermaßen die Urform des Skatens, der Sport entstand in den Fünfzigern auf Hawaii, als der Wellengang flach und die Frustration hoch war: Surfer montierten ein paar Rollen an ihre Bretter und tauschten Wasser gegen Bordstein.
Der Trend sprach sich herum, von Hawaii nach Kalifornien, und irgendwann skatete man auch in Europa. [...]

Ivo H. kennt die Szene noch von früher, sein erstes Brett bekam er von seinem Vater, der Windsurfer war.
Ivo schraubte den Mast ab, Rollen an, legte sich aufs Brett und rollte. Zunächst noch auf dem Bauch, später auch im Stehen. Ivo gehört zu den ersten 100 Longboardern in Deutschland, irgendwann merkte er, dass er nicht allein war. „Früher war die Szene noch anders. Man hat sich umarmt, wenn man sich auf der Straße getroffen hat", sagt er.

Ivo hat eine schöne Stimme, ruhig und vertrauensvoll, wie jemand, den Hektik und Stress nie viel interessiert haben. Er steht im Frankfurter Nordend vor einem Longboardshop, Board in der einen, zwei Klappstühle in der anderen Hand, bereit für eine Ausfahrt. Er steht vor seinem eigenen Laden. Vor zwei Jahren noch kamen die Leute zu Ivo in die WG, um sich Boards bauen zu lassen; Ivo, das wusste man, kennt sich aus. Wie Pascal profitierte auch er vom Boom der Longboards: Nach und nach kamen so viele Interessierte in seine WG, dass er sich gezwungen sah, „das Ganze etwas offizieller zu machen". Im April 2014 war das. Mittlerweile gibt es seinen Shop „S." ein zweites Mal in Gießen. [...]

„Das Wichtigste beim Kauf ist, dass man sich nicht den billigsten Schrott zulegt. So 200 Euro sollte man schon ausgeben, damit es auch Spaß macht." Ivo versucht, vor allem Longboards aus deutscher Produktion zu verkaufen, auch die Bretter von Pascal findet man in seinem Shop.

Ein komplettes Einsteigerboard konnte man sich vor einem Jahr für weniger als 100 Euro im Internet bestellen, Geschenkverpackung inklusive. In Massenproduktion hergestellte Bretter aus China, die schnell keinen Spaß mehr machten. Aber auch die großen Firmen, die mit den Longboards das schnelle Geld machen wollen, wissen mittlerweile, auf was es ankommt. Einsteigerbretter werden besser, gehen seltener kaputt und reichen aus, die ersten paar tausend Meter zu fahren. [...]

Zum ersten Mal auf einem Longboard zu fahren, ist ein unwahrscheinliches Gefühl. Ein Fuß aufs Board, mit dem anderen anschieben, Fuß nachziehen und möglichst stabil stehen. Spontan fragt man sich, warum man sich nicht schon immer so fortbewegt hat, über den Boden gleitend, trotzdem jederzeit absprungbereit. Ein Stück Holz, ein Stück Freiheit, so einfach wie traumhaft. Das Gefühl entsteht nicht nur durch die Flexibilität der Bretter, sondern auch durch die sehr breiten Rollen aus Polyurethan-Kunststoff, die beim Fahren summen. [...]

Wenn man es schafft, mit dem Brett eine Kurve zu sliden, hinterlassen die Rollen dünne weiße Linien auf dem Asphalt, „Thane Lines" genannt. Daran erkennt man, wie gut der Slide war, „durchgehend-flowig" oder „kriselig-abgehackt". Longboarder lieben die Linien, es sind ihre duftlosen Markierungen. Spuren, die leise sagen: Wir waren hier. [...]

Nach: Yannic Hannebohn: Urform des Skatens, in: Frankfurter Allgemeine Sonntagszeitung, 1. November 2015, Nr. 44, Seite R (Firmen- und Familiennamen wurden abgekürzt.)

Teil I: Lesen

Punkte

1. Kreuze die richtige Aussage an. Es gibt jeweils nur eine richtige Lösung. 6

a) Das Wort „Slide“ bezeichnet …

- ☐ das Hinabfahren eines Berges.
- ☐ eine bestimmte Fahrtechnik.
- ☐ sehr schnelles Fahren.
- ☐ das Anschieben mit dem Fuß.

b) „Alice“ ist hier der Name …

- ☐ einer Skateboarderin.
- ☐ eines Surfboards.
- ☐ eines Longboards.
- ☐ eines Mädchens.

c) Die Trendsportart „Longboarden“ entstand …

- ☐ auf Hawaii.
- ☐ in Kalifornien.
- ☐ in Darmstadt.
- ☐ in Frankfurt.

d) Ivo H. erinnert sich …

- ☐ an seine Studienzeit.
- ☐ an seine Anfänge als Longboarder.
- ☐ an seine letzte Ausfahrt.
- ☐ an das Design seines ersten Boards.

e) Das erste Brett von Ivo H. war …

- ☐ ein verändertes Skateboard.
- ☐ ein selbst entworfenes Longboard.
- ☐ ein selbst gebautes Longboard.
- ☐ ein umgebautes Surfboard.

f) Auf einem Longboard zu fahren vermittelt das Gefühl von …

- ☐ Perfektion.
- ☐ Sicherheit.
- ☐ Freiheit.
- ☐ Stabilität.

2. Kreuze die richtige Aussage an. Es gibt jeweils nur eine richtige Lösung. 4

a) „Lange galt Longboarden als Nische, nun ist es eine Trendsportart" (Z. 1/2) bedeutet hier, dass Longboarden …

☐ nur von wenigen Leuten ausgeübt wird.
☐ mit der Zeit immer beliebter wurde.
☐ nur in Nischen ausgeübt werden kann.
☐ schon immer von vielen Leuten ausgeübt wird.

b) „Mehr oder weniger ‚Flex' …" (Z. 42/43) bezieht sich hier auf …

☐ den Schriftzug auf dem Board.
☐ die Schnelligkeit des Boards.
☐ die Länge des Boards.
☐ die Biegsamkeit des Boards.

c) „Wie Pascal profitierte auch er vom Boom der Longboards: …" (Z. 110–112) bedeutet hier, dass …

☐ beide an der steigenden Nachfrage nach Boards gut verdienen.
☐ es keine steigende Nachfrage nach Boards gibt.
☐ beide mit den Boards ihr Geld verdienen müssen.
☐ beide keinen Vorteil von der steigenden Nachfrage nach Boards haben.

d) „Longboarder lieben die Linien, es sind ihre duftlosen Markierungen" (Z. 154/155) bedeutet hier, dass Longboarder …

☐ gerne zeichnen und malen.
☐ auf dem Asphalt Spuren hinterlassen.
☐ auf ihre Körperhygiene achten.
☐ Orte und Plätze mit Kreide markieren.

3. Ordne jeder der folgenden Aussagen einen Satz im Text zu, der Ähnliches ausdrückt. Gib die jeweiligen Zeilen an. 4

Aussage	**Zeile(n)**
Glasfasern sorgen dafür, dass das Brett elastischer wird.	
Bei Pascal kann man sich ein Board nach seinen eigenen Wünschen anfertigen lassen.	
Pascal ist es sehr wichtig, dass seine Boards immer besser werden.	
Beim Kauf eines Longboards sollte man auf Qualität achten.	

4. a) Welche der folgenden Aussagen sind richtig? 2

Longboarden …

A ist heutzutage eine beliebte Sportart.

B gerät heutzutage immer mehr in Vergessenheit.

C darf heutzutage nur in Parkhäusern ausgeübt werden.

D ist heutzutage nicht ganz ungefährlich.

Kreuze die richtige Antwort an.

☐ Nur A und B stehen im Text.

☐ Nur A und D stehen im Text.

☐ Nur B und C stehen im Text.

☐ Nur C und D stehen im Text.

b) Welche der folgenden Aussagen sind richtig? 2

Ivo H. …

A ist ein sehr hektischer Mensch.

B hat für Stress nicht viel übrig.

C kennt die Szene schon lange.

D liegt gerne auf seinem Board.

Kreuze die richtige Antwort an.

☐ Nur A und C stehen im Text.

☐ Nur A und D stehen im Text.

☐ Nur B und C stehen im Text.

☐ Nur B und D stehen im Text.

5. Zitiere drei Textstellen, in denen die Begeisterung für das Longboarden deutlich wird. 3

6. Nenne zwei Aspekte, die beim Bau eines Longboards beachtet werden sollten. 2

7. Begründe, warum Longboarden als die Urform des Skatens betrachtet wird. 3

8. In den letzten Jahren hat sich Longboarden zu einer Trendsportart entwickelt, dadurch kam es in vielerlei Hinsicht zu Veränderungen.
Erkläre anhand von zwei Textstellen, worin diese Veränderungen bestehen. 4

Teil II: Schreiben

Teil II.A: Textproduktion (Wahlaufgabe)

Wähle **eine** der beiden folgenden Aufgaben aus und bearbeite sie.

a) Argumentation
In eurer Schule wird gerade über die Nutzung von Skateboards auf dem Schulgelände diskutiert. Entscheide dich für einen Standpunkt und argumentiere dafür oder dagegen. Lege deine Argumente in einem Schreiben an die Schulleitung dar.

oder

b) Erzählung
Du warst mit deinem Sportgerät (z. B. Skateboard, Inlineskates, Fahrrad, Roller) unterwegs und hattest ein besonderes Erlebnis.
Schreibe eine Erzählung über dieses Erlebnis. Gehe dabei auch auf die Gedanken und Gefühle ein, die dich bewegt haben.

Dein Text (Argumentation oder Erzählung) wird wie folgt bewertet:

	Punkte
Aufbau/Inhalt (z. B. Überschrift, Einleitung, Hauptteil, Schluss/„roter Faden“)	18
Sprachangemessenheit (Wortschatz, Satzbau, Ausdruck)	9
Sprachrichtigkeit (Rechtschreibung, Grammatik, Zeichensetzung)	3
Summe	**30**

Teil II.B: Sprachliche Richtigkeit

Die Aufgaben zum Teil II.B (Sprachliche Richtigkeit) sind in der Prüfung für Text 1 und Text 2 gleich. Sie sind in diesem Buch deshalb nur einmal abgedruckt. Du findest sie am Ende der Aufgaben zu Text 1.

Erich Kästner: Das Märchen vom Glück

Siebzig war er gut und gern, der alte Mann, der mir in der verräucherten Kneipe gegenübersaß. Sein Schopf sah aus, als habe es darauf geschneit, und die Augen blitzten wie eine blankgefegte Eisbahn. „O, sind die Menschen dumm“, sagte er und schüttelte den Kopf, dass ich dachte, gleich müssten Schneeflocken aus seinem Haar aufwirbeln. „Das Glück ist ja schließlich keine Dauerwurst, von der man sich täglich seine Scheibe herunterschneiden kann!“

„Stimmt“, meinte ich, „das Glück hat ganz und gar nichts Geräuchertes an sich. Obwohl …“ „Obwohl?“ „Obwohl gerade Sie aussehen, als hinge bei Ihnen zu Hause der Schinken des Glücks im Rauchfang.“ „Ich bin eine Ausnahme“, sagte er und trank einen Schluck. „Ich bin die Ausnahme. Ich bin nämlich der Mann, der einen Wunsch frei hat.“

Er blickte mir prüfend ins Gesicht, und dann erzählte er seine Geschichte. „Das ist lange her“, begann er und stützte den Kopf in beide Hände, „sehr lange. Vierzig Jahre. Ich war noch jung und litt am Leben wie an einer geschwollenen Backe. Da setzte sich, als ich eines Mittags verbittert auf einer grünen Parkbank hockte, ein alter Mann neben mich und sagte beiläufig: ‚Also gut. Wir haben es uns überlegt. Du hast drei Wünsche frei.‘ Ich starrte in meine Zeitung und tat, als hätte ich nichts gehört. ‚Wünsch dir, was du willst‘, fuhr er fort, ‚die schönste Frau oder das meiste Geld oder den größten Schnurrbart – das ist deine Sache. Aber werde endlich glücklich! Deine Unzufriedenheit geht uns auf die Nerven.‘ Er sah aus wie der Weihnachtsmann in Zivil[1]. Weißer Vollbart, rote Apfelbäckchen, Augenbrauen wie aus Christbaumwatte. Gar nichts Verrücktes. Vielleicht ein bisschen zu gutmütig. Nachdem ich ihn eingehend betrachtet hatte, starrte ich wieder in meine Zeitung. ‚Obwohl es uns nichts angeht, was du mit deinen drei Wünschen machst‘, sagte er, ‚wäre es natürlich kein Fehler, wenn du dir die Angelegenheit vorher genau überlegtest. Denn drei Wünsche sind nicht vier Wünsche oder fünf, sondern drei. Und wenn du hinterher noch immer neidisch und unglücklich wärst, könnten wir dir und uns nicht mehr helfen.‘ Ich weiß nicht, ob Sie sich in meine Lage versetzen können. Ich saß auf einer Bank und haderte mit Gott und der Welt. In der Ferne klingelten die Straßenbahnen. Die Wachtparade zog irgendwo mit Pauken und Trompeten zum Schloss. Und neben mir saß nun dieser alte Quatschkopf!“

„Sie wurden wütend?“

„Ich wurde wütend. Mir war zumute wie einem Kessel kurz vorm Zerplatzen. Und als er sein weißwattiertes Großvatermündchen von Neuem aufmachen wollte, stieß ich zornzitternd hervor: ‚Damit Sie alter Esel mich nicht länger duzen, nehme ich mir die Freiheit, meinen ersten und innigsten Wunsch auszusprechen – scheren Sie sich zum Teufel!‘ Das war nicht fein und höflich, aber ich konnte einfach nicht anders. Es hätte mich sonst zerrissen.“

„Und?“

„Was ‚Und‘?“ „War er weg?“

„Ach so! – Natürlich war er weg! Wie fortgeweht. In der gleichen Sekunde. In nichts aufgelöst. Ich guckte sogar unter die Bank. Aber dort war er auch nicht. Mir wurde ganz übel vor lauter Schreck. Die Sache mit den Wünschen schien zu stimmen! Und der erste Wunsch hatte sich bereits erfüllt! Du meine Güte! Und wenn er sich erfüllt hatte, dann war der gute, liebe, brave Großpapa, wer er nun auch sein mochte, nicht nur weg, nicht nur von meiner Bank verschwunden, nein, dann war er beim Teufel! Dann war er in der Hölle! ‚Sei nicht albern', sagte ich zu mir selber. ‚Die Hölle gibt es ja gar nicht, und den Teufel auch nicht.' Aber die drei Wünsche, gab's denn die? Und trotzdem war der alte Mann, kaum hatte ich's gewünscht, verschwunden ... Mir wurde heiß und kalt. Mir schlotterten die Knie. Was sollte ich machen? Der alte Mann musste wieder her, ob's nun eine Hölle gab oder nicht. Das war ich ihm schuldig. Ich musste meinen zweiten Wunsch dransetzen, den zweiten von dreien, o ich Ochse! Oder sollte ich ihn lassen, wo er war? Mit seinen hübschen, roten Apfelbäckchen? ‚Bratapfelbäckchen', dachte ich schaudernd. Mir blieb keine Wahl. Ich schloss die Augen und flüsterte ängstlich: ‚Ich wünsche mir, dass der alte Mann wieder neben mir sitzt!' Wissen Sie, ich habe mir jahrelang, bis in den Traum hinein, die bittersten Vorwürfe gemacht, dass ich den zweiten Wunsch auf diese Weise verschleudert habe, doch ich sah damals keinen Ausweg. Es gab ja auch keinen ..."

„Und?"

„Was ‚Und'?"

„War er wieder da?"

„Ach so! – Natürlich war er wieder da! In der nämlichen Sekunde. Er saß wieder neben mir, als wäre er nie fortgewünscht gewesen. Das heißt, man sah's ihm schon an, dass er ..., dass er irgendwo gewesen war, wo es verteufelt, ich meine, wo es sehr heiß sein musste. O ja. Die buschigen weißen Augenbrauen waren ein bisschen verbrannt. Und der schöne Vollbart hatte auch etwas gelitten. Besonders an den Rändern. Außerdem roch's wie nach versengter Gans. Er blickte mich vorwurfsvoll an. Dann zog er ein Bartbürstchen aus der Brusttasche, putzte sich Bart und Brauen und sagte gekränkt: ‚Hören Sie, junger Mann – fein war das nicht von Ihnen!' Ich stotterte eine Entschuldigung. Wie leid es mir täte. Ich hätte doch nicht an die drei Wünsche geglaubt. Und außerdem hätte ich immerhin versucht, den Schaden wiedergutzumachen. ‚Das ist richtig', meinte er. ‚Es wurde aber auch die höchste Zeit.' Dann lächelte er. Er lächelte so freundlich, dass mir fast die Tränen kamen. ‚Nun haben Sie nur noch einen Wunsch frei', sagte er, ‚den dritten. Mit ihm gehen Sie hoffentlich ein bisschen vorsichtiger um. Versprechen Sie mir das?' Ich nickte und schluckte. ‚Ja', antwortete ich dann, aber nur, wenn Sie mich wieder duzen.' Da musste er lachen. ‚Gut, mein Junge', sagte er und gab mir die Hand. ‚Leb wohl. Sei nicht allzu unglücklich. Und gib auf deinen letzten Wunsch acht.' – ‚Ich verspreche es Ihnen', erwiderte ich feierlich. Doch er war schon weg. Wie fortgeblasen."

„Und?"

„Was ‚Und'?"

„Seitdem sind Sie glücklich?"

„Ach so. – Glücklich?" Mein Nachbar stand auf, nahm Hut und Mantel vom Garderobehaken, sah mich mit seinen blitzblanken Augen an und sagte: „Den letzten Wunsch hab ich vierzig Jahre lang nicht angerührt. Manchmal war ich nahe dran. Aber nein. Wünsche sind nur gut, solange man sie noch vor sich hat. Leben Sie wohl."

Ich sah vom Fenster aus, wie er über die Straße ging. Die Schneeflocken umtanzten ihn. Und er hatte ganz vergessen, mir zu sagen, ob wenigstens er glücklich sei. Oder hatte er mir absichtlich nicht geantwortet? Das ist natürlich auch möglich.

Quelle: Erich Kästner: Das Märchen vom Glück, in: Clara Paul (Hrsg.): Geschichten, die glücklich machen. Berlin 2014, S. 198–201.

1 **in Zivil:** *hier:* nicht wie ein Weihnachtsmann gekleidet

Teil I: Lesen

Punkte

1. Kreuze die richtige Aussage an. Es gibt jeweils nur eine richtige Lösung. 6

a) Der Erzähler trifft in einer Kneipe …

- ☐ den Weihnachtsmann.
- ☐ einen alten Mann.
- ☐ seinen Großvater.
- ☐ einen jungen Mann.

b) Der Mann aus der Kneipe berichtet dem Erzähler …

- ☐ von einer Räucherwurst.
- ☐ vom Winter im Park.
- ☐ vom Weihnachtsmann.
- ☐ von einer Begegnung im Park.

c) Der junge Mann im Park ist …

- ☐ unglücklich.
- ☐ glücklich.
- ☐ verrückt.
- ☐ belesen.

d) Als der junge Mann im Park seinen ersten Wunsch äußert, ist der alte Mann plötzlich …

- ☐ wieder da.
- ☐ sehr verärgert.
- ☐ verschwunden.
- ☐ leicht versengt.

e) Der junge Mann wünscht sich den Mann mit den „Apfelbäckchen“ wieder zurück auf die Parkbank, weil er …

- ☐ ein schlechtes Gewissen hat.
- ☐ sich nett mit ihm unterhalten hat.
- ☐ Schulden bei ihm hat.
- ☐ sich allein langweilt.

f) Im hohen Alter hat der Mann aus der Kneipe …

- ☐ keinen Wunsch mehr frei.
- ☐ noch einen Wunsch frei.
- ☐ noch zwei Wünsche frei.
- ☐ noch alle drei Wünsche frei.

2. Kreuze die richtige Aussage an. Es gibt jeweils nur eine richtige Lösung. 4

a) „... und litt am Leben wie an einer geschwollenen Backe.“ (Z. 25 f.) bedeutet hier, dass der Mann auf der Parkbank ...

- ☐ eine Zahnentzündung hat.
- ☐ Kummer hat.
- ☐ rote Apfelbäckchen hat.
- ☐ Glück hat.

b) „weißwattiertes Großvatermündchen“ (Z. 61) bedeutet hier, dass sein Mund ...

- ☐ voller Watte ist.
- ☐ eine weiße Farbe hat.
- ☐ von einem Bart umrahmt ist.
- ☐ sehr faltig ist.

c) „schaudernd“ (Z. 97) bedeutet hier, dass der junge Mann ...

- ☐ friert.
- ☐ schwitzt.
- ☐ schuldig ist.
- ☐ sich gruselt.

d) „verschleudert“ (Z. 104) bedeutet hier, dass der Mann auf der Parkbank ...

- ☐ einen Wunsch verschwendet hat.
- ☐ sich noch einen Wunsch bewahrt hat.
- ☐ einen Wunsch gut genutzt hat.
- ☐ schon viele Wünsche geäußert hat.

3. Ordne jeder der folgenden Aussagen einen Satz im Text zu, der Ähnliches ausdrückt. Gib die jeweiligen Zeilen an. 4

Aussage	**Zeile(n)**
Es ist uns lästig, dass du so frustriert bist.	
Vor Entsetzen wurde mir ganz schlecht.	
Ich bat stammelnd um Verzeihung.	
Sein einnehmendes Lächeln brachte mich beinahe zum Weinen.	

4. a) Welche der folgenden Aussagen sind richtig? 2

Im Text steht, dass …

A Weihnachtsmänner gerne Wünsche erfüllen.

B Weihnachtsmänner im Himmel leben.

C der alte Mann im Park wie ein Weihnachtsmann gekleidet ist.

D der alte Mann im Park einem Weihnachtsmann ähnelt.

Kreuze die richtige Antwort an.

☐ Nur A und B stehen im Text.

☐ Nur B und C stehen im Text.

☐ Nur C und D stehen im Text.

☐ Nur D steht im Text.

b) Welche der folgenden Aussagen sind richtig? 2

Im Text steht, dass der alte Mann in der Kneipe …

A seine Geschichte erzählt.

B Märchen eigentlich nicht mag.

C zwei Wünsche erfüllt bekommt.

D ein ziemlich ungebildeter Mensch ist.

Kreuze die richtige Antwort an.

☐ Nur A und B stehen im Text.

☐ Nur A und C stehen im Text.

☐ Nur B und D stehen im Text.

☐ Nur C und D stehen im Text.

5. Nummeriere die folgenden Vorkommnisse entsprechend dem Erzählverlauf von 1 bis 6. 3

Vorkommnis	**Nummerierung**
Ein letzter Wunsch wird bewahrt.	
Ein alter Mann verschwindet plötzlich von der Parkbank.	
Zwei Männer begegnen sich in einer Kneipe.	
Der alte Mann verlässt die Kneipe.	
Drei Wünsche werden gewährt.	
Ein unglücklicher junger Mann sitzt auf einer Parkbank.	

6. Zitiere zwei Textstellen, die deutlich machen, warum der alte Mann im Park an einen Weihnachtsmann erinnert. 2

7. Der Autor hat seine Erzählung „Das Märchen vom Glück" genannt. Das Wort „Märchen" kann unterschiedlich verstanden werden. Erkläre anhand des Textes zwei mögliche Bedeutungen. 4

8. Am Ende der Erzählung sagt der alte Mann: „Wünsche sind nur gut, solange man sie noch vor sich hat." (Z. 153 f.) Begründe deine Zustimmung oder Ablehnung zu dieser Behauptung. 3

Teil II: Schreiben

Teil II.A: Textproduktion (Wahlaufgabe)

Wähle **eine** der beiden folgenden Aufgaben aus und bearbeite sie.

a) Erzählung
Erzähle eine Geschichte, in der jemandem drei Wünsche erfüllt werden.

oder

b) Argumentation
Albert Einstein sagt: „Die besten Dinge im Leben sind nicht die, die man für Geld bekommt."
Argumentiere, warum du dieser Behauptung zustimmst oder warum du sie ablehnst.

Dein Text (Erzählung oder Argumentation) wird wie folgt bewertet:

	Punkte
Aufbau/Inhalt (z. B. Überschrift, Einleitung, Hauptteil, Schluss/„roter Faden")	18
Sprachangemessenheit (Wortschatz, Satzbau, Ausdruck)	9
Sprachrichtigkeit (Rechtschreibung, Grammatik, Zeichensetzung)	3
Summe	**30**

Teil II.B: Sprachliche Richtigkeit

1. Markiere und berichtige die zehn Rechtschreibfehler im Text.
   Du darfst nicht mehr als zehn Fehler markieren.
   Schreibe die jeweils berichtigte Schreibweise unter die fehlerhafte Stelle.
   Der Text enthält keine Fehler zur Getrennt- und Zusammenschreibung sowie zur Zeichensetzung. Eigennamen sind korrekt geschrieben. 5

> **Beispiel:**
> *Nachdem die Wanderer an der ~~Bergspize~~ angekommen waren, ~~ruten~~ sie sich aus.*
> Bergspitze ruhten

Der außergewöhnliche Fundt wirkt auf den ersten Blick unscheinbar. Der wenige

Zentimeter große und ziehmlich farblose Fisch schwimmt langsam in einem Becken

der Universität Konstanz hin und her. Ab und zu bohrt er die Nase in die Steine am

Boden oder wakelt mit der Schwantzflosse. Dieser Fisch trägt den Namen

„Schmerle“ und ist etwas Besonderes.

Es isst der erste bekannte Höhlenfisch in Europa. Zum ersten Mahl wurde er 2015

von einem Taucher in einem Höhlensystem zwischen Schwarzwald und Bodensee

gesichtet. Dort leben die Fische isoliert von anderen Fischen.

In den vergangenen 20 000 Jahren haben sich die Fische an das Leben in dunklen

Höhlen angepaßt. Die Tiere haben kleine Augen, aber große Nasenlöcher und die

Barteln, die für das Tasten und Schmecken verantwortlich sind, sind verlengert,

damit die Fische besser riechen und schmecken können.

Dass der Fisch überhaupt enddeckt wurde, ist dem Taucher Joachim Kreiselmaier

zu verdanken. Er war im Sommer 2015 in dem Höhlensystem unterwegs, sah den

Fisch, wunderte sich und machte sicherheitshalber mehrere Aufnahmen.

Dem Taucher gelang es erst im November 2015, diese Höhlenfische zu fangen,

weil das Höhlensystem stark verzweickt und die Sicht sehr schlecht ist.

Nach: http://www.faz.net/aktuell/wissen/der-erste-hoehlenfisch-europas-14956774.html (abgerufen am 06. 09. 2017)

2. Groß- oder Kleinschreibung?
In drei der folgenden Sätze befindet sich jeweils ein falsch geschriebenes Wort.
Kreise die falsch geschriebenen Wörter ein.
Hinweis: Du darfst nicht mehr als drei Wörter einkreisen. 3

a) Die roten Hosen gefallen mir besser als die grünen.

b) Das Treffen mit dem Sänger war etwas außergewöhnliches für ihn.

c) Das Auspacken der Geschenke ist am Spannendsten.

d) Beim Anstehen vor der Kinokasse braucht man viel Geduld.

e) Wandern im Grünen wird immer beliebter.

f) Sie hofft, dass sie Morgen nichts Besonderes unternehmen.

3. „das“ oder „dass“?
Bestimme die Wortart und entscheide dich für die richtige Schreibweise.
Streiche das falsch geschriebene Wort durch.
Schreibe den entsprechenden Buchstaben der Wortart auf die Linie darunter:
Artikel **(A)**, Relativpronomen **(R)** oder Konjunktion **(K)**. 4

Beispiel:
Das/~~Dass~~ Haus, das/~~dass~~ am Ufer stand, war baufällig.
A R

Sie ärgert sich, das/dass sie zu müde ist, um auszugehen.

____

Das/dass neue Fenster, das/dass wir eingebaut haben, ist defekt.

__________ __________

Morgen kaufen wir das/dass neue Aquarium im Fachhandel.

____

4. Setze die fehlenden Kommas und die Zeichen der wörtlichen Rede ein. 3

Der Schüler hatte Angst vor der Prüfung da er nicht genug gelernt hatte. Das nächste Mal fange ich früher mit der Vorbereitung an sagte er zu seinem Freund. Sein Freund sprach ihm vor dem Klassenraum nochmals Mut zu: Wir schaffen das auf jeden Fall aber du musst vor allem zuerst an deine Stärken glauben. Motiviert trat er schließlich zur Prüfung an die er auch mit einer guten Note bestand.

Stephan Maus: Die Magie des Waldes

[...] Bleigrauer Herbsttag in der Eifel. Am Fuße der Vulkankegel wabert Morgennebel. Aus dem hohen Blätterdach der jahrhundertealten Buchen tropft es. Förster Peter Wohlleben, 1,98 Meter groß, grobe Leinenjacke mit dem Wappen seiner Gemeinde Hümmel [...], schreitet durchs Laub seines naturnahen Hochwaldes. Er zeigt auf eine Ansammlung kleiner Schösslinge am Fuße mächtiger Stämme: „Dort drüben haben wir unseren Buchenkindergarten.“

Kindergarten? Natürlich, sagt Wohlleben [...]. Die Buchen wachsen schließlich nicht zufällig zu diesen mächtigen, ebenförmigen Kathedralensäulen[1] heran. Das ist das Ergebnis einer strengen Erziehung, die sich über Jahrhunderte hinzieht. Erkennen kann solche Geheimnisse des Waldes nur, wem jemand wie Wohlleben die Augen öffnet. Er geht durch seinen Wald, zeigt, was ihn zusammenhält, wie die Bäume miteinander kommunizieren und sich unterstützen. Er zeigt auch, wie der Wald, der gerade für uns Deutsche ein ganz besonderer Ort ist, über die Jahrhunderte hinweg domestiziert[2] [...] wurde, bis nur noch eine grüne Fassade blieb. Seinen Buchen blieb das Schicksal, zu Nutzpflanzen degradiert zu werden, erspart. Sie können sich noch um ihre Jungen kümmern, wie es die Natur vorgesehen hat.

Und das funktioniert so: Um die Stämme der Elternbäume sprießen in einem engen Klassenverbund die jungen Buchen aus dem Boden. Sie stehen im Halbdämmer[3] unter den hohen Laubkronen der alten Bäume. Bis zu 97 Prozent der Sonnenstrahlen schluckt das dichte Blätterdach. Das Restlicht reicht gerade für ein sehr langsames Wachstum: 10 Zentimeter in 20 Jahren.

Eigentlich würden die jungen Buchen lieber schneller wachsen. Aber die Eltern sorgen für langsames Wachstum, weil es dem Nachwuchs guttut. Nur wer langsam wächst, kann alt werden. Denn nur auf diese Weise gerät die Zellstruktur gleichmäßig und kompakt. So entstehen stabile Stämme, gut gerüstet gegen Sturm und die Last des Schnees. Im Gegensatz zu schnell gewachsenen, grobporigen Stämmen ist dieses feinwüchsige Holz sehr hochwertig. [...]

Etwas spöttisch schaut Wohlleben auf seine Buchen-Schösslinge. „Wie in jedem Kindergarten gibt es auch hier einen Klassenkasper“, sagt er. Er deutet auf einen jungen Baum, der in übermütigem Bogen seine Waldheimat erkundet. „So etwas macht man natürlich nicht als junge Buche“, sagt der Förster. „Fassen Sie mal an.“ Der junge Baumstamm bricht knackend unter dem Griff entzwei.

„Die Erziehungsmethoden im Wald sind rabiater als in der Kita“, sagt Wohlleben. „Abweichendes Verhalten wird mit dem Tod bestraft.“ Während die übermütige Buche verspielt in der Gegend herumgewuchert ist, haben ihre Geschwister den kürzesten Weg nach oben genommen und ihr das letzte Licht weggenommen. Der Klassenkasper ist verhungert. Nur Bäume mit geradem Stamm können im Schatten der Eltern gedeihen.

Bei aller Strenge sind die alten Buchen durchaus fürsorglich. Die Wurzeln von Eltern- und Jungbäumen sind miteinander verwuchert. Über dieses Wurzelsystem werden die jüngeren Bäume mit Nährstoffen versorgt. Nur so können sie im Schattenreich überleben. Und wenn nach Hunderten von Jahren einer der Elternbäume abstirbt und umstürzt, stehen in der Nachbarschaft mehrere kräftige Kinder bereit, um das Wettrennen um das plötzlich hereinbrechende Licht anzutreten. Der Gewinner wird den Platz des Elternbaumes einnehmen.

„Die Buchen kümmern sich nicht nur um die Jungen, sondern auch um die Alten", sagt Wohlleben. Er steuert auf einen dunklen Fleck im Halbdämmer zu: breiter Moosring um Moder. „Kratzen Sie mal ein bisschen an dem Moos", sagt er. Direkt unter dem Moos sitzt gesundes Holz, während im Zentrum des grünen Rings ein Stamm zerfällt. Was mag das sein? [...] Es ist der Stamm einer 400 Jahre alten Buche, die vor 200 Jahren gefällt wurde. Der Stumpf lebt weiter. Er wird von den Nachbarbäumen mit Nährstofflösung versorgt.

An Wohllebens Seite entfaltet sich der Buchenwald als komplexes Gemeinwesen, in dem einer den anderen vor Wind, Hitze und Krankheiten schützt. Dieser Sozialverbund tauscht fortwährend Nährlösungen und Informationen aus, um seinen Fortbestand zu sichern. So zeigt die Forschung, dass Bäume regelrecht miteinander kommunizieren. [...]

Unterirdisch sind sie über ein Pilzsystem miteinander verbunden. Ein Teelöffel Waldboden enthält Pilzfäden von mehreren Kilometern Länge. Einerseits müssen die Bäume diesen Schmarotzern bis zu einem Drittel ihrer Photosynthese[4]-Leistung abgeben. Doch dafür nutzen sie die Pilzleitungen zur Übermittlung von Informationen über Parasiten oder Trockenheit. Forscher nennen die Pilze das „Wood Wide Web", das Internet des Waldes. [...]

Fest stehe [...], dass Bäume zählen könnten. Sonst könnten sie nicht überleben. Denn im Frühjahr müssen sie den richtigen Moment zum Ausschlagen abpassen. Sie dürfen sich nicht von den ersten warmen Tagen in die Irre führen lassen und sofort loskeimen. Es könnte noch einmal ein Kälteeinbruch kommen, und die frischen Triebe würden erfrieren. Man hat herausgefunden, dass Bäume erst eine Reihe von warmen Tagen abzählen, bevor sie ausschlagen. Bislang weiß noch niemand, wo die Bäume ihre mathematischen Fähigkeiten abgespeichert haben.

Auch über Freundschaften unter Bäumen wüsste man gern mehr, sagt Wohlleben. Immer wieder finde man im Wald zwei Bäume, die besonders rücksichtsvoll miteinander umgingen. Behutsam bilden sie ihre Krone aus, damit sie ihrem Partner nicht das Licht wegnehmen. Nach allen Seiten greifen sie mit kräftigen Ästen nach Licht. Nur in Richtung des befreundeten Baumes bilden sie ganz zarte Zweige aus. Auch in seinem Buchenforst hat Wohlleben ein solches Baumpaar. [...]

Quelle: Stephan Maus: Die Magie des Waldes, in: Stern, Heft 43/2015, S. 36–46.

1 **Kathedralensäulen:** *hier:* Bäume, deren Stämme die Größe und den Umfang von Säulen in großen Kathedralen erreichen.

2 **domestizieren:** *hier:* aus wilden Pflanzen Kultur- oder Nutzpflanzen machen

3 **Halbdämmer:** Halbschatten

4 **Photosynthese:** Prozess, bei dem mithilfe von Lichtenergie Nährstoffe und Sauerstoff erzeugt werden

Teil I: Lesen

Punkte

1. Kreuze die richtige Aussage an. Es gibt jeweils nur eine richtige Lösung. 5

a) Peter Wohlleben stellt dem Reporter ______ vor.

- [ ] seinen Bucheckergarten
- [ ] seinen Buchenkindergarten
- [ ] seine Buchsbaumkinder
- [ ] seinen Buchfinkengarten

b) Die „Erziehung“ junger Buchen dauert …

- [ ] wenige Jahre.
- [ ] ein Jahrzehnt.
- [ ] Jahrhunderte.
- [ ] viele Jahrtausende.

c) Die jungen Buchen stehen ______ unter den Laubkronen der alten Bäume.

- [ ] im Halbkreis
- [ ] halbtags
- [ ] wie Halbstarke
- [ ] im Halbdämmer

d) Wenn Bäume zu schnell wachsen, sind ihre Stämme …

- [ ] feinporig.
- [ ] grobkörnig.
- [ ] grobporig.
- [ ] feinkörnig.

e) Forscher nennen das Internet des Waldes auch …

- [ ] „Wood Wide Web“.
- [ ] „Wood Wild Web“.
- [ ] „World Wide Web“.
- [ ] „World Wild Web“.

2. Kreuze die richtige Aussage an. Es gibt jeweils nur eine richtige Lösung. 4

a) „Bleigrauer Herbsttag“ (Z. 1) bedeutet hier, dass …
- ☐ der Bleigehalt des Bodens das Laub grau färbt.
- ☐ das Laub schwer wie Blei auf den Boden fällt.
- ☐ trübes und nebliges Wetter herrscht.
- ☐ Regen fällt, der für Mensch und Tier giftig ist.

b) „mächtige Stämme“ (vgl. Z. 9/10) bedeutet hier, dass …
- ☐ die Stämme der alten Buchen einen großen Durchmesser haben.
- ☐ große Stammbäume adliger Familien Macht demonstrieren.
- ☐ alte Volksstämme sehr machthungrig waren.
- ☐ die Buchen-Schösslinge den alten Buchen gegenüber hilflos sind.

c) „rabiat“ (vgl. Z. 62) bedeutet hier …
- ☐ traurig.
- ☐ gereizt.
- ☐ wütend.
- ☐ gnadenlos.

d) „Schattenreich“ (Z. 76) bedeutet hier …
- ☐ Friedhof für junge Buchen-Schösslinge.
- ☐ schattiger Bereich unter den Laubkronen der Elternbäume.
- ☐ Ort, an dem Nachtschattengewächse gedeihen.
- ☐ völlige Dunkelheit bei Nacht.

3. Ordne jeder der folgenden Aussagen einen Satz im Text zu, der Ähnliches ausdrückt. Gib die jeweiligen Zeilen an. 4

Aussage	**Zeile(n)**
Er schreitet durch seinen Forst, um zu zeigen, was seine Bäume verbindet und wie sie sich verständigen und gegenseitig helfen.	
Nicht ganz ernsthaft betrachtet Wohlleben seine jungen Buchen.	
Der Sieger wird den Raum des abgestorbenen Baumes in Anspruch nehmen.	
In alle Richtungen wachsen ihre Äste dem Licht entgegen.	

4. a) Welche der folgenden Aussagen sind richtig? 2

Im Text steht, dass …

A der Wald für Deutsche ein besonderer Ort ist.

B die Pflanzen unter alten Buchen nur wenig Schatten haben.

C langsam gewachsenes Holz besonders hochwertig ist.

D der Wald des Försters Wohlleben im Rübenacher Forst liegt.

Kreuze die richtige Antwort an.

- ☐ Nur A und B stehen im Text.
- ☐ Nur A und C stehen im Text.
- ☐ Nur B und D stehen im Text.
- ☐ Nur C und D stehen im Text.

b) Welche der folgenden Aussagen sind richtig? 2

Im Text steht, dass ein Baumstumpf …

A vermodert und innerhalb kurzer Zeit vollständig abstirbt.

B mehrere Jahrhunderte weiterleben kann.

C einen Moosring bildet, um sich vor Pilzbefall zu schützen.

D von einem Moosring mit Nährstoffen versorgt wird.

Kreuze die richtige Antwort an.

- ☐ Nur A und D stehen im Text.
- ☐ Nur B steht im Text.
- ☐ Nur B und C stehen im Text.
- ☐ Nur D steht im Text.

5. Zitiere eine Textstelle, die sich auf die „mathematischen“ Fähigkeiten der Bäume bezieht. 1

____

____

____

____

____

____

6. Nenne jeweils die Funktion des Wurzelsystems und des Pilzsystems für den Buchenwald, die im Text beschrieben wird. 2

Funktion des Wurzelsystems:

Funktion des Pilzsystems:

7. Arbeite anhand einer Textstelle heraus, warum junge Buchen nur überleben können, wenn sie senkrecht nach oben wachsen. 3

8. Erläutere anhand von zwei Textstellen, inwiefern laut Peter Wohlleben Buchen „fürsorglich“ und „rücksichtsvoll“ miteinander umgehen. 4

9. „Es dürfen nicht ausschließlich solche Wälder wie der von Herrn Wohlleben existieren. Wälder sollten uns Menschen hauptsächlich mit Brennholz, Baustoffen und Holz für Möbel versorgen."
Begründe deine Zustimmung oder Ablehnung zu dieser Behauptung. 3

Teil II: Schreiben

Teil II.A: Textproduktion (Wahlaufgabe)

Wähle **eine** der beiden folgenden Aufgaben aus und bearbeite sie.

a) Bericht
Gemeinsam mit deiner Klasse hast du im Rahmen des Biologieunterrichts den Förster Peter Wohlleben in seinem Wald in der Eifel besucht.
Berichte für die Schülerzeitung, was du über diesen Wald erfahren hast und warum man den Wald durchaus als Gemeinschaft oder Familie betrachten kann.

oder

b) Argumentation
Eure Schülervertretung hat euch den Vorschlag gemacht, auf einem Teil eures Schulhofes einen großen Schulgarten einzurichten, der im Rahmen einer AG betreut werden soll. Dort sollen Obst und Gemüse für eure Schulküche angepflanzt werden.
Argumentiere für oder gegen einen solchen Schulgarten an eurer Schule.

Dein Text (Bericht oder Argumentation) wird wie folgt bewertet:

	Punkte
Aufbau/Inhalt (z. B. Überschrift, Einleitung, Hauptteil, Schluss/„roter Faden“)	18
Sprachangemessenheit (Wortschatz, Satzbau, Ausdruck)	9
Sprachrichtigkeit (Rechtschreibung, Grammatik, Zeichensetzung)	3
Summe	**30**

Teil II.B: Sprachliche Richtigkeit

Die Aufgaben zum Teil II.B (Sprachliche Richtigkeit) sind in der Prüfung für Text 1 und Text 2 gleich. Sie sind in diesem Buch deshalb nur einmal abgedruckt. Du findest sie am Ende der Aufgaben zu Text 1.

Hansjürgen Weidlich (1905–1985): Das Schönste vom ganzen Tag

Der Herr blickte aus dem Fenster. Die Sonne schien, der blaue Himmel war wolkenlos, Vögel sangen ihr Morgenlied …

„Welch ein schöner Tag!“, sagte der Herr freudig zu seiner Frau.

„Ja“, nickte sie, „du kannst nachher gleich aufs Bürgermeisteramt gehen, wegen der Bescheinigungen, und auf der Polizei die Abschriften stempeln lassen, und auf dem Rückweg kommst du doch beim Schuster vorbei …“

Der Herr schloss vorübergehend die Augen und atmete tief.

Der Schuster klagte über das schlechte Geschäft und fragte, ob der Herr schon die Zeitung gelesen habe? Was da wieder drinnenstünde! Schrecklich! Und dieser neue Bestechungsskandal … Eilends verließ der Herr den Schuster, grüßte im Vorbeigehen in einen Garten, wo die Dame des Hauses über Flickarbeiten saß, und blieb erst stehen, als die Dame ihn dazu aufforderte.

„Haben Sie es bei dem schönen Wetter doch nicht so eilig! Sehen Sie mich an: Ich genieße den schönen Tag! Kommen Sie! Setzen Sie sich zu mir!“

Das war ein Vorschlag, den der Herr weder ablehnen konnte noch mochte. Der Garten war bunt von blühenden Blumen, Schmetterlinge taumelten über sie hin, die Bienen summten, aus dem Grase stieg der warme Duft der Erde.

„Ich müsste ja eigentlich meine Arbeit im Hause tun. Aber dieser Ärger mit dem Mädchen! Und sehen Sie hier die Hose an: So oft habe ich dem Jungen gesagt … Ob mein Mann ebenso war? Ich habe ihn damals ja nicht gekannt …“

„Ich denke, Sie genießen den schönen Tag?“, sagte der Herr.

„Ich möchte gern! Da scheint die Sonne strahlend, und man möchte sich freuen … So oft habe ich dem Mädchen gesagt, sie soll die Küche nass aufwischen, aber glauben Sie, sie tut es? Unlängst …“

Der Herr sagte, das sei unlängst gewesen, und darum solle die Dame es dort in der Vergangenheit lassen.

„Wenn man nur könnte! Aber es beschäftigt einen!“

„Haben Sie schon angefangen, das Buch zu lesen, das ich Ihnen vor einiger Zeit gab? Es würde Sie ablenken.“

„Dazu fehlt mir die innere Ruhe. Gestern wollten wir Wäsche aufhängen, auf einmal ist die Wäscheleine nicht da! Ich hätte an den Wänden hochgehen können …“

Der Herr sah hinauf zu den Wolken, nickte, als ob er zuhöre, und verabschiedete sich bald.

Zu Hause empfing ihn im Treppenhaus lebhafter Stimmenlärm. „Das sehe ich nicht ein, dass wir jedes Mal den Dreck von der Mohwinkel wegfegen sollen! Soll sie doch hinten durchs Haus gehen, wenn sie sich die Füße nicht abtreten kann! Wenn sie dran ist mit der Reinigung, dann kann sie ja meinetwegen vorne reingehen!“

Der Herr wartete, bis er das Treppenhaus gefahrlos passieren konnte. Dann stieg er schnell und leise zu seiner Wohnung hinauf.

„Also das mit der Mohwinkel geht nicht so weiter", sagte seine Frau. „Jeden Tag dieser Ärger mit der Treppe! Übrigens ist wieder kein Geld gekommen!"

Der Herr ging in sein Arbeitszimmer und las die eingegangene Post durch. Die Krankenkasse schrieb: Es dürfte Ihrer Aufmerksamkeit entgangen sein ... „Nein", schrie der Herr wild, „ich habe kein Geld! So ist es!"

Er setzte sich an den Schreibtisch und begann Briefe zu schreiben: ‚Vermutlich ist es der Aufmerksamkeit Ihrer Buchhaltung entgangen ...'

Während er diese Briefe schrieb, geriet er dermaßen in Zorn, dass er, als er mit den Briefen fertig war, sich nicht mehr auf seine eigentliche Arbeit konzentrieren konnte. Er beschloss, in den Wald zu gehen und sich auszulüften.

„Da kannst du gleich mal nachsehen, ob die Steinpilze schon kommen! Vielleicht findest du auch Pfifferlinge. Und Butterpilze bring auch mit! Was soll ich denn kochen, wenn wir kein Geld haben!"

Ohne den letzten Satz gefiel diese Rede dem Herrn gut. Nun konnte er bei dem schönen Wetter den ganzen Nachmittag im Walde sein und brauchte sich keine Vorwürfe machen, dass er seine Zeit vertue.

Kupferrot leuchteten die Kiefernstämme am Waldrand, ihre Wipfel wiegten sich leise im Wind, und hoch über sie hin segelte im blauen Meer des Himmels langsam ein weißes Wolkenschiff. Der Herr freute sich über die Wiesenblumen und Gräser am Wegrand, fröhlich schlenkerte er den Beutel für die Pilze und war voll Zuversicht, dass er viele finden würde, dass morgen Geld kommen würde, und dass er nachher, wenn er mit reicher Ernte zurückkäme, gut arbeiten könnte.

In dieser Zuversicht hatte er bald alle Sorgen und allen Ärger vergessen, er war allein mit dem blühenden singenden Tag, und kein Mensch konnte ihn zurückholen in die Grämlichkeit der alltäglichen Plage.

Er schlenderte in den Wald und steuerte friedlichen Gemüts zielsicher der Stelle zu, wo, wie er wusste, Steinpilze wuchsen. Da kam ihm Herr Niemeyer entgegen, schwer beladen, in jeder Hand einen Korb, und jeder Korb war voll gefüllt mit Steinpilzen.

Der Herr blieb stehen und sagte: „Oh, Herr Niemeyer! Reiche Ernte, wie? Aber jetzt schon Steinpilze?" Er hatte Mühe zu sprechen, sein Atem war plötzlich kurz geworden. Herr Niemeyer lächelte hämisch. „Sie wollten wohl auch gerade unter die Eichen? Da werden Sie nichts mehr finden. Die da waren, habe ich." Er sah vergnügt auf die Pilze. Sein Blick war der eines Bräutigams am Tage der Hochzeit. Der Herr hätte ihn ohrfeigen können.

Zwei Stunden suchte der Herr laut schimpfend unter den Eichen nach Steinpilzen, aber er sah nur die weißen Stellen der abgeschnittenen Stiele hell aus dem Laub leuchten, was seine schlechte Stimmung keineswegs verminderte. Jedoch, als er nachher unter den Tannen mühselig Pfifferlinge suchte, fand er auch einen großen Steinpilz, etwa zwei Pfund schwer, und ohne Maden! Er schnitt ihn mit Wonne ab, schon jetzt gierig auf Herrn Niemeyers Gesicht, und auf dem ganzen Heimweg überlegte er schadenfroh, mit welchen Worten er Herrn Niemeyer den Pilz zeigen sollte.

„Den haben Sie unter den Eichen übersehen", sagte er wiehernd, nachdem er Herrn Niemeyer an die Wohnungstür hatte rufen lassen, und zu Hause zu seiner Frau sagte er heiter: „Du hättest sein Gesicht sehen sollen! Ganz verzehrt von Ärger und Neid!"

Bevor er sich an diesem Abend schlafen legte, sah der Herr noch einmal aus dem Fenster hinaus. Draußen rauschte die Nacht, hell standen die Sterne am klaren Himmel. „Welch ein schöner Tag war das heute!“, sagte er zu seiner Frau und dachte freudig an das verstimmte Gesicht seines Nachbarn Niemeyer.

Quelle: Hansjürgen Weidlich: Das Schönste vom ganzen Tag, in: Weert Flemmig (Hg.): Nur keinen Streit vermeiden und andere Geschichten für Mädchen und Jungen, Gütersloher Verlagsanstalt, Gütersloh 1988, 5. Auflage, S. 85–88.

Teil I: Lesen

Punkte

1. Kreuze die richtige Aussage an. Es gibt jeweils nur eine richtige Lösung. 5

   a) Als der Herr am Morgen erwacht, ist er …
   - ☐ voller Pläne.
   - ☐ in Eile.
   - ☐ froh.
   - ☐ atemlos.

   b) Die Dame im Garten …
   - ☐ liest gerade ein Buch.
   - ☐ muss gleich die Küche wischen.
   - ☐ hängt die Wäsche auf die Leine.
   - ☐ ärgert sich über das Mädchen.

   c) Frau Mohwinkel ist …
   - ☐ eine Reinigungskraft.
   - ☐ eine Nachbarin.
   - ☐ eine Freundin.
   - ☐ eine Bankangestellte.

   d) Der Herr geht in sein Arbeitszimmer, um …
   - ☐ die Post zu lesen.
   - ☐ Geld zu holen.
   - ☐ die Ruhe zu genießen.
   - ☐ seinen Zorn zu verbergen.

   e) Der Herr findet im Wald …
   - ☐ einen großen Steinpilz.
   - ☐ Körbe voller Pfifferlinge.
   - ☐ Pilze voller Maden.
   - ☐ einen prächtigen Butterpilz.

2. Kreuze die richtige Aussage an. Es gibt jeweils nur eine richtige Lösung. 3

a) „Ich hätte an den Wänden hochgehen können …" (Z. 56f.) bedeutet hier, dass die Dame im Garten …

- ☐ sehr verärgert ist.
- ☐ völlig gelassen reagiert.
- ☐ ausgesprochen gerne klettert.
- ☐ richtig gut gelaunt ist.

b) „sich auszulüften" (Z. 88f.) bedeutet hier, dass der Herr …

- ☐ die Fenster weit öffnet.
- ☐ sich in die Luft erhebt.
- ☐ frische Luft braucht.
- ☐ unter Kurzatmigkeit leidet.

c) „wiehernd" (Z. 148) bedeutet hier, dass der Herr …

- ☐ ängstlich spricht.
- ☐ sehr laut brüllt.
- ☐ schadenfroh lacht.
- ☐ gutmütig schmunzelt.

3. Ordne jeder der folgenden Aussagen einen Satz im Text zu, der Ähnliches ausdrückt. Gib die jeweiligen Zeilen an. 4

Aussage	**Zeile(n)**
Der Herr machte kurzzeitig die Augen zu und holte kräftig Luft.	
Dafür bin ich nicht gelassen genug.	
Abgesehen vom Schluss hörte der Herr das Gesagte gern.	
Das Sprechen strengte den Herrn an, er atmete schneller.	

4. a) Welche der folgenden Aussagen sind richtig? 2

Die Frau des Herrn …

A sitzt gerne im Garten und genießt die Sonne.
B verdreckt ständig das Treppenhaus.
C hat viele Arbeitsaufträge für ihren Mann.
D geht mit ihrem Mann Pilze sammeln.

Kreuze die richtige Antwort an.

- ☐ Nur A und B stehen im Text.
- ☐ Nur A und D stehen im Text.
- ☐ Nur C steht im Text.
- ☐ Nur C und D stehen im Text.

b) Welche der folgenden Aussagen sind richtig? 2

Herr Niemeyer …

A trägt zwei Körbe voller Pilze.

B mag eigentlich keine Pilze.

C hat dem Herrn fast alle Pilze weggeschnappt.

D sammelt Pfifferlinge unter Eichen.

Kreuze die richtige Antwort an.

☐ Nur A und B stehen im Text.

☐ Nur A und C stehen im Text.

☐ Nur B und D stehen im Text.

☐ Nur C und D stehen im Text.

5. Nummeriere die folgenden Vorkommnisse entsprechend dem Erzählverlauf von 1 bis 6. 3

Vorkommnis	**Nummerierung**
Der Herr findet einen großen Steinpilz.	
Der Herr setzt sich zu einer Frau in den Garten.	
Der Herr freut sich über den schönen Tag, den er erlebt hat.	
Der Herr geht in den Wald, um Pilze zu sammeln.	
Der Herr zeigt Herrn Niemeyer seinen großen Steinpilz.	
Der Herr liest seine Post und schreibt Briefe.	

6. Zitiere zwei Textstellen, die deutlich machen, dass der Herr sich an der Natur erfreut. 2

7. Stelle anhand von drei Beispielen dar, wie es dazu kommt, dass der Herr mehrmals fast seine gute Laune verliert und was er jeweils dagegen unternimmt. 6

8. Es war für den Herrn nur deshalb ein schöner Tag, weil er seinen Nachbarn ärgern konnte.

   Begründe deine Zustimmung oder Ablehnung zu dieser Behauptung. 3

Teil II: Schreiben

Teil II.A: Textproduktion (Wahlaufgabe)

Wähle **eine** der beiden folgenden Aufgaben aus und bearbeite sie.

a) **Erzählung**
Erzähle den Tag aus der Sicht von Herrn Niemeyer.
Berücksichtige dabei seine Begegnungen mit dem Herrn und überlege dir, in welcher Beziehung die beiden zueinander stehen. Gehe auch auf seine Gedanken und Gefühle ein.

oder

b) **Argumentation**
„Der Klügere gibt nach."
Argumentiere, warum du dieser Behauptung zustimmst oder warum du sie ablehnst.

Dein Text (Erzählung oder Argumentation) wird wie folgt bewertet:

	Punkte
Aufbau/Inhalt (z. B. Überschrift, Einleitung, Hauptteil, Schluss/„roter Faden")	18
Sprachangemessenheit (Wortschatz, Satzbau, Ausdruck)	9
Sprachrichtigkeit (Rechtschreibung, Grammatik, Zeichensetzung)	3
Summe	**30**

Teil II.B: Sprachliche Richtigkeit

1. Markiere und berichtige die zehn Rechtschreibfehler im Text.
   Du darfst nicht mehr als zehn Fehler markieren.
   Schreibe die jeweils berichtigte Schreibweise unter die fehlerhafte Stelle.
   Der Text enthält keine Fehler zur Getrennt- und Zusammenschreibung sowie zur Zeichensetzung. Eigennamen sind korrekt geschrieben. 5

> **Beispiel:**
> *Nachdem die Wanderer an der ~~Bergspize~~ angekommen waren, ~~ruten~~ sie sich aus.*
> Bergspitze ruhten

An den Küsten der unter besonderem Schutz stehenden Galapagos-Inseln sind seid

Januar 22 Tonnen Müll gesammelt worden. Der Müll werde dahin gehent untersucht,

ob darin möglicherweise fremde Arten zu finden seien, teilten Vertreter des

Nationalparks auf den zu Ecuador gehörenden Inseln mit. Der Müll wird von

Mittel- und Südamerika sowie von Asien aus über das Meer zu den Inseln

geschwämmt.

Der Nationalpark auf den Galapagos-Inseln im Pazifischen Ozean wurde 1959

gegründet. Auf den Inseln leben zahlreiche Arten, die es nirgentwo sonst auf der

Welt giebt, darunter Riesenschildkröten und Pinguine. Seit 1978 zählt die

Inselgruppe zum UNESCO-Welterbe.

Zum Schutz der Arten gellten besonders strenge Regeln. Ecuador begrentzt die Zahl

der Besucher; auf den vier bewohnten Inseln leben lediglich 26 000 Menschen.

Der Bau ist stark eingeschrängt, erneuerbare Energien werden geföhrdert,

Plastiktüten sind verboten. Ein Meeresschutzgebiet rund um die Inseln umfasst

138 000 Quadratkilometer.

In einem besonders ausgewisenen Schutzgebiet von 38 000 Quadratkilometern ist

zudem jeglicher Fischfang verboten.

Quelle: AFP 18. 03. 2018

2. Groß- oder Kleinschreibung?
In drei der folgenden Sätze befindet sich jeweils ein falsch geschriebenes Wort.
Kreise die falsch geschriebenen Wörter ein.
Hinweis: Du darfst nicht mehr als drei Wörter einkreisen. 3

a) Im Großen und Ganzen ist die Lehrerin mit den Leistungen der Klasse zufrieden.

b) In den Ferien ist nichts außergewöhnliches passiert.

c) Wenn die Ampel rot zeigt, darf die Straße nicht überquert werden.

d) Das blaue Kleid gefällt der Frau am besten.

e) Einigen Menschen fällt es schwer, Morgens aufzustehen.

f) Sie hilft ihrer Freundin beim Einpacken der Geschenke.

„das“ oder „dass“?
Bestimme die Wortart und entscheide dich für die richtige Schreibweise.
Streiche das falsch geschriebene Wort durch.
Schreibe den entsprechenden Buchstaben der Wortart auf die Linie darunter:
Artikel **(A)**, Relativpronomen **(R)** oder Konjunktion **(K)**. 4

Beispiel:
Das/~~Dass~~ Haus, das/~~dass~~ am Ufer stand, war baufällig.
A R

Sie hofft, das/dass sie die Grammatikregeln verstanden hat.

____

Am Wochenende lese ich das/dass Buch, das/dass du mir geschenkt hast.

__________ __________

Ich danke dir, das/dass du mir geholfen hast.

____

4. Vervollständige das Satzgefüge mit den Angaben in der Klammer. Die Zeitform darf nicht verändert werden.
Alle vorgegeben Wörter müssen verwendet werden. 3

a) Er lässt sich die Pizza schmecken, obwohl …

____

(Er mag keine Tomatensoße.)

b) Die Tat konnte schnell aufgeklärt werden, weil …

____

(Der Täter hatte Spuren hinterlassen.)

c) Meine Eltern lassen mich allein in den Urlaub fahren, wenn …

____

(Ich helfe regelmäßig im Haushalt.)

Heidrun Böger: 20 Quadratmeter reichen

Sebastian Pfeil macht aus alten Bauwagen oder Zirkuswagen Häuser. Das ist nicht nur schön und zweckmäßig, sondern könnte dem einen oder anderen auch bei der dramatischen Entwicklung auf dem Immobilienmarkt aus der Bredouille helfen.

Sebastian Pfeil benötigt nicht viel Platz. Er wohnt zur Miete auf 70 Quadratmetern und stellt fest, dass er auf dem größten Teil der Fläche gar keine Zeit verbringt. Leidet er an einer Berufskrankheit? Kommt das daher, dass er für andere Leute Wohnungen auf nur 20 Quadratmetern baut? Hat er den „tiny house"-Trend verinnerlicht, der von Amerika ausging und sich nun in der ganzen Welt fortsetzt? [...] Ist ein winziges Haus, in das Küche, Bad, Bett, Tisch und Sitzmöbel gestopft werden, tatsächlich das, was der Zweibeiner – durch Jahrtausende der Wohnkultur gezerrt – letztlich nur braucht?

20 Quadratmeter reichen. Aber nur, wenn der Grundriss stimmt. Denn auf diesem Raum muss quasi Unmögliches ermöglicht werden. [...] [B]evor er mit seiner eigentlichen Arbeit beginnt, hört er gut und lange zu. Es geht um Wünsche, Erwägungen, Möglichkeiten. Und der Bleistift skizziert, was dem Meister dazu einfällt.

Zum Beispiel darüber muss zuallererst gesprochen werden: Wo steht das Haus, das er bauen wird? Wo kommt das Wasser her? Ist ein Anschluss ans Stromnetz möglich, oder wird Solarenergie bevorzugt? Soll es Gas geben, eine Gasheizung? Und: Werden die neuen Besitzer sich mit ihrem Haus von einem Ort an den anderen bewegen? Auf was für Straßen, welche Strecken? Wenn das Domizil, das entstehen wird, tatsächlich rollen soll, kümmert er sich auch noch um eine Betriebszulassung. Hochwertige, aufbereitete Fahrgestelle von vier bis zwölf Metern Länge mit Schnellläuferachsen, druckluftgebremst, mit Einzel- oder Doppelbereifung, können bis zu 80 Stundenkilometer schnell sein.

Pfeil macht aus alten Bau- oder Zirkuswagen Häuser. Man bringt ihm einen Wagen oder schaut sich seine an: Ausrangiertes, Abgestelltes, alte Modelle, die er in ganz Deutschland findet und kauft – nur das Fahrgestell oder den ganzen Wagen. Die Aufbauten sind im Schnitt 2,50 Meter breit und acht bis zehn Meter lang. Beim Umbau bleibt so viel wie möglich von der alten Substanz erhalten, „vom Lebensgefühl", sagt Pfeil. Eisenbeschläge und Bleiglasfenster werden restauriert. [...]

Baut er ein Haus nicht in eine alte Wagenhülle, sondern hat nur ein altes Gestell, kann er einen etwas größeren, drei Meter breiten Aufsatz konstruieren, gewinnt fünf Quadratmeter Wohnfläche – maximal 36 sind drin. Und: Nicht in allen seinen Wagenhäusern wird gewohnt. Sie dienen als Küche wie beim „Mint-Café" im Botanischen Garten in Berlin, mobiles Büro eines Kunden im Schwarzwald, als ganzjährig nutzbare Ferienwohnung eines Biobauern bei Stuttgart, der sich auch noch Schiebetüren mit Buntglas gewünscht hat. [...] Auch eine fahrbare Sauna hat Sebastian Pfeil bereits gebaut.

Gerade erfüllt sich eine Familie aus Neumünster ihren Traum und lässt einen Bauwagen zur Ferienwohnung umbauen, die dann für immer auf einem Zeltplatz an der Ostsee stehen soll. Es wird ein Neuaufbau, zehn Meter lang und drei Meter breit, mit gefliestem Bad, Heizungsanlage für Wohnraum, Bad und Schlafzimmer, Komposttoilette, Doppeltür aus Eiche mit Glas. Über einen anschließbaren Gartenschlauch kommt Wasser, das Abwasser fängt ein Tank auf, ein Boiler produziert warmes Wasser für die Dusche. Hier, wie bei allem, was er baut, legt es Sebastian Pfeil auf die Langlebigkeit seiner Wagen an, sowie darauf, einen nur kleinen ökologischen Fußabdruck[1] zu hinterlassen.

Sechs Wohnwagen hat Sebastian Pfeil in den zwei Jahren fertig bekommen. Der Preis für einen kompletten Umbau, der etwa vier Monate dauert, beginnt bei 50.000 Euro, eine Obergrenze gibt es nicht. [...] Manche Kunden wollen einen leeren Wagen, also erneuert Sebastian Pfeil mit seinen drei Mitarbeitern nur die Hülle, setzt ein Zinkblechdach drauf, dann wird der Wagen noch gedämmt, Elektrik gelegt, Holzfußboden, auf Wunsch mit Fußbodenheizung. Fenster und Türen gehen immer nach außen auf, um Platz zu sparen.

Sebastian Pfeil schätzt, dass es in Deutschland mehr als ein Dutzend Firmen wie seine gibt. Wie gesagt: „tiny houses" sind ein Trend. Auch standardisiert kann man sich einen Bauwagen mittlerweile umbauen lassen, quasi ein „tiny house" von der Stange.

Eng, aber günstig, darauf setzen auch Studenten in Frankfurt. Sie wohnen im „Cubity"-Container auf 7,2 Quadratmetern und geben dafür monatlich 250 Euro Warmmiete aus. Konzipiert wurde das minimalistische Wohnheim von Studenten der TU Darmstadt. Ihr Ziel: günstige Mieten, viel Raum für Gemeinschaft und Energieeffizienz.

In anderen Ländern ist Wohnen auf kleinstem Raum schon lange kein Trend mehr, sondern Alltag. Etwa 5,5 Quadratmeter hat so manche Familie in Hongkong. Das angeblich schmalste Haus der Welt steht in Warschau. Es wurde 2012 vom Architekten Jakub Szczesny in einer Baulücke errichtet, die zwischen 92 und 152 Zentimetern breit ist. Nur 14,5 Quadratmeter Wohnfläche zwingen zur absoluten Reduktion. Das Haus gilt offiziell als Kunstinstallation und soll regelmäßig Künstler beherbergen. [...]

Klein ja, günstig nein – das gilt für viele Miniapartments in New York. Mehr als 2.600 Dollar pro Monat kostet eine 28- Quadratmeter-Wohnung im „Carmel Place", 55 Wohnungen gibt es in dem Haus. Das Projekt gewann 2013 eine Ausschreibung der Stadt, mit der der Bau kleiner Wohnungen gefördert werden sollte. [...]

Im deutschen Steuerlexikon steht: „Die Wohnung muss eine bestimmte Mindestgröße aufweisen. Ausreichend sind bei einer Wohnung in einem Ein- oder Zweifamilienhaus 23 Quadratmeter. Bei einem Apartment in einem Alten- oder Wohnheim reichen gegebenenfalls bereits 20 Quadratmeter Wohnfläche."

Objektiv messbar, so scheint es, ist das Ausmaß von allgemein angemessenem Wohnraum nicht. Wohnen ist Menschenrecht [...]. Die Käufer von Sebastian Pfeils Bauwagen zählen mit Sicherheit zu den Minimalisten.

Quelle: Heidrun Böger: 20 Quadratmeter reichen, in: Das Magazin, Oktober 2017, S. 48–52.

1 **ökologischer Fußabdruck:** Maß für die Belastung der Umwelt und Natur durch den eigenen Lebensstil und Lebensstandard

Teil I: Lesen

Punkte

1. Kreuze die richtige Aussage an. Es gibt jeweils nur eine richtige Lösung. 5

   a) Die Wohnung von Sebastian Pfeil ist ______ groß.
   - ☐ 20 Quadratmeter
   - ☐ 70 Quadratmeter
   - ☐ 85 Quadratmeter
   - ☐ 100 Quadratmeter

   b) Sebastian Pfeil baut „Wohnungen“ in einer Größe von …
   - ☐ 20 Quadratmetern.
   - ☐ 70 Quadratmetern.
   - ☐ 85 Quadratmetern.
   - ☐ 100 Quadratmetern.

   c) Der Trend der „rollenden Wohnungen“ kommt aus …
   - ☐ Deutschland.
   - ☐ Polen.
   - ☐ Amerika.
   - ☐ Asien.

   d) Für seine Modelle verwendet Sebastian Pfeil …
   - ☐ neue Campingwagen.
   - ☐ neue Zirkuswagen.
   - ☐ alte Eisenbahnwagen.
   - ☐ alte Bauwagen.

   e) Für den Umbau benötigt Sebastian Pfeil in der Regel …
   - ☐ vier Monate.
   - ☐ sechs Monate.
   - ☐ ein Jahr.
   - ☐ zwei Jahre.

2. Kreuze die richtige Aussage an. Es gibt jeweils nur eine richtige Lösung. 2

   a) „aus der Bredouille helfen“ (Z. 6 f.) bedeutet hier, …
   - ☐ Hilfe von jemandem dankend anzunehmen.
   - ☐ jemanden in eine schwierige Lage zu bringen.
   - ☐ jemanden aus einer Notsituation zu befreien.
   - ☐ sich um eine Hilfsorganisation zu bemühen.

b) „Domizil“ (vgl. Z. 38) bedeutet hier, …

- ☐ Sehenswürdigkeit.
- ☐ Wohnraum.
- ☐ Gebetshaus.
- ☐ Restaurant.

3. Ordne jeder der folgenden Aussagen einen Satz im Text zu, der Ähnliches ausdrückt. Gib die jeweiligen Zeilen an. 4

Aussage	**Zeile(n)**
Ein Stift bringt die Ideen von Sebastian Pfeil zu Papier.	
Einige von Sebastian Pfeils „tiny houses“ werden nicht als Wohnraum genutzt.	
Außerhalb Deutschlands ist das Leben auf engstem Raum bereits alltäglich.	
Die Wohnfläche der Unterkunft darf eine festgelegte Größe nicht unterschreiten.	

4. a) Welche der folgenden Aussagen sind richtig? 2

Das vermeintlich schmalste Haus der Welt …

A hat nur 5,5 Quadratmeter Wohnfläche.

B ist 2012 in einer Baulücke entstanden.

C ist ein Ort für Künstler.

D gewann bei einer Ausschreibung.

Kreuze die richtige Antwort an.

- ☐ Nur A und B stehen im Text.
- ☐ Nur A und D stehen im Text.
- ☐ Nur B und C stehen im Text.
- ☐ Nur C und D stehen im Text.

b) Welche der folgenden Aussagen sind richtig? 2

Die „tiny houses“ von Sebastian Pfeil …

A werden von ihm und drei Mitarbeitern gebaut.

B werden aus dem Ausland importiert.

C sollen eine möglichst lange Haltbarkeit haben.

D haben einen festen Preis.

Kreuze die richtige Antwort an.

- ☐ Nur A und B stehen im Text.
- ☐ Nur A und C stehen im Text.
- ☐ Nur B und D stehen im Text.
- ☐ Nur C und D stehen im Text.

5. Nenne drei Aspekte, die Sebastian Pfeil bei der Planung und dem Bau der „tiny houses" beachtet. 3

6. Erläutere anhand von jeweils einer Textstelle einen Vor- und einen Nachteil der „tiny houses" für die Kundinnen und Kunden. 4

7. „Die ‚tiny houses‘ von Sebastian Pfeil können zum Umweltschutz beitragen.“
Erläutere diese Aussage anhand von zwei Textstellen. 3

8. „Ein Haus ist noch kein Zuhause.“
Erkläre die unterschiedlichen Bedeutungen der Begriffe „Haus“ und „Zuhause“ in diesem Satz. 4

Teil II: Schreiben

Teil II.A: Textproduktion (Wahlaufgabe)

Wähle **eine** der beiden folgenden Aufgaben aus und bearbeite sie.

a) **Beschreibung**
Stelle dir vor, später in einem „tiny house" zu leben. Beschreibe dein „tiny house" von außen und von innen.
Gehe dabei auch auf den Standort, die Ausstattung, die Einrichtung, die Farben und die Materialien ein.

oder

b) **Erzählung**
Erzähle eine Geschichte, in der ein verlassenes Gebäude zu einem wichtigen Treffpunkt für eine Gruppe Jugendlicher wird.

Dein Text (Beschreibung oder Erzählung) wird wie folgt bewertet:

	Punkte
Aufbau/Inhalt (z. B. Überschrift, Einleitung, Hauptteil, Schluss/„roter Faden")	18
Sprachangemessenheit (Wortschatz, Satzbau, Ausdruck)	9
Sprachrichtigkeit (Rechtschreibung, Grammatik, Zeichensetzung)	3
Summe	**30**

Teil II.B: Sprachliche Richtigkeit

Die Aufgaben zum Teil II.B (Sprachliche Richtigkeit) sind in der Prüfung für Text 1 und Text 2 gleich. Sie sind in diesem Buch deshalb nur einmal abgedruckt. Du findest sie am Ende der Aufgaben zu Text 1.

Klaus Kordon: Hadscha Krey (Romanauszug)

Matti ist ein 16-jähriger Junge, der die Nase voll hat von Schule, den Eltern und irgendwelchen Liebesgeschichten. In den Ferien fährt er mit seinem Fahrrad in ein kleines Dorf, um dort seinen Schwarm Inka Wendt zu treffen. Als Matti sich auf dem Grundstück der Wendts umsieht, ob Inka zu Hause ist, wird er dabei von einem älteren Mann beobachtet, der ihn zur Rede stellt.

[…] Kaum war er fünf Meter weit gefahren, trat urplötzlich ein alter Mann vor ihn hin. Pfeife im Mund, jeansfarbene Basecap auf dem langen, weißen Haar. Mit hochgezogenen, dichten, ebenfalls schneeweißen Augenbrauen sah er ihn an, sagte aber nichts, paffte nur ein paar kringelige Wölkchen in die warme Sommerluft.

Erschrocken stoppte Matti. War er also doch beobachtet worden? Wenn ja, was sollte dieser Alte jetzt anderes von ihm denken, als dass er tatsächlich mal kurz nachschauen wollte, ob es bei den Wendts was zu klauen gab?

„Hallo!", grüßte er so leise, dass er sich gleich darauf über sich ärgerte. Das hatte viel zu verzagt geklungen; fast wie ein vorweggenommenes Schuldeingeständnis.

„Hallo!", knurrte auch der Alte mit der Basecap, qualmte stur weiter und sah Matti mit seinen altershellen Augen an, als erwartete er irgendeine Erklärung.

Aber Matti hatte keine Idee, womit er sein Eindringen in den fremden Garten begründen sollte. Verlegen musterte er den alten Mann, der sich streng wie ein Ausrufezeichen vor ihm aufgebaut hatte. Irgendwie originell, der Typ. Die lange, weiße Mähne wirkte, als verachtete er seit Jahren jeden Friseur; auf der scharfen, leicht gebogenen Nase hing eine randlose verstaubte Brille; zu den mächtigen, schwingenförmigen Augenbrauen gesellte sich ein ebenso imposanter, nikotingelber Schnäuzer, der in einen dichten Drei-Tage-Bart überging. Seine schon sehr abgetragene, die Beine umschlotternde Jeans wurde allein durch einen sehr eng gezogenen Gürtel auf Hüfthöhe gehalten; unter der schwarzen Jacke, die wohl mal zu einem richtigen Anzug gehört hatte, leuchtete ein blütenweißes, frisch gebügeltes Hemd. […]

„Suchste 'ne Unterkunft?" Endlich machte der Alte wieder den Mund auf.

Bingo! Einfach nur Ja sagen, und schon hätte Matti eine Begründung für sein unerlaubtes Eindringen bei den Wendts gehabt. Aus irgendeinem Grund aber widerstrebte es ihm, sich auf diese Weise vom Acker zu machen. „Nee", wich er aus. „Hab schon eine."

„Und wo? Bei wem?", fragte der Alte mit knarziger Stimme, dabei weiter seine Kringel in die Luft paffend, als hätte er sonst nichts zu tun.

„Bei niemandem. Bin allein. Zelte im Wald."

„So, so!" Erst nickte er diese Antwort ab, als würden in dieser Gegend ständig irgendwelche Leute im Wald campieren, dann schob er sich mit dem Mundstück seiner Pfeife den Schirm seiner Basecap aus der Stirn und fragte mit hochgezogenen Augenbrauen: „Und was, mit Verlaub, hast du bei den Wendts gesucht, wenn du gar keine Unterkunft brauchst? Mal kucken, ob ein Fenster offen steht, oder?"

„Nee! Wieso denn? Wollte nur mal sehen, ob Inka da ist."

Wieder setzten die schwingenförmigen, weißen Augenbrauen zum Flug an. „Inka? Kennst du sie denn?"

„Na klar! Wir … wir haben als Kinder oft zusammen gespielt. Und da wollte ich mal kurz Guten Tag sagen, weiter nichts."

Im Gesicht dieses seltsamen alten Mannes ging die Sonne auf. Im breitesten Kinoformat freute er sich darüber, keinen verhinderten Dieb vor sich zu haben. Und schon streckte er die Hand aus, als sei er dankbar dafür, soeben eine neue Bekanntschaft gemacht zu haben. „Krey mein Name. Horst-Peter. Bin hier für alle aber nur der Hadscha … Wurde als junger Mann immer so gerufen. Wegen dem Fußball. War ja mal Mittelstürmer … *Fortschritt Windeck* hieß der Verein. Kannst du aber gar nicht kennen, gibt's schon lange nicht mehr."

„Matti." Verlegen nahm Matti die trockene, raue, doch noch immer kräftige Hand.

„Matti? Abkürzung von Matthias, oder?"

„Nee – nur Matti."

„Ziemlich unernster Name. Aber sicher praktisch. Da braucht's keinen Spitznamen." Jetzt grinste dieser Alte, als hätte er einen ganz wunderbaren Scherz gemacht.

Darauf fiel Matti keine Antwort ein. So wartete er ab, was weiter passieren würde, und dieser alte Mann, der sich *Hadscha* rufen ließ, nutzte die Gelegenheit, sein Rad zu bestaunen. „Gediegene Sache![1] Hat sicher 'n braves Sümmchen gekostet, oder?"

„Gute Räder sind nicht billig."

„Tscha, *da* is was Wahres dran! Gutes haben sie einem noch nie nachgeschmissen." Wieder grinste der Alte Matti an, als wären sie in den paar Minuten, in denen sie sich gegenüberstanden, bereits die allerbesten Freunde geworden. Dann wollte er wissen, was ihn denn in diese Gegend verschlagen hatte. „Bist du nur wegen Inka gekommen? Oder willst du weiter? Vielleicht an die Küste? Oder nach Seldwitz, an den See?"

„Mal sehen. Bin da ganz locker, hab nichts geplant."

„Na, bei uns ist doch nichts los." Jetzt machte dieser Hadscha Krey ein eher missmutiges Gesicht. Er blickte nach links und nach rechts, dann zuckte er die Achseln, „Jugend gibt's hier schon lange nicht mehr. Sind alle weg. In die Stadt. Dahin, wo's Arbeit gibt, oder?"

Matti beschloss, zur Sache zu kommen. „Und in Seldwitz, gibt's da denn noch 'nen Laden? So einen mit Brot und Wurst und anderen Lebensmitteln? Der hier hat ja geschlossen. Ich … ich brauch 'n bisschen was."

„Tscha, traurig! Laden dicht, Kneipe dicht. Hat sich alles nicht mehr gelohnt." Wieder zuckte der Alte die Achseln. „Eben viel zu wenig Kundschaft … Na, und dann alle diese Billigmärkte in den Städten … Da verfährt man lieber für zwanzig Euro Benzin, um für zehn Cent günstiger einzukaufen, oder? Du aber musst nicht nach Seldwitz. Warte einfach auf die Bloomsche."

„Die Bloomsche?"

„Na, die Elena mit ihrer *Futterkiste*. Einer dieser mobilen Landläden, die jetzt über die Dörfer zuckeln. Montags, mittwochs und freitags kommt sie, immer so gegen elf. Bringt alles mit, was man so braucht, wenn man nicht alle paar Tage jede Menge Kilometer schrubben[2] will."

„Auch 'n Besen?"

„Wenn du ihn vorher bestellst, beschafft sie dir auch 'nen Besen."

Scheiße! Jetzt hatte er sich verquatscht. Das mit dem Besen hätte er lieber nicht sagen sollen. Was wollte er denn *im Zelt* mit einem Besen?

Der alte Hadscha aber schien sich nicht im Geringsten zu wundern, klopfte nur die inzwischen erloschene Pfeife an den Sohlen seiner Stiefel aus und beäugte danach den Pfeifenkopf, ob nicht etwa doch ein Krümel Tabak drin geblieben war. „Ist 'ne patente Frau, unsere Elena", sagte er danach zufrieden. „Nimmt sich und andere wichtig. Und besser geht's doch nicht, oder?"

„Klar!" Matti nickte pflichtschuldig – und wagte endlich, nach Inka zu fragen. „Wohnt sie denn noch hier?"

„Nee!" Jetzt schüttelte dieser Hadscha Krey so resolut den Kopf, als hätte Matti ihn gefragt, ob hier irgendwo Apfelsinen wüchsen. [...]

Quelle: Klaus Kordon: Hadscha, ich und der Himmel über der Pampa, Verlag Beltz und Gelberg, Weinheim 2018, S. 45–50.

1 **Gediegene Sache!:** *hier:* Ausdruck der Bewunderung
2 **schrubben:** *hier:* fahren

Teil I: Lesen

Punkte

1. Kreuze die richtige Aussage an. Es gibt jeweils nur eine richtige Lösung. — 5

a) Matti ...

- ☐ ist mit dem Fahrrad unterwegs.
- ☐ macht Urlaub in Seldwitz am See.
- ☐ reist mit einem mobilen Landladen.
- ☐ ist auf einer Winterwanderung.

b) Als Matti noch nicht weit gefahren ist, begegnet ihm ...

- ☐ ein Dorfbewohner.
- ☐ Elena.
- ☐ Herr Wendt.
- ☐ Inka.

c) Hadscha ...

- ☐ ist mit den Wendts verwandt.
- ☐ raucht Pfeife.
- ☐ geht zu einer Party.
- ☐ weiß, wo Inka ist.

d) Hadscha bedauert, dass ...

- ☐ der mobile Landladen Elena gehört.
- ☐ er früher Mittelstürmer war.
- ☐ Mattis Fahrrad teuer gewesen ist.
- ☐ bei ihnen im Dorf nichts los ist.

e) Matti …

- ☐ wohnt bei Inka.
- ☐ verkauft Besen.
- ☐ sucht einen Lebensmittelladen.
- ☐ war früher Mittelstürmer.

2. Kreuze die richtige Aussage an. Es gibt jeweils nur eine richtige Lösung. 2

a) „Das hatte viel zu verzagt geklungen; …“ (Z. 16 f.) bedeutet hier, dass jemand …

- ☐ überzeugend klingt.
- ☐ zärtlich spricht.
- ☐ verunsichert klingt.
- ☐ absichtlich seine Stimme verstellt.

b) „braves Sümmchen“ (Z. 99) bedeutet hier …

- ☐ harmloses Ergebnis.
- ☐ ausländische Währung.
- ☐ nur Münzen.
- ☐ viel Geld.

3. Ordne jeder der folgenden Aussagen einen Satz im Text zu, der Ähnliches ausdrückt. Gib die jeweiligen Zeilen an. 4

Aussage	**Zeile(n)**
Matti fiel nicht ein, wie er das Einsteigen in den unbekannten Garten rechtfertigen sollte.	
Matti entschied sich, zum Wesentlichen überzugehen.	
Nun hatte er sich verplappert.	
Matti stimmte zu und hatte den Mut, sich nach Inka zu erkundigen.	

4. a) Welche der folgenden Aussagen sind richtig? 2

Der alte Mann, der Matti in den Weg tritt, …

A hat einen Bart.
B trägt keine Brille.
C trägt ein buntes Hemd.
D hat weiße Haare.

Kreuze die richtige Antwort an.

- ☐ Nur A und B stehen im Text.
- ☐ Nur A und D stehen im Text.

- [ ] Nur B und C stehen im Text.
- [ ] Nur C und D stehen im Text.

b) Welche der folgenden Aussagen sind richtig? 2

In dem Dorf, in dem Matti Hadscha kennenlernt, gibt es …

A einen Lebensmittelladen.

B keine Kneipe mehr.

C zwei Billigmärkte.

D einen mobilen Landladen.

Kreuze die richtige Antwort an.

- [ ] Nur A und C stehen im Text.
- [ ] Nur A und D stehen im Text.
- [ ] Nur B und C stehen im Text.
- [ ] Nur B und D stehen im Text.

5. Nummeriere die folgenden Vorkommnisse entsprechend dem Erzählverlauf von 1 bis 6. 3

Vorkommnis	**Nummerierung**
Matti erzählt Hadscha, dass er alleine in einem Zelt schläft.	
Hadscha berichtet Matti von dem mobilen Dorfladen, bei dem man vieles kaufen kann.	
Matti hat Angst, dass Hadscha misstrauisch wird und sich fragt, wozu er einen Besen in seinem Zelt braucht.	
Hadscha erzählt, woher er seinen Spitznamen hat.	
Ein alter Mann tritt Matti in den Weg.	
Matti fragt Hadscha nach Inka.	

6. „Irgendwie originell, der Typ." (Z. 27 f.)
Erkläre an einem Textbeispiel, was mit dieser Aussage gemeint sein könnte. 3

____

____

____

____

____

7. a) Arbeite anhand einer Textstelle heraus, wie Matti sich zu Beginn der Begegnung verhält. 3

b) Erläutere anhand einer Textstelle, warum sich Hadscha Kreys Verhalten im Gespräch mit Matti verändert. 3

8. „Matti hätte Hadscha Krey die Wahrheit über seine Unterkunft sagen müssen." Begründe deine Zustimmung oder Ablehnung zu dieser Behauptung. 3

Teil II: Schreiben

Teil II.A: Textproduktion (Wahlaufgabe)

Wähle **eine** der beiden folgenden Aufgaben aus und bearbeite sie.

a) **Beschreibung**
Beschreibe einen mobilen Landladen.
Gehe dabei auf die Größe und die Ausstattung des mobilen Landladens ein und auch auf die Zielgruppe, die Öffnungszeiten, das Sortiment und die Betreiberin oder den Betreiber.

oder

b) **Erzählung**
Eine Gruppe Jugendlicher hat im Wald gezeltet.
Erzähle die Geschichte dieser Jugendlichen und gehe dabei auch auf ihre Erfahrungen und Erlebnisse beim Zelten im Wald ein.

Dein Text (Beschreibung oder Erzählung) wird wie folgt bewertet:

	Punkte
Aufbau/Inhalt (z. B. Überschrift, Einleitung, Hauptteil, Schluss/„roter Faden“)	18
Sprachangemessenheit (Wortschatz, Satzbau, Ausdruck)	9
Sprachrichtigkeit (Rechtschreibung, Grammatik, Zeichensetzung)	3
Summe	**30**

Teil II.B: Sprachliche Richtigkeit

1. Markiere und berichtige die zehn Rechtschreibfehler im Text.
   Du darfst nicht mehr als zehn Fehler markieren.
   Schreibe die jeweils berichtigte Schreibweise unter die fehlerhafte Stelle.
   Der Text enthält keine Fehler zur Getrennt- und Zusammenschreibung sowie zur Zeichensetzung. Eigennamen sind korrekt geschrieben. 5

> **Beispiel:**
> *Nachdem die Wanderer an der ~~Bergspize~~ angekommen waren, ~~ruten~~ sie sich aus.*
> Bergspitze ruhten

Leise fahren sie über die Kanäle, transportiren Fahrgäste und Lasten oder fügen

sich selbstständig zu größeren Plattformen und Brücken zusammen. Selbstfahrende

Boote, sogenannte „Roboats“, sollen die Straßen von Amsterdam endlasten.

Langfristig geplant ist der Aufbau einer Flotte, die vor allem den Innenstadtbereich

Amsterdams befährt. Weltweit währe dies die erste Nutzung einer größeren Anzahl

eigenstendiger Wasserfahrzeuge. Bisher haben sich die Erfinder selbstfahrender

Schiffe meist auf den Einsatz auf hoher See konzentriert. Fünf Jahre lang wollen sie

die „Roboats“ zunächst in der niederländischen Metropole testen. Mit ihren knap

80 Kanal-Kilometern ist die Stadt dafür ein ideales Versuchsfeld. Bewären sich die

Wasserfahrzeuge, sollen sie weltweit als Transportmittel arbeiten. Die „Roboats“

müssen allerdings zusätzlich auch auf etwaige Risiken unter Wasser achten. Die

Entwikler planen, die schwimmenden Roboter auf festgelegten Spuren fahren zu

lassen, die den Weg auf dem Wasser vorgeben. Ausgestattet sind sie zudem mit

Sensoren, die Wasser- und Luftqualität meßen. Diese Fähikeit könnte in Städten

wichtig sein, in denen stark verschmuztes Wasser immer wieder die Gesundheit der

Bewohner bedroht.

Quelle: http://www.geo.de/natur/nachhaltigkeit/17436-rtkl-autonomes-fahren-forscher-testen-selbstfahrende-boote-amsterdam. (Aus didaktischen Gründen gekürzt und leicht verändert.)

2. Groß- oder Kleinschreibung?
In drei der folgenden Sätze befindet sich jeweils ein falsch geschriebenes Wort.
Kreise die falsch geschriebenen Wörter ein.
Hinweis: Du darfst nicht mehr als drei Wörter einkreisen. 3

a) Zum frühstücken fehlte schon wieder die Butter.

b) Da war nichts zu machen, sie musste zuerst einkaufen.

c) Es war ein besonders heißer Sommertag, sogar Morgens schon.

d) Der Supermarkt war nicht weit entfernt.

e) Beim Ankommen stellte sie entsetzt fest, dass keine Butter da war.

f) Die Anhaltende Hitze hatte das Kühlsystem des Supermarktes beschädigt.

3. „das“ oder „dass“?
Bestimme die Wortart und entscheide dich für die richtige Schreibweise.
Streiche das falsch geschriebene Wort durch.
Schreibe den entsprechenden Buchstaben der Wortart auf die Linie darunter:
Artikel **(A)**, Relativpronomen **(R)** oder Konjunktion **(K)**. 4

> **Beispiel:**
> *Das/~~Dass~~ Haus, das/~~dass~~ am Ufer stand, war baufällig.*
> A ______ R ______

Ich weiß, das/dass du schwimmen kannst.

____

Er bekam das/dass Spiel, das/dass er sich gewünscht hatte, zum Geburtstag geschenkt.

______________ ______________

Das/Dass du wegläufst, finde ich schade.

____

4. Setze die fehlenden Kommas und die Zeichen der wörtlichen Rede ein. 3

Jedes Jahr findet in der Schule der Tag der offenen Tür statt den die Schülerinnen und Schüler mitgestalten. Wir werden uns um den Kuchenverkauf kümmern sagen die Neuntklässler das haben wir im letzten Jahr auch so gemacht. Sie wollen das Geld aus dem Verkauf nicht für sich behalten sondern an eine Organisation spenden.

Astrid Herbold: Dann ziehen wir das durch

Von wegen, die Jugend von heute zockt und chillt nur, viele Teenager forschen und tüfteln tatsächlich. Wie die Cousinen Judith und Eva: Sie haben unter anderem einen Nagellacktestroboter erfunden und akribisch die Langlebigkeit von Filzstiften untersucht.

Hoch und runter, hoch und runter. Immer wieder senkt sich der kleine Holzstab und knallt im 45-Grad-Winkel hart auf eine Fliese. Am Stab befestigt ist ein künstlicher Fingernagel, bunt lackiert. Wie lange wird der Nagellack dem Aufprall standhalten? Und was, wenn er anschließend noch Dutzende Male in Spülwasser getaucht und über einen Putzschwamm gerieben wird?

Judith aus Paderborn und Eva aus Falkensee, 16 und 15 Jahre alt, sind ganz normale Teenager. Die beiden Cousinen lackieren zum Beispiel gerne ihre Fingernägel. Wie Millionen anderer Teenager stehen sie manchmal ratlos vor den Regalen im Drogeriemarkt. Welchen Lack nehmen wir denn nun? Den teuersten, den billigsten? An einem Tag vor rund zwei Jahren haben die beiden plötzlich eine Idee. Was wäre, wenn man einen objektiven, wissenschaftlichen Test entwickeln würde? Einige Monate später steht ein mehrarmiger Nagellacktestroboter in Falkensee im Schlafzimmer.

So beginnt Judiths und Evas Forscherkarriere.

Wissenschaftswettwerbe für Schüler, sogenannte Science Fairs, kommen ursprünglich aus den USA. Dort wurden sie in den 1950ern populär und sind seitdem fest in der amerikanischen Popkultur verankert. [...] Ab 1956 veranstaltet die DDR die Messe der Meister von Morgen, bekannt als MMM. 1965 initiiert Henri Nannen, damaliger Chefredakteur des Stern, in Westdeutschland den Wettbewerb Jugend forscht, der mittlerweile der größte europäische Jugendwettbewerb im Bereich Naturwissenschaft und Technik ist. Rund 10 000 Jugendliche treten jedes Jahr an, 200 von ihnen erreichen das Bundesfinale, zehn werden am Ende ausgezeichnet. Die Stiftung Warentest hat ihren Nachwuchswettbewerb Jugend testet 1979 aufgelegt; rund 2 000 Schüler machen jährlich mit. [...]

Judith und Eva versuchen dem Geheimnis haltbarer Nagellacke zunächst mit Fragebögen und Langzeitbeobachtungen auf die Spur zu kommen. Doch die Alltagsroutinen ihrer Testpersonen sind zu unterschiedlich, Aktivitäten wie Gartenumgraben verfälschen das Ergebnis. Die jungen Forscherinnen müssen ihre Strategie ändern. Eine Maschine muss her, die die Nägel standardisierten[1] Belastungstests aussetzt. Den Aufbau kriegen die beiden gut hin, Judith ist schon seit Jahren in der Roboterbau-Szene aktiv. Doch mit dem maschinellen Ruinieren der Nägel ist die Arbeit noch nicht getan. Judith und Eva schreiben außerdem ein Computerprogramm. „Es vergleicht die RGB-Werte der Vorher-nachher-Fotos, erklärt Judith. Mit RGB (rot, grün, blau) ist der mathematisch darstellbare Wert einer Farbe gemeint. Ganz selbstverständlich schmeißen die Mädchen mit solchen Begriffen um sich.

Mit ihrer Nagellacktestmaschine samt Auswertungssoftware schaffen es die Cousinen letztes Jahr in den Landeswettbewerb von Jugend forscht in Brandenburg und gewinnen dort den ersten Platz. Von der „Jugend testet"-Jury werden sie mit einem dritten Platz geehrt. Der Erfolg spornt an. Die beiden machen nahtlos weiter. Ihr Folgeprojekt hat nichts mit Kosmetik zu tun. Es ist ein Roboter, der sich vorsichtig auf dem Meeresboden fortbewegt, um dort Manganknollen aufzusammeln. Das sind faustgroße Klumpen, die zu rund einem Viertel aus dem wertvollen Metall Mangan bestehen. Die Herausforderung: Der Meeresboden soll möglichst nicht zerstört werden.

[...] Erneut überzeugen die Mädchen damit die Jury, diesmal die der World Robot Olympiad. Im Frühling 2016 fliegen sie zum Weltfinale nach Dubai.

[...] An ihren Projekten arbeiten die beiden oft über viele Monate, meistens an den Wochenenden. Dann fährt Eva zu Judith nach Paderborn, und das dortige Wohnzimmer wird zum Labor umfunktioniert.

Gibt es Phasen, in denen sie die Lust verlieren? So seien sie nicht, sagen beide. Wenn wir etwas anfangen, dann ziehen wir das durch. Die Eltern unterstützen ihre Töchter, halten sich aber im Hintergrund. In Sachen Robotik und IT-Kenntnisse sind die Mädchen ohnehin lange an ihnen vorbeigezogen. Manchmal, wenn es hakt, werden die älteren Geschwister von Judith zu Rate gezogen. Am liebsten aber tüfteln die beiden alleine. „Das ist ja gerade die Herausforderung, dass man es schafft, die Probleme zu lösen. Wer bei solchen Antworten denkt, dass Judith und Eva Techniknerds[2] ohne soziale Kontakte sind, der irrt. „Ich spiele auch noch zwei Instrumente, sagt Judith. Eva macht orientalischen Tanz. In der Woche treffen sie sich mit Freunden, gehen ihren anderen Hobbys nach. „Da kommt nichts zu kurz, sagt Judith lachend.

Zurück aus Dubai haben sich die Cousinen letztes Jahr dem nächsten Alltagsthema zugewandt: Filzstifte. Welche malen am längsten? Welche lassen sich aus der Kleidung auswaschen, welche verlieren schnell ihre Kappen? Ihr Stifttestroboter ist ein wahres Wunderwerk der Technik. Der eingeklemmte Filzstift wird stundenlang über eine Kassenbon-Rolle gezogen. [...] Außerdem wurden die Stifte im Trockner umhergeschleudert. Wie sonst sollte man die Haltbarkeit der Kappen unter gleichbleibenden Bedingungen testen? Wenn Judith und Eva etwas machen, dann richtig. Am Ende schreiben sie 15- bis 20-seitige Auswertungen. Selbst für Erwachsene ist das anspruchsvolle Lektüre. 2017 gewinnen sie mit dem Filzstifttest den ersten Platz bei Jugend testet.

Online nachlesen kann man ihre Auswertungen leider trotzdem nicht. Dabei geht es durchaus um den Brückenschlag zur Wirtschaft. Meist werden die Wettbewerbe von Stiftungen ausgerichtet, die mit großen Unternehmen kooperieren. Gemeinsames Ziel: Nachwuchs für den Technologiestandort Deutschland herausbilden. Die Jugendlichen sollen Lust bekommen auf ein Ingenieur- oder Chemiestudium, auf Mathe, Physik, Biologie. Laut Jugend forscht klappt das ziemlich gut: Neun von zehn erfolgreichen Wettbewerbsteilnehmern würden später ein naturwissenschaftlich-technisches, ein mathematisches oder ein medizinisches Fach studieren. [...]

Quelle: Astrid Herbold: Dann ziehen wir das durch, in: Das Magazin, Universität Hamburg, September 2017, S. 56–59.

1 **standardisierten:** vereinheitlichten
2 **Techniknerds:** *hier:* technikbegeisterte Jugendliche

Teil I: Lesen

Punkte

1. Kreuze die richtige Aussage an. Es gibt jeweils nur eine richtige Lösung. 5

a) Judith und Eva sind …

- ☐ Schwestern.
- ☐ Cousinen.
- ☐ Konkurrentinnen.
- ☐ Klassenkameradinnen.

b) Die Idee für den Nagellacktest hatten Judith und Eva …

- ☐ an Judiths Geburtstag.
- ☐ vor ungefähr vier Monaten.
- ☐ vor etwa zwei Jahren.
- ☐ in der sechsten Klasse.

c) Forschungswettbewerbe für Jugendliche stammen ursprünglich aus …

- ☐ der BRD.
- ☐ der UdSSR.
- ☐ der DDR.
- ☐ den USA.

d) Der größte europäische Wissenschaftswettbewerb heißt …

- ☐ „Messe der Meister von Morgen“.
- ☐ „Jugend forscht“.
- ☐ „Jugend testet“.
- ☐ „World Robot Olympiad“.

e) Die Eltern von Judith und Eva …

- ☐ bestärken ihre Töchter bei ihren Projekten.
- ☐ kennen sich gut mit Robotik aus.
- ☐ haben ihr Schlafzimmer in ein Labor umgebaut.
- ☐ helfen, wenn ihre Töchter nicht weiterkommen.

2. Kreuze die richtige Aussage an. Es gibt jeweils nur eine richtige Lösung. 2

a) „populär“ (Z. 35) bedeutet hier …

- ☐ volkstümlich.
- ☐ bekannt.
- ☐ musikalisch.
- ☐ verehrt.

b) „Alltagsroutinen“ (vgl. Z. 53) bedeutet hier …

- ☐ Gewohnheiten.
- ☐ Übungen.
- ☐ Fertigkeiten.
- ☐ Überraschungen.

3. Ordne jeder der folgenden Aussagen einen Satz im Text zu, der Ähnliches ausdrückt. Gib die jeweiligen Zeilen an. 4

Aussage	**Zeile(n)**
Auf diese Art startet die wissenschaftliche Laufbahn der beiden Mädchen.	
Die jugendlichen Tüftlerinnen müssen ihre Vorgehensweise anders gestalten.	
Die beiden Mädchen verwenden ohne Probleme Fachbegriffe.	
Die Anerkennung motiviert.	

4. a) Welche der folgenden Aussagen sind richtig? 2

Der Wettbewerb „Jugend forscht“ …

A verzeichnet jährlich 2 000 Teilnehmerinnen und Teilnehmer.

B beschäftigt sich mit Themen aus den Naturwissenschaften.

C wurde im Jahr 1965 ins Leben gerufen.

D zeichnet jedes Jahr die 200 besten Einsendungen aus.

Kreuze die richtige Antwort an.

- ☐ Nur A und B stehen im Text.
- ☐ Nur A und D stehen im Text.
- ☐ Nur B und C stehen im Text.
- ☐ Nur C und D stehen im Text.

b) Welche der folgenden Aussagen sind richtig? 2

Judith und Eva haben …

A sich nur auf die Erforschung von Nagellack spezialisiert.

B mit ihrem Nagellacktestroboter an der „World Robot Olympiad“ teilgenommen.

C den Landeswettbewerb „Jugend forscht“ in Brandenburg gewonnen.

D wiederholt an dem Wettbewerb „Jugend testet“ teilgenommen.

Kreuze die richtige Antwort an.

☐ Nur A und B stehen im Text.
☐ Nur A und D stehen im Text.
☐ Nur B und C stehen im Text.
☐ Nur C und D stehen im Text.

5. Eva und Judith interessieren sich nicht nur für Naturwissenschaften und Technik. Zitiere eine Textstelle, die diese Aussage belegt. 1

6. Zitiere eine Textstelle, die zeigt, welchen Nutzen sich Unternehmen von der finanziellen Unterstützung von Wissenschaftswettbewerben versprechen. 1

7. Stelle die Durchführung und die Auswertung des standardisierten Nagellacktests dar. 4

8. Arbeite anhand von drei Textstellen drei Fähigkeiten oder Fertigkeiten heraus, die Judith und Eva bei ihren Forschungstätigkeiten zeigen. 6

9. „Wenn man etwas anfängt, dann muss man es auch durchziehen.“
Begründe deine Zustimmung oder Ablehnung zu dieser Aussage. 3

Teil II: Schreiben

Teil II.A: Textproduktion (Wahlaufgabe)

Wähle **eine** der beiden folgenden Aufgaben aus und bearbeite sie.

a) **Argumentation**
Die Schülervertretung an deiner Schule fordert mehr Experimente im naturwissenschaftlichen Unterricht.
Argumentiere bei der Schulleitung für dieses Anliegen.
Achte darauf, dein Anliegen zu Beginn deines Schreibens deutlich zu nennen.

oder

b) **Beschreibung**
Vor einiger Zeit hast du deine Projektprüfung abgelegt.
Beschreibe dein Projekt den Schülerinnen und Schülern, die nächstes Jahr ihre Projektprüfung ablegen müssen.
Gehe dabei auf den konkreten Ablauf mit den unterschiedlichen Arbeitsphasen ein.
Beschreibe auch verwendete Materialien und Medien.

Dein Text (Argumentation oder Beschreibung) wird wie folgt bewertet:

	Punkte
Aufbau/Inhalt (z. B. Überschrift, Einleitung, Hauptteil, Schluss/„roter Faden“)	18
Sprachangemessenheit (Wortschatz, Satzbau, Ausdruck)	9
Sprachrichtigkeit (Rechtschreibung, Grammatik, Zeichensetzung)	3
Summe	**30**

Teil II.B: Sprachliche Richtigkeit

Die Aufgaben zum Teil II.B (Sprachliche Richtigkeit) sind in der Prüfung für Text 1 und Text 2 gleich. Sie sind in diesem Buch deshalb nur einmal abgedruckt. Du findest sie am Ende der Aufgaben zu Text 1.

Franka Potente: Viele Götter

Die folgende Erzählung spielt in Japan. „Buddhismus“ und „Shintō“ sind Religionen, die dort eine sehr große Verbreitung haben. Die Gebäude und Gebetsstätten, in denen diese Religionen ausgeübt werden, nennt man „Tempel“ oder „Schrein“. Sie sind nach den dort verehrten Gottheiten benannt.

Wo war nur das verflixte Reiskorn hingefallen?

Er blickte an sich hinunter.

Auf dem schwarzen frisch gebügelten Anzug war nichts zu sehen. Auch die Tischplatte blitzte unschuldig. Er rutschte leicht zur Seite und suchte unter dem Tisch. Nichts.

Er meinte, er habe es fallen sehen. An so einem Tag wie heute war das wichtig. Besonders wichtig. Er hatte in einer Stunde sein Bewerbungsgespräch.

Man sagt, in jedem Reiskorn wohnen viele Götter! Du musst jedes Reiskorn mit Respekt behandeln!

In seiner Familie war nie ein Reiskorn verloren gegangen oder achtlos auf die Erde gefallen. Und nun, an seinem wichtigen Tag …

Er schwitzte leicht, löste den engen Knoten der Krawatte. Heute früh hatte er gegoogelt, wie man eine Krawatte bindet. Windsorknoten oder Prince Albert? Bisher hatte er das nie machen müssen.

Außer ihm war niemand zu Hause gewesen. Die Mutter arbeitete Nachtschichten und war noch nicht nach Hause gekommen.

Er hatte noch vor dem Shintō-Schrein im Wohnzimmer um ein gutes Gelingen gebeten, danach kniete er kurz vor dem kleinen Buddha-Altar im Zimmer seiner Mutter, man kann ja nie wissen. Er wollte diesen Job unbedingt.
Es wurde Zeit für eine eigene Wohnung. Er wollte eine Freundin, er musste Geld verdienen, auf eigenen Füßen stehen. Von dem heutigen Bewerbungsgespräch hing eine Menge ab.

Es war wichtig, die Götter auf seiner Seite zu haben. In den letzten Monaten hatte er die Gebete und Tempelgänge sehr vernachlässigt.

Er hatte das Haus früh verlassen und auf dem Weg nach Ginza[1] beim Yasukuni-Schrein haltgemacht und die große Glocke geläutet. Eigentlich war das ein Umweg. Nun sollten alle Götter auf seiner Seite sein. Wenn nur das Reiskorn nicht wäre.

Er war zu früh in Ginza. Viel zu früh. Deshalb hatte er noch zu Mittag gegessen. Maguro Donburi, Tatar vom Thunfisch auf Reis.

Die Schale war leer, sein Magen voll, aber wo war das verflixte Reiskorn geblieben?

Er ging auf die Knie und sah unter dem niedrigen Tisch nach, ja, er hob sogar die Tatamimatte[2] an, auf der er saß.

Nichts.

Er stieß mit seinem Po an den leeren Nachbartisch, ein Glas fiel um. Die alte Dame hinter der Theke sah zu ihm hinüber. Entschuldigend verbeugte er sich mehrmals.

Wenige Minuten später brachte sie die Rechnung: „Ist Ihnen nicht wohl, junger Mann?“ Sie stellte ein Glas Wasser vor ihn hin. Fast hätte er sich ihr anvertraut, aber das war unmöglich.

„Vielen Dank, alles ist in bester Ordnung. Haben Sie Dank für Ihre Freundlichkeit. Ich wünsche einen schönen Tag!“

Eilig zog er seine Schuhe an, um dann hastig das Lokal zu verlassen. Er sah auf die Uhr. Nun musste er sich beeilen! Die Sucherei nach dem verschwundenen Reiskorn hatte ihn eine halbe Ewigkeit gekostet.

Zunächst fand er das richtige Gebäude nicht. Er musste sich durchfragen, die Leute schauten ihn mit großen Augen an. Er musste ziemlich aufgelöst aussehen. Es gab nirgendwo einen Spiegel. Während er zügig die Straße entlangging, fuhr er sich durchs Haar und zog die Krawatte fest.

Wie hieß der Mann noch, den er nun treffen sollte?

Da, da war er endlich, der Oshinko Tower. Er musste in den neunundvierzigsten Stock. Der kleine Aufzug hielt viel zu lange in jedem Stockwerk.

Tanaka-san? Nein, der Mann hieß … Takanara-san?

Fast hätte er den neunundvierzigsten Stock verpasst.

Ein Mädchen mit blondiertem glattem Haar saß an der Rezeption. Sie verbeugte sich leicht: „Ja, bitte?“

Er riss sich zusammen und bemühte sich, mit fester Stimme zu sprechen und gelassen zu wirken: „Ich … ich habe ein Bewerbungsgespräch.“

Sie blickte ihn kurz an, dann schaute sie auf die Schreibtischplatte vor sich und errötete.

Er war irritiert. Sie sprach leise: „Bei wem haben Sie das Bewerbungsgespräch, bitte?“

Er dachte angestrengt nach: „Bei Takanorai-san, bitte.“

Glück gehabt.

Ihre Finger flogen über die Tastatur. Dann griff sie zum Telefonhörer. „Einen Moment, bitte. Nehmen Sie Platz.“

Er setzte sich auf einen der beiden Stühle gegenüber der Rezeption. Im Kopf ging er noch einmal die wichtigsten Punkte durch. Er hatte sein Jurastudium in Kyoto[3] mit dem zweitbesten Ergebnis seines Jahrgangs abgeschlossen, er hatte ein sechsmonatiges Praktikum bei Yukonishi Ltd.[4] gemacht, er sprach fließend Englisch, er wäre auch mit einem zunächst zeitlich begrenzten Vertrag einverstanden, er … Da fiel ihm das Reiskorn wieder ein.

Sein Leben lang hatte er nie ein Reiskorn auf die Erde fallen lassen, und heute, ausgerechnet heute, war es passiert.

Er hatte sich nie gefragt, ob es die Götter wirklich erzürnte, er hatte nicht darüber nachgedacht, was passieren würde, wenn er den Göttern gegenüber respektlos war.

Er seufzte. Erschrocken sah er auf, ob ihn das Mädchen an der Rezeption gehört hatte. Sie tippte scheinbar unberührt in ihren Laptop, aber es war ihm, als würde sie ein Grinsen unterdrücken. Ihr Telefon klingelte, sie sprach kurz und winkte ihm leicht.

Er stand auf.

„Takanorai-san erwartet Sie! Bitte folgen Sie mir!“

Sie ging mit kleinen Schritten voraus, die Fußspitzen leicht nach innen gedreht, und führte ihn einen langen Gang entlang. Vor einer Teakholztür blieb sie stehen. Sie blickte ihn nicht an, errötend sah sie auf ihre Schuhspitzen. „Verzeihen Sie bitte … Sie haben da … Da klebt ein Reiskorn an Ihrer linken Augenbraue.“

Er blickte sie ungläubig an. Was war das?

Langsam hob er die Hand an sein Gesicht. Ja, da war das Reiskorn!

Vorsichtig nahm er es zwischen Daumen und Zeigefinger, sah es sich genau an und steckte es dann in den Mund.

Das Mädchen verneigte sich kurz und ging.

Er lächelte, die Götter meinten es gut mit ihm.

Quelle: Franka Potente: Viele Götter, in: Clara Paul (Hrsg.): Leuchtende Tage – Geschichten und Gedichte über das große und kleine Glück, Berlin 2019, S. 73–77.

1 **Ginza:** Stadtteil von Tokio
2 **Tatamimatte:** Matte aus Reisstroh, Bodenbelag
3 **Kyoto:** Stadt in Japan
4 **Yukonishi Ltd.:** Name eines Unternehmens

Teil I: Lesen

Punkte

1. Kreuze die richtige Aussage an. Es gibt jeweils nur eine richtige Lösung. — 4

a) Weil es ein wichtiger Tag ist, hat der Mann am Morgen …
- ☐ eine Buddhafigur eingesteckt.
- ☐ einen Anzug und eine Krawatte angezogen.
- ☐ Reiskörner in seine Hosentasche gesteckt.
- ☐ keine Schuhe angezogen.

b) In einem Lokal nimmt der Mann … zu sich.
- ☐ Thunfisch mit Reis
- ☐ nur Reiskörner
- ☐ Gehacktes vom Rind
- ☐ nur ein Glas Wasser

c) Das Bewerbungsgespräch findet … statt.
- ☐ im Restaurant
- ☐ im Tempel
- ☐ im Oshinko Tower
- ☐ an der Rezeption

d) Das verloren geglaubte Reiskorn …

- [ ] hat er im Tempel vergessen.
- [ ] ist in seiner Hosentasche.
- [ ] ist noch im Restaurant.
- [ ] klebt an seiner Augenbraue.

2. Kreuze die richtige Aussage an. Es gibt jeweils nur eine richtige Lösung. 2

a) „irritiert“ (Z. 100) bedeutet hier …

- [ ] verärgert.
- [ ] verunsichert.
- [ ] erfreut.
- [ ] gereizt.

b) „ungläubig“ (Z. 143) bedeutet hier …

- [ ] gottesfürchtig.
- [ ] unkritisch.
- [ ] mit Erstaunen.
- [ ] völlig verzweifelt.

3. Ordne jeder der folgenden Aussagen einen Satz im Text zu, der Ähnliches ausdrückt. Gib die jeweiligen Zeilen an. 4

Aussage	**Zeile(n)**
Unter allen Umständen wollte er diese Anstellung.	
Im Grunde war das ein längerer Weg.	
Beinahe hätte er ihr sein Herz ausgeschüttet, aber das ging nicht.	
Sie tippte sehr schnell in ihren Laptop.	

4. a) Welche der folgenden Aussagen sind richtig? 2

Die Mutter des Mannes …

A arbeitet auch nachts.
B möchte, dass er endlich auszieht.
C ist nie zu Hause.
D hat einen Buddha-Altar in ihrem Zimmer.

Kreuze die richtige Antwort an.

- [ ] Nur A und C stehen im Text.
- [ ] Nur A und D stehen im Text.
- [ ] Nur B und C stehen im Text.
- [ ] Nur B und D stehen im Text.

b) Welche der folgenden Aussagen sind richtig? 2

Die Erzählung …

A hat vier Hauptpersonen.

B ist in der Vergangenheit geschrieben.

C hat einen offenen Anfang.

D ist eine Liebesgeschichte.

Kreuze die richtige Antwort an.

☐ Nur A und B sind richtig.

☐ Nur A und D sind richtig.

☐ Nur B und C sind richtig.

☐ Nur C und D sind richtig.

5. Nummeriere die folgenden Vorkommnisse entsprechend dem Erzählverlauf von 1 bis 6. 3

Vorkommnis	**Nummerierung**
Der Mann sucht das Hochhaus, in dem sein Bewerbungsgespräch stattfinden wird.	
Der Mann verlässt das Lokal, in dem er gegessen hat.	
Der Mann geht in Gedanken seine Qualifikationen durch.	
Mithilfe einer jungen Frau findet der Mann das Reiskorn wieder.	
Der Mann sucht ein Reiskorn.	
Der Mann meldet sich an der Rezeption an.	

6. a) Zitiere einen Satz, der zeigt, warum das Bewerbungsgespräch für den Mann so wichtig ist. 1

____

____

____

b) Nenne zwei Qualifikationen, die der Mann im Bewerbungsgespräch vorweisen kann. 2

____

____

____

____

7. Erläutere anhand von Textbeispielen zwei Maßnahmen, die der Mann ergreift, damit das Bewerbungsgespräch gelingt. 4

8. Arbeite anhand einer Textstelle heraus, warum es für den Mann so wichtig ist, das Reiskorn wiederzufinden. 3

9. „Weil sich das Reiskorn wiederfindet, wird der Mann den angebotenen Job bekommen."
Begründe deine Zustimmung oder Ablehnung zu dieser Behauptung. 3

Teil II: Schreiben

Teil II.A: Textproduktion (Wahlaufgabe)

Wähle **eine** der beiden folgenden Aufgaben aus und bearbeite sie.

a) **Bericht**
Du hattest dich für einen Ausbildungsplatz bei einer Firma beworben. Schließlich wurdest du zu einem Vorstellungsgespräch eingeladen. Berichte in einem Artikel für die Homepage der Schule von diesem Vorstellungsgespräch. Gehe dabei auf die Situation vor, in und nach dem Gespräch ein.

oder

b) **Beschreibung**
Endlich hast du deine Ausbildung abgeschlossen, verdienst dein eigenes Geld und kannst von zu Hause ausziehen.
Beschreibe deine erste eigene Wohnung. Gehe dabei unter anderem auf die Lage der Wohnung, die Anzahl und Größe der Zimmer und die Ausstattung der Räume ein.

Dein Text (Bericht oder Beschreibung) wird wie folgt bewertet:

	Punkte
Aufbau/Inhalt (z. B. Überschrift, Einleitung, Hauptteil, Schluss/„roter Faden“)	18
Sprachangemessenheit (Wortschatz, Satzbau, Ausdruck)	9
Sprachrichtigkeit (Rechtschreibung, Grammatik, Zeichensetzung)	3
Summe	**30**

Teil II.B: Sprachliche Richtigkeit

1. Markiere und berichtige die zehn Rechtschreibfehler im Text.
   Du darfst nicht mehr als zehn Fehler markieren.
   Schreibe die jeweils berichtigte Schreibweise unter die fehlerhafte Stelle.
   Der Text enthält keine Fehler zur Getrennt- und Zusammenschreibung sowie zur Zeichensetzung. Eigennamen sind korrekt geschrieben. 5

> **Beispiel:**
> *Nachdem die Wanderer an der ~~Bergspize~~ angekommen waren, ~~ruten~~ sie sich aus.*
> Bergspitze ruhten

Beschrieben wurden Grönlandhaie zum ersten Mal im Jahr 1801. Und da die

Meerestiere auch heutzutage immer wieder Fischern als Beifang ins Netz gehen,

wissen wir: Ihr Körper gleicht einem Torpedo, ist im Durchschnit vier bis fünf

Meter lang und von einer graubraunen bis olivgrünen Haut umspannt.

Die Flosen des Fisches sind verhältnismäsig klein. Der Grönlandhai mag es kühl,

schwimmt am liebsten durch maximal zwölf Grad Celsius kaltes Wasser – und

beforzugt daher tiefere Regionen bis zu 2000 Meter unterhalp der Meeresoberfläche.

Kein Wunder, dass Forscher oder Fischer nur sehr selten ein lebendiges Exemplar

zu Gesicht bekommen. Um die Schwimmgeschwindigkeit der Haie zu ermitteln,

stateten Forscher einige Tiere vor der Küste Spitzbergens mit Sendern aus.

Die Messungen ergaben: Grönlandhaie zihen im Zeitlupentempo durch die eisigen

Gewässer und spahren auf diese weise Energie. Überhaupt läuft der gesamte

Organismus der Grönlandhaie auf Sparflamme: Sie wachsen nur einen, höchstens

zwei Zentimeter pro Jahr. Mit runt anderthalb Jahrhunderten, also nach 150 Jahren,

bekommt ein Weibchen erstmals Nachwuchs!

Quelle: Barbara Lich: Grönlandhai: Der große Unbekannte, im Internet unter: https://www.geo.de/geolino/tierlexikon/22050-rtkl-tierlexikon-groenlandhai-der-grosse-unbekannte (abgerufen am 15. 04. 2020). Aus didaktischen Gründen leicht geändert und gekürzt.

2. Groß- oder Kleinschreibung?
In drei der folgenden Sätze befindet sich jeweils ein falsch geschriebenes Wort.
Kreise die falsch geschriebenen Wörter ein.
Hinweis: Du darfst nicht mehr als drei Wörter einkreisen. 3

a) Der erste warme Tag im Frühling lädt zum Spaziergang ein.

b) Die Freundinnen einigen sich auf eine Längere Runde durch Wald und Feld.

c) Gemeinsam starten sie gut gelaunt ihren Ausflug ins grüne.

d) Nach einer Weile stellen die Mädchen fest, dass es ganz schön warm ist.

e) Eine Abkühlung in Form einer kalten Limonade muss her.

f) Sie beenden ihren Spaziergang Mittags mit einem Besuch am Kiosk.

3. „das“ oder „dass“?
Bestimme die Wortart und entscheide dich für die richtige Schreibweise.
Streiche das falsch geschriebene Wort durch.
Schreibe den entsprechenden Buchstaben der Wortart auf die Linie darunter:
Artikel **(A)**, Relativpronomen **(R)** oder Konjunktion **(K)**. 4

Beispiel:
Das/~~Dass~~ Haus, das/~~dass~~ am Ufer stand, war baufällig.
A R

Hast du das/dass Päckchen bekommen, das/dass ich dir geschickt habe?

________ ________

Ich hoffe, das/dass dir mein Geschenk gefällt.

____

Es war das schönste Exemplar, das/dass ich finden konnte.

____

4. Setze die fehlenden Kommas und die Zeichen der wörtlichen Rede ein. 3

Weil nach den Sommerferien die Berufsausbildungen beginnen sollten die zukünftigen Auszubildenden ihre letzten Schulferien in vollen Zügen genießen.
Ich fahre gemeinsam mit einer Freundin zwei Wochen nach Italien berichtet Susi. Wir werden dort auf einem Zeltplatz übernachten der direkt am Gardasee liegt.
Nach dem Urlaub startet Susi mit ihrer Ausbildung auf die sie sich schon sehr freut.

Julia Muth: Klim steht kopf

Klims Welt steht nicht nur ständig kopf. Für kurze Momente hält er sie sogar an, als würde er die Zeit einfrieren. So wie jetzt: Der Neunjährige balanciert seinen Körper auf den Händen, sein Oberkörper ist dabei zur Seite gebogen, die Beine hat er abgeknickt. Die meisten Menschen würden einfach zur Seite umkippen. Klim nicht. Er steht da wie eingefroren. *Freeze* sagt man dazu auf Englisch. Und so nennen es auch Klim und die anderen hier in der Tanzschule in Krefeld, wenn einer in einer solchen Verrenkung anhält.

Klim ist Breakdancer, *break* ist englisch und bedeutet „Pause", *dance* heißt „tanzen". Sich zur Musik zu bewegen und dabei mittendrin plötzlich zu stoppen – darum geht es beim Breakdance. Getanzt wird oft zu Hip-Hop, also zu Musik, die einen starken Rhythmus hat.

„Wir haben einen Beat. Bam-Boom-Boom-Bam. Auf das Bam macht man einen *freeze*", erklärt Klims Trainer Maxim, der am Rand steht und zusieht. Wichtig sei, dass Klim seine Bewegungen genau auf den Takt abstimme. Während Maxim redet, klopft er mit der Hand den Beat auf seinen Oberschenkel. Bam-Boom-Boom-Bam.

Breakdance ist eine verrückte Mischung aus Tanz, Gehopse und Akrobatik. Ganz leicht und fließend sieht es aus, was Klim da macht. Doch manchmal dauert es Wochen, bis der Neunjährige eine Figur oder einen Trick beherrscht. Dafür trainiert er jeden Tag. „Wenn man keine Kraft hat, kann man einfach umfallen", sagt Klim. „Man muss ganz viele Liegestütze machen." Damit starte er jeden Morgen in den Tag, erzählt er. Und bevor er abends ins Bett geht, dehnt er seine Muskeln. Klim hat seinen schrägen Handstand inzwischen aufgetaut, er knickt die Arme ein und gleitet wie in Zeitlupe zu Boden, wo er sich plötzlich schnell um die eigene Achse dreht. Sein Trainer Maxim ist zufrieden: „Jetzt hat er seinen Weg gefunden, mit einem eigenen Trick."

Anders als beim Turnen oder anderen Tanzsportarten ist beim Breakdance nichts festgelegt. „Wenn ich Musik höre, fange ich einfach an zu tanzen, und wenn dann ein Beat kommt, mache ich irgendetwas", versucht Klim zu erklären, was er da tut. Der verdrehte Handstand oder die schnellen Drehungen auf dem Boden sind zwar Figuren, die viele Breakdancer beherrschen. Doch es gehe gar nicht nur um die Akrobatik, sagt Trainer Maxim. Entscheidend beim Breakdance sei, die Posen auszubauen und miteinander zu verbinden. „Zum Beispiel ein Kopfstand. Zuerst übt man den ganz normalen. Wenn man den sicher kann, geht es los mit den Tricks", erklärt Maxim. „Man kann versuchen, mit der einen Hand einen Fuß zu greifen oder so. Wichtig ist, eigene Ideen einzubringen und die Posen passend zur Musik miteinander zu verbinden."

Etwa 1000 Menschen trainieren in Deutschland regelmäßig wie Klim in Tanzschulen und Vereinen, schätzen Experten. Insgesamt aber gibt es vermutlich drei- bis viermal so viele Breakdancer. Sie üben zu Hause oder mit Freunden auf Schulhöfen und in Fußgängerzonen. Dort, wo der Sport herkommt.

Entstanden ist Breakdance vor bald 50 Jahren in den USA; genauer in den Vierteln der Stadt New York, wo viele arme Menschen lebten. Die meisten von ihnen waren schwarz. Viele Jugendliche schlossen sich zu Gangs zusammen, einige bekämpften einander, manche starben dabei sogar. Sie trafen sich aber auch auf der Straße, feierten Partys und tanzten. Je außergewöhnlicher sich einer bewegte, desto mehr wurde er angefeuert. Irgendwann traten die besten Tänzer der einen Gang gegen die einer anderen an und versuchten sich gegenseitig zu übertrumpfen. Solches Wetttanzen gibt es bis heute, *battle,* auf Deutsch „Kampf", sagen Breakdancer dazu.

Klims Gang sind die Leute aus der Tanzschule, gemeinsam mit ihnen tritt er bei *battles* an. Nur heißen die dann Wettkampf oder Turnier. Inzwischen organisieren Vereine sogar internationale Meisterschaften. Immer zwei Tänzer treten dabei gegeneinander an, tanzen beide jeweils eine Minute zu Musik, die sie vorher nicht kennen. „Ich fahr gern zu Meisterschaften, weil ich da sehe, was andere machen, und mir was abgucken kann", erzählt Klim. Er findet an den Wettkämpfen besonders aufregend, dass er sich nie genau vorbereiten oder etwas einstudieren kann. Es zählt, was ihm spontan in dem Moment einfällt, wenn ein Song losgeht. Wer gewinnt, bekommt Punkte – für den Stil, für seine Ideen und dafür, wie gut alles zur Musik passt.

Klim ist der Jüngste in seiner Tanzschul-Gang – und ein „Ausnahmetalent". Das sagt zumindest sein Trainer Maxim. „Klim hat ein besseres Taktgefühl als ich. Wie er die Musik hört, ist Wahnsinn!", sagt Maxim. Das bemerkten Klims Eltern schon, als ihr Sohn drei Jahre alt war. Mit sechs ging Klim zum ersten Mal in die Tanzschule und sah dort Breakdancer. Er erinnert sich, wie er anfangs ängstlich auf der Bank gesessen und sich nicht getraut habe, mitzumachen. „Aber am Ende der Stunde gab es so eine *battle*. Da hab ich einfach mitgemacht."

Seitdem hat er nicht mehr aufgehört. Heute trainiert er manchmal an fünf Tagen in der Woche in der Tanzschule, im Mai durfte er mit zur Europameisterschaft nach Italien. „Ich dachte, wie kann das wahr sein?", erzählt Klim. „Klar, ich war stolz und hatte so ein großes, gutes Gefühl." Als Klim aus Italien zurückreiste, hatte er eher ein kleines und nicht mehr so gutes Gefühl. 50 Breakdancer waren angetreten, Klim hatte es auf Platz 37 geschafft. Natürlich sei er enttäuscht gewesen, erzählt er. Aber sein Trainer Maxim erinnert ihn daran, dass er erst neun Jahre alt ist. Und dass er sicher schon bald bei der nächsten Meisterschaft dabei sein wird.

Vielleicht wird Klim sogar einer der ersten Breakdancer sein, die um eine olympische Medaille kämpfen. 2024 werden die Spiele in Frankreich ausgetragen, und die Franzosen haben vorgeschlagen, Breakdance als neue Sportart aufzunehmen. Noch ist das nicht entschieden. Aber wenn es so kommt, dann hat Klim gute Chancen, in Frankreich dabei zu sein. Für ihn wäre Olympia ein Traum. Und sein Trainer Maxim würde sich freuen, wenn der Sport durch Olympia ernst genommen würde: „Wir Breakdancer sind keine Zirkusäffchen", sagt er. „Wir trainieren so viel und bekommen dafür kaum Anerkennung."

Dann setzt der Beat wieder ein. Bam-Boom-Boom-Bam. Klim knickt ruckelnd seine Arme ab wie ein Roboter. Wettkämpfe seien toll, sagt er, aber vor allem liebe er es, den Rhythmus zu spüren, sich zur Musik zu bewegen und dann für einen kurzen Moment die Welt anzuhalten.

Quelle: Julia Muth: Klim steht kopf, erschienen auf Zeit Online am 09.10.2019, im Internet unter: https://www.zeit.de/2019/42/breakdance-tanz-akrobatik-sport-olympia-klim/komplettansicht? (abgerufen am 15. 05. 2020).

Teil I: Lesen

Punkte

1. Kreuze die richtige Aussage an. Es gibt jeweils nur eine richtige Lösung. 4

   a) Beim Tanzen zu stoppen und dann bewegungslos zu bleiben, nennt man …
   - ☐ battle.
   - ☐ boom.
   - ☐ dance.
   - ☐ freeze.

   b) Breakdance ist eine Mischung aus …
   - ☐ Tanz und Akrobatik.
   - ☐ Hip-Hop und Beat.
   - ☐ Takt und Rhythmus.
   - ☐ Turnen und Musik.

   c) Klim trainiert …
   - ☐ fünfmal in der Woche auf dem Schulhof.
   - ☐ nur am Wochenende zu Hause.
   - ☐ seit mehreren Jahren in einer Tanzschule.
   - ☐ an fünf Tagen in der Woche in der Fußgängerzone.

   d) Die ersten Breakdancer tanzten …
   - ☐ in Tanzschulen.
   - ☐ auf der Straße.
   - ☐ in Fitnessstudios.
   - ☐ auf Schulhöfen.

2. Kreuze die richtige Aussage an. Es gibt jeweils nur eine richtige Lösung. 2

   a) „auftauen“ (vgl. Z. 40) bedeutet hier, dass Klim …
   - ☐ seine Erstarrung im Handstand auflöst.
   - ☐ mit einem Trick in den Handstand kommt.
   - ☐ sich nur noch im Zeitlupentempo bewegt.
   - ☐ sich möglichst schnell im Handstand dreht.

   b) „Ausnahmetalent“ (Z. 107) bedeutet hier, dass Klim …
   - ☐ besonders gut von seinen Eltern gefördert wird.
   - ☐ eine ungewöhnliche Begabung für Breakdance hat.
   - ☐ der einzige neunjährige Breakdancer in Deutschland ist.
   - ☐ mehr Figuren und Tricks als sein Trainer Maxim beherrscht.

3. Ordne jeder der folgenden Aussagen einen Satz im Text zu, der Ähnliches ausdrückt. Gib die jeweiligen Zeilen an. 4

Aussage	**Zeile(n)**
Zu tanzen und dann auf einmal die Bewegung anzuhalten – das ist zentral beim Breakdance.	
Gelegentlich braucht Klim etwas mehr Zeit, bevor er eine neue Pose kann.	
Er denkt daran zurück, wie er zu Beginn furchtsam in der Tanzschule saß und nicht den Mut hatte, sich zu beteiligen.	
Sein Trainer Maxim ruft ihm ins Gedächtnis, dass er gerade mal neun Jahre alt ist.	

4. a) Welche der folgenden Aussagen sind richtig? 2

In den ärmeren Stadtvierteln von New York …

A wurde der Breakdance vor weit mehr als 50 Jahren erfunden.

B entstand der Breakdance bei Partys von jugendlichen Gangs.

C schlossen sich mehrere Gangs zusammen und gründeten eine Tanzschule.

D wurden die ersten Wetttanzen im Breakdance von Gangmitgliedern bestritten.

Kreuze die richtige Antwort an.

☐ Nur A und B stehen im Text.
☐ Nur A und C stehen im Text.
☐ Nur B und D stehen im Text.
☐ Nur C und D stehen im Text.

b) Welche der folgenden Aussagen sind richtig? 2

Bei heutigen Meisterschaften im Breakdance …

A bekommt man unter anderem Punkte für seine guten Einfälle.

B treten immer zwei Gangs gegeneinander an.

C zeigen die Teilnehmer ihre einstudierten Tänze.

D dauert ein Auftritt eines Breakdancers eine Minute.

Kreuze die richtige Antwort an.

☐ Nur A und B stehen im Text.
☐ Nur A und D stehen im Text.
☐ Nur B und C stehen im Text.
☐ Nur C und D stehen im Text.

5. Nummeriere die folgenden Vorkommnisse in der richtigen zeitlichen Reihenfolge von 1 bis 6. 3

Vorkommnis	**Nummerierung**
Klim macht spontan bei seinem ersten Wetttanzen mit.	
Klim nimmt an den Europameisterschaften in Italien teil.	
Breakdance entsteht in Amerika.	
Klims Eltern bemerken sein gutes Taktgefühl.	
Die nächste Olympiade findet in Frankreich statt.	
Klim geht zum ersten Mal in die Tanzschule.	

6. Zitiere einen Satz, in dem deutlich wird, wie sich Klim nach seiner Teilnahme an der Europameisterschaft gefühlt hat. 1

7. Erläutere anhand von Textbeispielen drei Eigenschaften oder Fähigkeiten, die man benötigt, um beim Breakdance erfolgreich zu sein. 6

8. Breakdance soll olympische Sportart werden.
Erkläre, welche Hoffnungen Klims Trainer damit verbindet. 3

9. „Das Beste findet sich dort, wo sich Fleiß mit Begabung verbindet.“
(Johannes Kepler)
Erkläre anhand des Textes, warum das Zitat auf Klim zutrifft. 3

Teil II: Schreiben

Teil II.A: Textproduktion (Wahlaufgabe)

Wähle **eine** der beiden folgenden Aufgaben aus und bearbeite sie.

a) **Erzählung**
Erzähle die Geschichte einer Person, die mit einem besonderen Talent und viel Fleiß sehr erfolgreich wird.

oder

b) **Bericht**
In deiner Schule wurde ein Tanzwettbewerb veranstaltet.
Berichte für die Homepage deiner Schule von diesem Tanzwettbewerb.
Gehe dabei unter anderem auf die Organisation, den Veranstaltungsort, die Anzahl der Teilnehmenden, den Ablauf und die Siegerehrung ein.

Dein Text (Erzählung oder Bericht) wird wie folgt bewertet:

	Punkte
Aufbau/Inhalt (z. B. Überschrift, Einleitung, Hauptteil, Schluss/„roter Faden“)	18
Sprachangemessenheit (Wortschatz, Satzbau, Ausdruck)	9
Sprachrichtigkeit (Rechtschreibung, Grammatik, Zeichensetzung)	3
Summe	**30**

Teil II.B: Sprachliche Richtigkeit

Die Aufgaben zum Teil II.B (Sprachliche Richtigkeit) sind in der Prüfung für Text 1 und Text 2 gleich. Sie sind hier deshalb nur einmal abgedruckt. Du findest sie am Ende der Aufgaben zu Text 1.

Abschlussprüfung an Hauptschulen in Hessen 2022
Deutsch

Um dir die Prüfung 2022 schnellstmöglich zur Verfügung stellen zu können, bringen wir sie in digitaler Form heraus.

Sobald die Original-Prüfungsaufgaben 2022 zur Veröffentlichung freigegeben sind, können sie als PDF auf der Plattform **MyStark** heruntergeladen werden (Zugangscode vgl. Farbseiten vorne im Buch).

Prüfung 2022

www.stark-verlag.de/mystark